LASKA

N

KANADA

USA

— HAWAII

Gernot Spielvogel

Anangula – Abenteuer Aleuten

Dieses Buch ist meiner Familie
und den alaskanischen
Fischern gewidmet

»But the game never ends when your
whole world depends on the turn
of a friendly card.«
The Alan Parsons Project

Gernot Spielvogel

Anangula

Abenteuer Aleuten
Die Entdeckung der
Kontinentalbrücke
im Kajak

Mit 64 Farbfotos und
3 Karten des
nordpazifischen Raumes

Langen Müller

Bildnachweis:

Alle Fotos: Archiv Spielvogel

Vorsatz: Struktur des pazifischen Raumes: Kontinentalbrücke ohne Wasserbedeckung:

Nachsatz: Wanderwege der ersten Amerikaner: Kajakrouten, Fahrten der Fangschiffe und Segelstrecke der Aleuten-Expedition.

Besonderer Dank gilt

– folgenden Firmen, die die Expedition unterstützt haben:

Carl Zeiss, Aalen
Easy Rider Canoe and Kayak Co., Seattle
GPS Gesellschaft für professionelle Satellitennavigation, München
Grundig AG, Fürth
Leica Camera GmbH, Solms
Magone Marine Service Inc., Dutch Harbor
Prijon GmbH, Rosenheim
Rolex of Geneva
Sport Berger, München

– den Eigentümern der Schiffe:

MV »Arctic Dawn«, Seattle
Betty Arriaga, MV »Platonida«, Dutch Harbor

– den Privatsponsoren:

Horst Vollmann, New York
Walter Komann, München

Gedruckt auf chlorfrei gebleichtem Papier

© 1996 Albert Langen/Georg Müller Verlag
in der F. A. Herbig Verlagsbuchhandlung GmbH, München
Alle Rechte vorbehalten
Umschlaggestaltung: Wolfgang Heinzel
Karten: Angelika Geiß
Satz: ew print & medien service gmbh, Würzburg
Reproduktionen: Fuchs Repro, Laufen
Druck und Binden: Westermann Druck, Zwickau
Printed in Germany

ISBN 3-7844-2595-X

Inhalt

INHALT

Über dieses Buch

Dieses Buch stellt die Kontinentalbrücken-Theorie vor und damit zwei Weltsensationen.

Erstens, die Expedition: im Kajak auf den Aleuten, laut der Coast Guard der USA »die gefährlichsten Gewässer der Welt« zwischen Nordpazifik und Beringmeer. Es wurde eine *Erstbefahrung – denn niemand in historischer Zeit, außer den Aleutenjägern, bewältigte diese Strecke im Kajak*; ein Experiment, um eine revolutionäre Theorie zu bestätigen.

Ein amerikanischer Reporter nannte die 500-Seemeilen-Tour über das offene Beringmeer und den Nordpazifik zwischen den Aleuten-Inseln Attu und Kiska: »*The 500 Mile Nightmare*«.

Zweitens, das wissenschaftliche Abenteuer: die Entdeckung der Brücke nach Amerika. Es geht um die Vor- und Frühgeschichte Nord- und Südamerikas. Kamen die Ureinwohner dieses Kontinents während der Eiszeit lediglich von Nordasien über die Beringstraße nach Alaska? Oder: Wanderten einige Völker, aus Südostasien stammend, über die Formosastraße, Südkorea oder die Halbinsel Sachalin, dann über die Kurilen und Kamtschatka und weiter über die Inselkette der Komandorsky-Inseln und der Aleuten ein?

Es galt zu beweisen, ob ein Fremder, gänzlich unvertraut mit den dortigen Verhältnissen, im Kajak die Lücken der ehemaligen Landbrücke bezwingen kann. Kann man dabei vehemente und unberechenbare Stürme auf See überleben? – Wellen, die Schiffe versenken, Winde mit über 250 km/h, die am Festland Häuser wie Kartenhäuschen einreißen und ins Meer werfen? Und dies über mehrere Tage und Nächte? Die Inseln sind zumeist tätige Vulkane, Seebeben und Tsunamis sind nicht ungewöhnlich.

Ein Alleingang? Zur großartigen Überraschung mauserte sich die Aleuten-Expedition zu einem Unternehmen, bei dem Fangschiffe, zwei der in Alaska berühmten Crabber, ein Fabrikschiff, ein neuseeländisches Segelschiff und ein Seekajak operierten. Die Einmann-Expedition wuchs zu einem Vorhaben, das eine Bootsfirma in Seattle, mehrere Schiffsbesatzungen, ein Werft- und Bergungsunternehmen sowie eine christliche Gemeinde in Dutch Harbor, dem Native-Dorf der Aleuten auf Atka, Beamte der Behörde Fish and Wildlife, Zeitung und TV, Fischerfamilien, Meeresbiologen, ja selbst die US Coast Guard sowie an Zahl kaum zu nennende Einzelpersonen tatkräftig unterstützten, ja an dem sie sogar mitarbeiteten.

Auch viele wissenschaftliche Fragen konnten positiv beantwortet werden. Aber... manchmal stand alles auf des Messers Schneide, die Chancen waren nicht auf meiner Seite. Die US Coast Guard hatte schon eine Such- und Rettungsaktion gestartet, Familie und Freunde hatten schon begonnen, sich mit der schlimmsten Meldung abzufinden.

Drittens, zwar nichts Sensationelles, aber die Vorstellung einer wichtigen Region, die aus der Sicht der Europäer ein Niemandsland ist: die ergiebigsten Fischgründe der Welt! Amerikas größter Fischereihafen – und in Zukunft die wichtigste Seeverbindung zwischen Asien und Amerika, ein wichtiger Knotenpunkt im aufstrebenden pazifischen Wirtschaftsraum.

Die Kontinentalbrücken-Theorie wurde auf der Basis von vielen wissenschaftlichen Werken geschaffen. Es wäre aber für den Laien zu unverständlich, im Text entsprechend darauf einzugehen. Wichtige Vorgänge und Fachbegriffe werden im Text allgemeinverständlich erklärt. Für interessierte Leser sei daher auf die Literaturhinweise im Anhang verwiesen.

Gernot Spielvogel

I Eine revolutionäre Theorie entsteht

1 Die Kette der nordpazifischen Inseln – ein vorgeschichtlicher Einwanderungsweg?

Das Schlimmste schien vorüber, dem Horror des Beringmeeres war ich haarscharf entronnen: einer über 10 m hohen, stehenden Welle, an deren Spitze meterhohe Wildwasserwalzen kreisten. Das Monster war immer noch hinter mir her, aber nun bekam ich die Chance, der Welle zu entwischen – in Gezeitenströmungen, die sämtliches Wildwasser der Welt lächerlich machen, um mein Leben zu kämpfen.

Diese Strömungen, die wie Wasserfälle in der Waagerechten aussahen, waren jedoch der erholsame Teil meiner Rückfahrt, denn gleich warteten »tide rips« auf den »Eskimo 17« und mich, Wasser, das wie in einem Hexenkessel brodelte und gleich Geysiren himmelhoch spritzte.

Meterhoch wurde das 5,5 m lange Seekajak hochgerissen und seitwärts geschleudert, heruntergezerrt und wieder nach oben katapultiert, genauso wie der große Trawler, den es tags zuvor wie ein Spielzeugschiffchen hier durchschüttelte. Tonnen von eiskaltem Seewasser überschütteten mich, preßten mich, daß ich kaum mehr atmen konnte.

Nach wenigen Minuten, während ich kilometerweit im marinen Inferno mitgerissen wurde, steuerte ich in die Bucht und ließ mich von einem Brecher samt Boot an den Sandstrand werfen.

Es war die Mühe wert gewesen – denn ich hatte das Geheimnis der Anangula-Leute, der Unangan, wie sich die Aleutenjäger nennen,

11

entdeckt. Nun wußte ich, wie man die gefährlichen Pässe zwischen den Aleuten-Inseln bezwang.

Aber, es ist wohl besser, wenn ich Ihnen erzähle, wie sich alles entwickelt hat.

Als die ersten Europäer in die für sie – und nur für sie – Neue Welt kamen, fanden sie diese bereits von Menschen bewohnt. Ob in Nord-, Süd- oder Mittelamerika, stets trafen die sogenannten Entdecker und Siedler auf Ureinwohner, die sich zwar irgendwie ähnelten, aber doch zu recht verschiedenen Völkern und sehr unterschiedlichen Kulturen gehörten. Ethnologen und Anthropologen sind sich einig: Es sind nordasiatische Menschentypen, der mongolischen Völkergruppe nahestehend.

Wie kamen die Vorfahren dieser Völker nach Amerika? Auch da ist man sich einig: Sie wanderten während der letzten Eiszeit vor 15 000 Jahren über die Beringstraße nach Alaska. Von dort drangen einige von ihnen nach Süden bis Feuerland. Nicht wenige Völker blieben in Alaska oder wanderten auf der gleichen geographischen Breite ostwärts, wie die Eskimos, nach Grönland.

Aber stimmt das mit der Beringstraße? – Und stammen alle amerikanischen Ureinwohner von sibirischen Tundrenjägern ab? Diesen Fragen wollen wir nachgehen.

Wußten Sie, daß man in Amerika 40 000 Jahre alte menschliche Spuren, ja sogar über 200 000 Jahre alte fand? Die Neue Welt ist also viel älter, als man dachte – aber diese Funde wurden als unmöglich und unseriös eingestuft, weil ja alle Einwanderer vor 15 000 Jahren über die Beringstraße kamen.

Übrigens, auf welchem Breitengrad liegen die Aleuten? Wenn Sie meinen, ferne Eisregionen interessieren Sie nicht, dann vergessen Sie bitte auch Berlin, Hamburg, Hannover, Den Haag und Amsterdam, denn diese Städte liegen wie die Aleuten knapp über dem 52. Grad nördlicher Breite.

In Europa wissen wir nicht viel über die Aleuten-Region – was nach Meinung einer amerikanischen TV-Reporterin nicht gerade für das europäische Bildungssystem und die Berichterstattung der Medien spricht –, eine überaus wichtige Region: Dort liegen die besten Fischgründe der Welt, Amerikas größter Fischereihafen Dutch Harbor, und in der Zukunft wird dies die wichtigste Seehandelsstraße zwischen Asien und Amerika sein! Ein Containerschiff-Kapitän meinte, eine Handelsverbindung, im Vergleich zu der die Seidenstraße nur ein ärmlicher Krämerpfad sei.

Und so wurde die neue Theorie geboren: Spät war es bereits, bis etwa 23 Uhr hatte ich geologische Probleme zu knacken versucht, dann legte ich die Arbeit weg, löschte die Deckenbeleuchtung in meinem Büro in der Universität und ging auf der großen Weltkarte an der Wand mir gegenüber spazieren. Nach Alaska wanderte ich, besuchte meinen Fluß: den Yukon River, den ich vor Jahren im Kajak hinuntergefahren war.

»Halt, Moment, da ist doch...!« Ja, da war etwas, was mir bisher nie auffiel. Rasch aktivierte ich meinen Leuchtglobus, und siehe da, auf dem kleinen Modell unserer Erde wurde alles noch viel deutlicher: *Inselgirlanden* am West- und Nordrand des Pazifiks.

Nach Alaska, und damit nach Amerika, konnte man also auch *anders* gelangen: über die Inseln Japans zu den Kurilen weiter nach Kamtschatka, dann Richtung Südosten hinüber zu den Komandorsky-Inseln und über die anschließenden Aleuten zur Halbinsel Alaskas.

Anders nach Amerika kommen? Amerika wurde doch über die Beringstraße besiedelt! Daß es eine Eiszeit gab, dadurch viel Wasser in mächtigen Gletschern gebunden war, die 45 m tiefe Stelle festes Land wurde und die Jäger dem ziehenden Wild trockenen Fußes folgten, ist längst eine Binsenweisheit.

Wirklich? Fiebernde Erregung packte mich – welch eine Entdeckung! Die Suche nach weiterführender Literatur erbrachte zunächst fast gar nichts. Amerikaner würden in schallendes Gelächter ausbrechen... Ausgerechnet Europäer, die so stolz auf ihre Bildung sind, wissen über eine wichtige Region Nordamerikas *und* Asiens nicht Bescheid.

Sollte man wirklich glauben, in den neunziger Jahren doch tatsächlich noch eine bedeutende geographische Entdeckung zu machen? Sehr oft habe ich diesen Satz bei B. M. Fagan, »Die ersten Indianer«, gelesen: »Wie der Fall Australien nahelegt, konnten Menschen vor 10 000, 20 000 oder 30 000 Jahren dank einfacher Wasserfahrzeuge kurze Strecken von 80 oder 90 km zurücklegen, aber nicht Tausende von Kilometern auf offenem Meer, ohne unterzugehen.« Und an einer anderen Stelle heißt es: »Die kürzeste Strecke von Japan aus zu den äußeren Aleuten heißt auf offenem Meer durch stürmische, eiskalte und oft nebelverhangene Gewässer segeln.«

Das war es also – die Beringstraße wurde unter anderem akzeptiert, weil sich niemand vorstellen konnte, die ersten Amerikaner seien Tausende von Kilometern von Asien über den Nordpazifik gequert. Das leuchtet ein, da die Fahrzeuge vor 15 000 Jahren dies kaum vermochten. Aber warum sollten denn die ersten Explorer von Japan aus zur ersten Aleuteninsel segeln? Nach genauen Untersuchungen werden die Strecken sehr viel kürzer.

Welche Seestrecken mußten im schlimmsten Falle die frühen Explorer zurücklegen? Auf Atlanten und gewöhnlichen Karten trennen 360 km Meer die letzte russische Komandorsky-Insel Mednyy und Attu Island, die zu den USA gehört. Läßt man den Meeresspiegel um 130 m Wassertiefe fallen, wie es während der letzten Eiszeit geschah, taucht zwischen den beiden großen Inseln eine neue auf, die in der Seekarte als »Stalemate Bank« bezeichnet wird. Aber die Strecke wird noch kürzer.

Sowohl Mednyy als auch die »Stalemate Bank« sind nun ihrerseits von einem Schelf umgeben, der nun ebenfalls auftaucht. Damit schmolzen die Entfernungen zwischen den Inseln während der Eiszeit beachtlich. Von Mednyy bis zur aufgetauchten »Stalemate Bank« sind es dann nur noch 202 km! Nach weiteren 96 km wäre Attu erreicht.

202 km offenes Meer bedeutet keine Pazifiküberquerung, sondern eine Strecke, die auch einfache Wasserfahrzeuge bewältigen konnten. Von nun an rückte die Hypothese in Richtung Theorie – vor allem in eine beweisbare –, und ich konnte meine Unruhe, ja meine Entdeckerfreude kaum noch bändigen.

Das Projekt »Brücke der Welten«, die Aleuten-Expedition, begann anzulaufen, und ich wußte, ich würde auf mich allein gestellt sein.

Ich bin kein Ethnologe oder Historiker; doch ich erinnerte mich an berühmte Kollegen, Geologen, die Entscheidendes zur Erforschung der amerikanischen Geschichte beigetragen hatten: Bereits im Jahre 1894 schloß der amerikanische Geologe George Dawson aufgrund von Tiefenlotungen in der Beringstraße, daß einst eine »Festlandsebene« Sibirien und Alaska verband. Wer ihm damals nicht glauben wollte, mußte dann hinnehmen, daß man Mammutknochen auf Unalaska und den Pribilof-Inseln entdeckte. Entweder akzeptierte man die Landbrücke Beringstraße, oder man sah in den Mammuts außergewöhnlich tüchtige Schwimmer.

Anfangs erklärten sich die Geologen das Land-auf und Land-unter durch Senkungen und Hebungen des Untergrundes – bis der Geologe R.A. Daly eine völlig neue Lösung bot: weltweite Schwankungen des Meeresspiegels aufgrund von starker Eisbildung während einer Eiszeit. Das war sensationell.

Anschließende Untersuchungen des Beringmeer-Schelfs brachten zutage, daß der gesamte Schelf vor etwa 15 000 Jahren Land war – man nannte es »Beringia«.

Was war für mich zu tun? Nun, ich begann im Knacken geologischer Probleme Fortschritte zu verzeichnen; löschte spät nachts die Deckenbeleuchtung, warf berufliche und private Probleme zum Fenster hinaus, weit, ganz weit hinunter in den so romantisch beleuchteten Hof des Instituts. Und dann ging ich wieder auf der Weltkarte und dem Globus spazieren, rollte die Seekarten aus, kramte Zirkel und Navigationsdreiecke hervor, tippte einen bunten Salat von Angaben in nautical miles, fathoms, feet und meter in den Taschenrechner.

So dann und wann fand ich in der Universitätsbibliothek, zu der ich ja nachts den Schlüssel hatte, geeignete Daten, Hinweise und Zusammenhänge, und fütterte meinen Computer. Alle Daten und Notizen standen unter der Überschrift »Der zweite Einwanderungspfad Amerikas: die Aleuten-Kette, eine alternative Theorie zur frühen Besiedelung Amerikas«.

Ideen und Gedanken zum Thema Aleuten wurden zahlreich; aber ich arbeitete auf meinem Gebiet, dies hieß Geologie, Paläontologie

15

sowie Geographie. Geologie und Paläontologie geben einem viel Freiheit: In der Natur gibt es nur geologische Grenzen, das heißt weder geschichtlich-politische noch kulturelle, sondern lediglich kontinentale und ozeanische Erdkruste.

Es gibt keine asiatische und amerikanische Erdkruste – lediglich 85 km Meerwasser trennen mit 45 m Wasserbedeckung Asien von Amerika an der engsten Stelle. Im geologischen Sinne besteht gar keine Trennung. Die beiden Kontinente sind also durch einen Schelf verbunden. Diese nicht gerade weite Stelle wird Beringstraße genannt.

Wann also bestand die Chance, Amerika trockenen Fußes zu erreichen? Ich fand die Angaben: etwa 25 000 bis 14 000 Jahre vor unserer Zeitrechnung. Der Höhepunkt der letzten Eiszeit liegt im Zeitraum zwischen 25 000 und 18 000 Jahren. Der *Homo sapiens sapiens* erschien vor 35 000–30 000 Jahren auf der Weltenbühne, verdrängte den *Homo sapiens* und startete weltweite Wanderungen. Amerikanische Wissenschaftler vermuten, daß die ersten Amerikaner während der letzten Vereisungsperiode der Wisconsin-Eiszeit, die unserer Würm-Eiszeit entspricht, vor 25 000–15 000 Jahren, trockenen Fußes über die Beringstraße kamen. Nach Höhlenfunden in den »Bluefish Caves« zu schließen, müßten die Neuankömmlinge vor 15 000 Jahren Alaska erreicht haben. Es gibt jedoch sehr viel ältere Artefakte.

Wann versank die Landbrücke wieder? Pollen-Diagramme aus dem Beringmeerschelf belegen etwa 10 000 Jahre.

Doch wie gelangten die ersten Amerikaner von Alaska in den Süden? Diese Frage ist problematischer, als es auf den ersten Blick erscheint, denn den Süden – bereits in Kanada – riegelten damals mächtige Gletscherbarrieren ab!

Man konnte aber auch einen ganz anderen Weg nach und in den Süden Amerikas einschlagen: an den Küsten, bzw. den Eisrändern entlang – den Weg durch die Küstengewässer.

Einen Schlüssel zur »Brücke nach Amerika« bieten diese bereits wie selbstverständlich verwendeten Zahlen: Der Wasserspiegel aller Meere fiel zu diesen Zeiten um *100–130 m.* Und man muß die Seekarten, in denen ja die Untiefen und Küstenschelfe eingezeichnet sind, geologisch interpretieren. Viele der Vulkaninseln werden durch vier bis zehn Kilometer enge Pässe getrennt. Diese Stellen sind heute als berüchtigte Fallen für Schiffe bekannt – es liegen dort Dutzende von Schiffen auf Grund. Es lauern deswegen solche Gefahren, weil sich während der Gezeiten die Wassermassen von Nordpazifik und Beringmeer auf engstem und flachstem Raum austauschen müssen. Strömungen von über 15 Knoten und bis zu 10 m hohe, stehende Wellen, die einen ganzen Paß (z.B. Unalga Pass) absperren, sind keine Seltenheit. Die Wassertiefen betragen jedoch gelegentlich nur 15 bis 30 m. Wenn der Wasserspiegel während einer Eiszeit fällt, verschwinden die Pässe.

15 Breitengrade südlicher als die Beringstraße, auf den Aleuten, beginnt das neue Abenteuer. Denn läßt man den Meeresspiegel *dort* um 130 m fallen, wird nicht nur die Beringstraße trocken, sondern es wird auch aus der Inselgirlande der Aleuten eine Landbrücke, zunächst zwar eine Landbrücke mit Lücken, aber immerhin eine brauchbare und vielversprechende Kontinentalverbindung. Die Lücken in der Brücke müssen aber noch korrigiert werden, dies geschieht im entsprechenden Kapitel.

Und von woher könnten die ersten Amerikaner die Brücke erreicht haben? – Die Lösung erscheint so einfach, daß sie von den meisten Forschern gar nicht wahrgenommen wurde. Blicken wir auf die Ostküste Asiens. Der Schelf an der chinesischen Küste ist sehr flach. 123 km See trennen zwar China von Taiwan (Formosa) an der engsten Stelle der Formosastraße, doch das Schelfmeer wird kaum tiefer als 50 m! Um 130 m fiel der Wasserspiegel der Weltmeere während der Eiszeiten. Man konnte also trockenen Fußes vom asiatischen Festland nach Formosa ziehen. Die Formosastraße wäre also der südlichste Einstieg zur Kontinentalbrücke. Das gesamte Gelbe Meer ist jedoch ein flaches Schelfmeer. Trockenen Fußes käme man auch während einer Eiszeit über Korea nach Japan. Über die Kurilen erreichte man dann Kamtschatka. Den nördlichen Einstieg zur »Brücke nach Amerika« bildet sodann in nun bekannter Weise die russische Halbinsel Sachalin.

Faßt man zusammen, dann existieren jetzt zwei Landbrücken, nämlich eine kurze und ununterbrochene, weiter nördliche und eine wesentlich längere, leicht unterbrochene südliche. Zur südlichen sei bemerkt, daß auch hier der richtige Zeitpunkt eine Rolle spielte: Wenn sich Explorer während der Hauptvereisung (vor 25 000 bis 18 000 Jahren) am Packeisrand, der damals südlich der Aleuten lag, bewegten, dann fanden sie eine solide, ununterbrochene Brücke nach Amerika vor.

Zwischen Asien und Alaska gibt es jedes Jahr eine Beringstraße, eine gangbare Verbindung, nämlich im Winter: das Packeis. Eskimos sind spezialisierte Eisjäger. Seit Jahrtausenden jagen sie in den Wintermonaten auf dem Packeis und mit ihnen, wenn auch nicht gemeinsam, die Eisbären. Wie man sieht, die Beringstraße ist in Wirklichkeit eine *Dauereinrichtung*. Um von Asien nach Alaska zu gelangen, mußten kälteliebende Menschen nicht bis zum Trockenfallen des Schelfmeeres (45 m Tiefe) warten.

Weiter: Und überhaupt, weder ein trockengefallener Schelf noch Packeis sind nötig, um von Sibirien nach Alaska zu gelangen. Denn 85 km Beringstraße, dazu in der Mitte noch die zwei Inseln, Little und Big Diomede Island, kann jeder gesunde Jäger im Kajak zurücklegen, und eine Familie schafft dies in einem größeren *Umiak*.

Wenden wir uns nun dem Phänomen Aleuten-Archipel *im* Packeis ausführlicher zu – und wie man trockenen Fußes auch über die Aleuten nach Amerika gelangt:

Heute ist der arktische Ozean zum größten Teil zugefroren. Aber während einer Eiszeit friert ein Teil des Beringmeers ganzjährig ebenso zu. Damit verschiebt sich die Packeisgrenze im Winter – die normalen Jahreszeiten bestehen ja weiterhin – auch weiter nach Süden.

Nun entsteht eine recht sonderbare Situation: Gerade während einer Eiszeit könnten Menschen etwa aus der geographischen Breite von Japan oder Taiwan nach Alaska wandern: über eine geschlossene Packeisdecke, aus der eine lange Kette rauchender Vulkane ragt. Wovon konnten Menschen auf der Brücke leben? Die Lösung heißt: von einem gesegneten Angebot an Fischen, Seehunden und Robben, Walrössern, Seeottern, Seelöwen, Seekühen sowie Großwalen, Kleinwalen, nebenbei fänden sie unzählbare Massen an Vögeln, eine Menge von arktischen Geschöpfen, die sich auch heute südlich des Eisrandes aufhalten. Daraus geht hervor, daß maritime Jäger wesentlich bessere Jagdgründe und abwechslungsreichere Beute vorfanden als ihre Kollegen an Land. Arktische Tundren können aufgrund der spärlichen Vegetation nie mit den Beutemöglichkeiten der ergiebigsten Fischgründe der Welt konkurrieren! Mammutfreunde haben dies nie berücksichtigt.

Wie eine Wolke leuchtender und wirbelnder Sternchen fielen Schneeflocken in den Hof des Instituts, überdeckten den kleinen, inzwischen zugefrorenen Teich, verwandelten die begrünten Terrassen in eine wattierte Kaskadenbühne. Eine magische Kugel, scheinbar ganz aus Aquamarin, Gold und Bernstein, ein bezauberndes Modell der Erde, erhellte meinen Schreibtisch, auf dem Papier und Bücher sich erfolgreich in Gebirgsbildung übten.

Ich konnte einfach nicht verstehen, warum niemand die Komandorsky- und Aleuten-Inseln als Brücke zwischen Asien und Amerika sah. Offenbar hatte kein Anthropologe oder Ethnologe jemals einen Blick auf die Seekarten geworfen.

Wenden wir uns der Frage zu, welchen Unterschied es macht, ob man auf der geographischen Breite von Amsterdam, London oder der von Godthab auf Grönland lebt? – Die südlichsten Inseln der Aleuten (52° N) liegen nämlich etwa auf der Breite von London; während die Beringstraße (fast auf dem Nördlichen Polarkreis) auf der Breite von Godthab liegt. 15 Breitengrade Unterschied bedeuten im Norden klimatisch sehr viel. Daher ein vertrauteres Beispiel in Gegenrichtung, nach Süden: 15 Breitengrade Unterschied haben Amsterdam und Tunis in Nordafrika.

Während einer Eiszeit versperrten Eis und extreme Kälte um den Polarkreis viele Lebensräume. Mehr noch, die Lebensräume wurden nach Süden verlagert. Tiere wie Menschen suchen ständig nach Lebensräumen. Die polnahen und nördlichen Meere sind viel reicher an Nährstoffen und daher auch reicher an Leben als Meere in mittleren, gemäßigten Breiten. Dies wird Jägern oder Fischern sicherlich aufgefallen sein. Sie zogen daher so weit nach Norden, bis unüberwindbare und lebensfeindliche Eisbarrieren die Grenze für gute Jagdgründe bildeten.

Gebirgszüge wie in Nordostsibirien, oder allgemein im Norden, zwischen dem 70. und 40. Breitengrad, waren ungeeignete Jagdgebiete. Die Küstengebiete und anschließende Hochländer waren daher die vielversprechendsten Jagdgründe. Die arktischen Steppen und Tundren dagegen überboten sich in Lebensfeindlichkeit – es war sehr trocken und im schlimmsten Sinne des Wortes sibirisch kalt (um ca. −40 °C). Damit wären die Küstenregionen Koreas und der Mandschurei als Jagdgebiete sehr geeignet.

Völker, die zur Beringstraße wanderten, mußten ein großes Problem meistern: überwintern in den kältesten Regionen der Erde. Der nördliche Kältepol – minus 70 °C – liegt *heute* in diesen Gebieten bei Oimjakon am 65. Grad nördlicher Breite. Während einer Eiszeit liegt er weiter südlich; ein Problem, das bisher noch kein Ethnologe berücksichtigte.

Heute reicht die maximale Packeisgrenze im März bis knapp zu den östlichsten Aleuten-Inseln (53. Breitengrad) und verläuft wieder nach Norden ansteigend hinauf nach Kamtschatka. Der Rand des Ochotskischen Meeres friert bis zu den Kurilen-Inseln zu. Eine Eiszeit verschiebt den Packeisrand noch weiter südlich, möglicherweise bis unterhalb des 50. Breitengrades.

Wie fischten oder jagten wohl Völker, die dort an den Küstenrändern lebten, im Winter? Sicher genauso wie die heutigen Eskimos um den Polarkreis. Einige Augenzeugenberichte belegen, daß für den Eskimojäger im Winter, wenn das Meer zufriert, die eigentliche Jagdsaison beginnt. Der Franzose Contran de Pocins hatte noch das Glück, im Jahre 1938 unter von unserer Zivilisation völlig unbeeinflußten nomadisierenden Eisjägern auf King William Island in Kanada zu leben. Es ist viel leichter, auf dem Eis nach Robben oder Seehunden zu jagen als auf dem Land. Ihr Element, in dem sie dem Menschen haushoch überlegen sind, wird im Winter gefährlich für sie, denn sie benötigen Luft- und Einstiegsöffnungen. Fischen läßt sich in vereinzelten Rissen im Eis oder an dünneren Stellen, an denen man ein Loch schlagen kann.

Schneegestöber wirbelte vor dem großen, bis zur hohen Decke reichenden Fenster, jedoch nur auf die magische bunte Kugel fielen meine Blicke. Blicke? Zogen mich dieser so herrlich blaue Fleck da und die bernsteinfarbenen Girlanden nicht irgendwie in den Bann...?

Stechend kalter Wind sauste heulend über eine weiße eisige Wüste, in der sich mächtige scherbige Platten, Zacken, kleine Krater und Hügel abwechselten. Ein wenig Hellgrau brach sich durch schlieriges Dunkelgrau, und das war schon genug Licht für die vier ganz in Felle gehüllten Gestalten, die einen vollbepackten Schlitten hinter sich herzogen.

Otschuk, Navsik, Attursk und Unaq waren erfahrene Eisjäger, und sie teilten mit nur ganz wenigen ihres Volkes das große Geheimnis von den Jagdgründen, die sie »Die-guten-Plätze-in-Richtung-der-kommenden-Sonne« nannten. Von ihren Großvätern und diese von deren Vätern, und noch viel weiter zurück in der Kette von Großvätern, Vätern und Söhnen, wußten sie von den »Rauchenden-Bergen-im-salzigen-Wasser«, von denen einst ihr Volk kam. An einem großen Berg lagerten sie nun schon seit vielen Jahren, an einem Berg, der manchmal Feuer spie und lärmte, daß der Boden unter ihren Füßen erzitterte. Auch die Berge, von denen ihr Volk kam, spien Rauch und Feuer, doch nun lagerten sie vor dem großen weißen und kalten Land, von dem nur Kälte kam und wo es keine Feuerberge mehr gab.

In Richtung dieses weißen kalten Landes gab es auch kein Wild mehr, aber auf dem Eis, in Richtung der kommenden Sonne, da wo sie sich nun befanden, da warteten gute Jagdgründe. Sie hatten gute Beute gemacht und könnten eigentlich zurückgehen, aber sie wollten einem neuen Geheimnis nachgehen, einem, das das Leben ihres ganzen Volkes verändern könnte. Otschuk, mit dreißig Jahren, war der älteste von ihnen, und ihm hatte Umak, der älteste Jäger der Sippe, etwas sehr Merkwürdiges erzählt. Als Umak in der letzten kalten Zeit auf Jagd über das Eis in Richtung kommende Sonne zog, glaubte er, weit vor sich Rauch und Feuer gesehen zu haben. Er und seine Gruppe versuchten näher zu kommen, aber sie mußten damals umkehren, weil ein warmer Wind anfing, das Eis wieder in Wasser zu verwandeln. Umak glaubte, dort draußen, in Richtung der aufgehenden Sonne, könnte ein Feuerberg sein – ein Feuerberg inmitten der besten Jagdgründe.

Die vier Männer wurden unruhig, weit waren sie doch schon gegangen, Müdigkeit schlich sich ein, jedoch erbarmunglos ging Otschuk weiter und weiter. So viel hinge von solch einer Entdeckung ab – neue sehr gute Jagdgründe, wo man bleiben könnte, den scharfen Klingenstein fände und heiße Quellen. Reich und mächtig könnte seine Sippe werden. Doch einen Feuerberg sahen sie nicht. Hatte Umak sich geirrt, waren seine Augen krank geworden?

Dann, während sie einen Eishügel erkletterten, schrie Attursk erregt und überrascht: »Otschuk! Otschuk – dort, sieh doch!«

Jetzt sahen sie es alle vier: Feuer und Rauch stieg dort weit vorn in den Himmel. Umak hatte recht – das dort vorn mußte ein Feuerberg sein. Sie begannen vor Freude zu tanzen... Die ersten Menschen hatten die Komandorsky-Inseln entdeckt.

So könnte es gewesen sein. Als ich wieder erwachte, war es schon spät, zu spät, um nach Hause zu fahren. So blieb ich im Institut – nicht zum ersten Mal.

Auf den Inselgirlanden des Nordpazifiks zu bleiben, hätte auch für steinzeitliche Jäger einen weiteren überaus wichtigen Grund: All diese Inseln sind vulkanischen Ursprungs. Und auf Vulkanen gibt es genau das Material, was Steinzeitjäger dieser Kultur am liebsten für Klingen und Spitzen verwendeten: *Obsidian*. Diese Jägerkulturen waren also gut beraten, die Plätze aufzusuchen, die Rohmaterial für Werkzeug und jagdbares Wild boten. Damit lag der Wanderweg von vornherein fest: die vulkanischen Inselgirlanden und dann die Vulkane der westlichen Küstengebirge des »Ring of Fire«, der den Pazifik umsäumt und bis zur Südspitze Südamerikas reicht.

Obsidian und Vulkanismus haben jedoch noch mehr an Zusammenhängen zu bieten. Verwendeten denn nicht auch die indianischen Hochkulturen in Mittel- und Südamerika so gern dieses Material, aus dem man rasiermesserscharfe Klingen und Spitzen fertigen konnte?

Dem begehrten Obsidian zu folgen, und damit Vulkane zu suchen, würde aber noch etwas Entscheidendes im kalten Klima bieten: *heiße Quellen,* geheizte Überlebenspunkte. Es gibt um die Inseln häufig heiße Quellen, diese würden dann das Eis auftauen und freihalten.

Wenn aber der Nordpazifik das Packeis um oder an den Aleuten bewegte, Lücken riß und diese offen hielt? Dann mußten eben Wasserfahrzeuge, wenn auch primitive, eingesetzt werden. Somit fand ich mich bereits mit längeren Überquerungen per Kajak ab.

Es gibt aber noch andere Einwanderer. Nur sehr wenige Leute auf den Aleuten wissen, warum die Inseln zwischen den geographischen Längen 175° Ost und 180° Ost ausgerechnet »Rat Islands« heißen. Ratten stützen ebenfalls die Brückentheorie. Sie erreichten die Inseln aus dem Westen und dies nachweislich, bevor die Russen die Eilande »entdeckten«. Sie kamen an Bord japanischer Schiffe, die dort strandeten. Unangans auf Atka berichteten, daß sogar Japaner mit Segelschiffen die Inseln erreicht hätten.

Erinnern Sie sich noch an die Frage, welchen Unterschied es für Menschen mache, ob sie auf der geographischen Breite von London oder der von Godthab auf Grönland leben, auf der von Amsterdam oder Tunis? Dazu folgendes: Menschen eines Kulturkreises blieben im großen und ganzen in ihren Breiten. Eine vom Meer lebende Kultur aus gemäßigten Klimazonen wird nach Lebensraum in ihrem vertrauten Milieu suchen und daher ihr dienliche Wanderwege benutzen. Die Beringstraße liegt ungefähr auf der Breite von Godthab auf Grönland. Akklimatisieren und dabei im geheizten Büro sitzen, sagt sich so einfach.

Eines ist ganz besonders wichtig: Eskimos sind Kältespezialisten, Eisjäger, und damit Ultraspezialisten. Man wandert nicht einfach in stechend kalte arktische Gebiete wie hoch in den Norden zur Beringstraße und wird sich dann schon irgendwie anpassen. – Und dann das Ganze rückwärts, um wieder in den Süden zu ziehen. So zu denken, wäre ein Irrtum und eine Geringschätzung der hochentwickelten Eisjägerkultur. Denn wer dort gelernt hat, zu überleben, der wandert nicht aus bloßer Entdeckerneugierde nach Süden.

Ein Punkt muß daher noch unbedingt wenigstens angeschnitten werden: der in den Geschichtsbüchern leider immer noch bestehende fließende Übergang von Jäger- zu Bauernkulturen. Es ist ein weitverbreiteter Irrtum zu glauben, Jäger hätten überall auf der Welt irgendwann einmal die Jagd aufgegeben und hätten sich dem friedlichen Ackerbau zugewandt. Die Unbelehrbaren, nicht zur Weiterentwicklung fähigen seien eben im primitiven Jagdstadium zurückgeblieben. Dies ist derselbe Irrtum, wie zu meinen, überall habe man die Steinwerkzeuge satt gehabt und statt dessen Bronze genommen – und später sei dies mit Eisen geschehen.

Agrarkulturen konnten nur dort aufblühen, wo Klima und Boden auch für die Landwirtschaft taugten. Jägerkulturen entwickelten sich nur dort, wo auch genügend – oder besser: im Überfluß – Wild vorhanden war. Jägerkulturen sind nicht unbedingt primitiver als Ackerbaukulturen. Wo eine Jägerkultur versagte, das Wild rücksichtslos abschlachtete und keine Bevölkerungspolitik betrieb, mußte man oft notgedrungen auf die Bodenbebauung ausweichen.

Wenn Wanderungen – oder auch Völkerwanderungen – stattfanden, dann wanderten *unterschiedliche* Kulturen, die ihre speziellen Kenntnisse in die neue Heimat *mitbrachten*. Und um eine Kultur weiterzuentwickeln, ist kultureller Austausch notwendig – das war in der alten Heimat bereits geschehen, oder zumindest im Ansatz. Am Beispiel der Indianerkulturen Amerikas heißt das: Die Vorfahren brachten Kenntnisse aus der alten Heimat bereits mit.

Fazit: Unterschiedliche Kulturen benutzen unterschiedliche Wanderwege. Diejenigen, die knochentrockene sibirische Kälte liebten, Tundrenjäger also, gingen über die Beringstraße – die anderen, die vom Meer lebten, eher wärmeliebenden, vielleicht auch schon Ackerbauern, versuchten es über die Aleuten. Damit wäre ein uraltes und heiß umstrittenes Problem geklärt: die starken kulturellen Unterschiede unter den Indianern. Und dies heißt, daß die Differenzierung der Indianer schon *vor* der Wanderung geschah und daß die eine Gruppe aus den nördlichen Tundren Sibiriens, die andere aus dem Süden Asiens stammt.

Abhärten mußte ich mich, falls ich diese Expedition überleben wollte. Weite Strecken fuhr ich mit meinem Trekkingrad – bei jedem Wetter, ja, auch im Winter. Garchinger kannten mich als den, der mit Eiszapfen im Bart in die Uni kam. Wann es nur ging, fuhr ich mit dem Kajak auf Seen und Flüssen, am liebsten bei Sturm, nachts und eisigen Temperaturen. Die Flüsse paddelte ich aus Prinzip stromaufwärts, um Kondition aufzubauen und den gefährlichen Strömungen zwischen den Inseln gewachsen zu sein. Erholen tat ich mich beim Laufen, Schwimmen und bei Gymnastik. Wenn ich nicht mehr kriechen konnte, übte ich mich in Yoga. Ob dies ausreicht? – Nein, natürlich nicht, zusammen mit meinem Freund Reinhard Menzel, Elektrochemiker in der Uni, einem fanatischen Wildwasserkajaker und Kletterer, stemmte ich Hanteln, pumpte Klimmzüge und verbog mich in hypermodernen Stretchingübungen.

Es fehlte aber noch etwas ganz Entscheidendes – Üben im Meer, Brandungsfahren, sich mit Stürmen und Strömungen auseinandersetzen, von Insel zu Insel navigieren und Erfahrungen bei Nacht sammeln. Dies sollte im Intensivkurs kommen.

Ich hatte nie die Absicht, allein zu fahren. Denn dies hielt ich für zu riskant. Von »Cowboys und Indianern«, die alle mitwollten, war ich schon umgeben, bloß als es ernst wurde, fanden die einen ihre Sättel, die anderen ihre Kriegsbeile nicht. Es gab aber auch ernstzunehmende Warner.

Ich erinnere mich noch gut an diese Szene: Traumzeit herrschte wieder im »Café Lamarck«, wie mein Büro im Institut hieß, Kugelmagie und Weltkartenzauber betrieb ich, und all der felsenfeste Beton des Raumes diente nur als Startrampe zu einer Zeitreise in die Kindertage der Menschheit, einer Reise in eine harte, aber noch unberührte Urlandschaft, als die ersten Menschen ...

Es klopfte energisch an der Tür, und ich landete wieder auf dem soliden Betonboden des geologischen Instituts. Eine kräftige energiegeladene Persönlichkeit trat ein. Anorak, Schuhe und Aktentasche zeigten mir, daß es an der Zeit sei, auch nach Hause zu gehen. Es war wohl mehr als deutlich, womit ich mich noch so spät beschäftigte.

»Da sind doch Lücken von über 200 km, oder irre ich mich hier? Bist du dir klar, was geschieht, wenn du dein angestrebtes Ziel auch nur um 1 bis 3 Grad verfehlst? Mann, Junge, du fährst, ach was, fährst, dich reißt und treibt es dort oben irgendwohin – und irgendwohin heißt auf den Aleuten entweder ab nach Norden ins Beringmeer oder weiß Gott wohin in den Nordpazifik und Reste von dir und deinem Boot vielleicht bis in die endlosen Weiten des südlichen Pazifiks. Nein, das Satelliten-Notrufgerät gebe ich dir nicht mit. Das ist nicht gegen dich gerichtet, sondern zu deinem Besten. Laß ab von dem Wahnsinn, fahre wieder irgendwo einen tollen Fluß hinunter, aber das da... Nein, sei vernünftig!«

Ja, mein Freund Herbert Scholz liebte eisige, gefährliche Gegenden und ganz besonders Eisjägerkulturen, hatte er sich doch als Professor der Eiszeitforschung verschrieben und arbeitete so gern auf Grönland. Die Sorge um mich stand ihm ins Gesicht geschrieben. Er erwähnte auch die berüchtigten »tide rips«, Stellen wütend kochenden Seewassers, in denen Wellen bei Flut mehrere Meter hoch senkrecht in die Luft schossen.

Mit meiner Ruhe war es zunächst dahin, Selbstzweifel wollten aufkommen. Immer mehr Kollegen bezichtigten mich der Hybris oder des Wahnsinns. Wenn ich wieder aufrecht ging, bekam ich mit »tide rips« und Tsunamis wieder den Boden unter den Füßen weggezogen. »Unterwegs zur Expedition ohne Wiederkehr.«

Im Radio lief gerade: »...But the game never ends when your whole world depends on the turn of a friendly card...« Warnung oder Aufforderung?

Nehmen wir nun den Beringia-Kulturraum unter die Lupe. Allgemein gilt: Kulturen entstehen durch Begegnung, Handel und Informationsaustausch. Betrachtet man die Orte, an denen Kulturen entstanden, dann liegen sie auf Wegkreuzungen. Dabei handelt es sich um Karawanenwege entlang von Wasserstellen, Flüssen, Gebirgspässen und Tälern und am Meer an geschützten Küsten und Knotenpunkten spezieller Seerouten. Nirgendwo ist jemals eine Kultur aus sich selbst heraus entstanden – auch wenn dies oft hinterher stolz behauptet wird.

Isolation führt zur Stagnation. Schreiben denn nicht amerikanische Ethnologen von einer »Beringia Culture«, einem Kulturraum für Jäger in Sibirien und Alaska? Man ist sich einig: Die marine Jägerkultur der Aleuten, der Unangan, war besonders hoch entwickelt. Und dies trotz Isolation auf den Inseln?

Die Völker Beringias, Aleuten, Eskimos, Athapasken, Haidas und Tlingit im Westen, den Chukchi, Koryak, Even, Itelmen, Yakut, Evenk, Nivkhi, Ulcha und Nenai im Osten und auf Hokkaido die Ainu, um nur einige zu nennen, zeigten kulturelle Ähnlichkeiten und Gemeinsamkeiten – und behielten diese auch im Laufe der Jahrtausende.

Dazu ein besonderer Literaturfund: *Gemeinsamkeiten sibirischer Völker und der alaskanischen Aleuten bei der Waljagd.* Sowohl die *Aleuten* als auch die *Itelmen im Süden Kamtschatkas und die Ainu auf den Kurilen-Inseln* verwendeten *vergiftete Speer- oder Pfeilspitzen*. Das Gift stammte aus einer Pflanze, die überall auf den aleutischen Inseln gedeiht: der *Monkshood (Aconitum sp.).* Die Eskimos dagegen, nahe verwandt mit den Aleuten, jagten nie mit vergifteten Projektilen, sondern mit starken Harpunen. Außerdem warfen Aleuten-Jäger, Ainus und Itelmen ihre vergifteten Projektile als einzelne Jäger aus Kajaks. Die Eskimos aber jagten in großen Booten mit mehreren Männern besetzt, den Umiaks. Dieser Unterschied ist jedoch sehr bedeutend. Die Waljagd vom Boot aus ist nämlich sehr jung, stellt den Höhepunkt der Jägerkulturen dar. Sie wurde Tausende von Jahren nach der Einwanderung nach Alaska ausgeübt.

Wie kommt es, daß die Aleuten-Jäger, die ja nach Ansicht der meisten Ethnologen und Anthropologen von den Itelmen und Ainus isoliert lebten, nachdem sie vor etwa 10 000 Jahren über die Beringstraße kamen, die alaskanische Küste nach Süden hinunter zu den Aleuten-Inseln wanderten und die gleichen Jagdmethoden wie diese ausübten?

Wie kommt es, daß die vom Meer lebenden Aleuten und die Gruppen der Völker Kamtschatkas und um das Ochotskische Meer in Ostsibirien, die ebenso vom Meer lebten, so auffallend ähnliche Winterhäuser bauten? Nachbarn der Aleuten, die Yupik, mit denen sie Grenzkontakt in Alaska hatten, wohnten jedoch völlig unterschiedlich.

Zuletzt muß auf ein ernstes Problem bei der Deutung der Steinklingenfunde hingewiesen werden: Bis heute kann niemand die Abstammung der im Süden der USA lebenden Indianer und deren Vorfahren, geschweige denn die in Südamerika, mit Steinklingenfunden belegen. Alaska stellt ein buntes Mosaik unterschiedlicher kleiner Volksgruppen dar. Fest steht nur, daß die »microblades«, kleine zweischneidige, aber eingesichtige Steinklingen, häufig aus Obsidian, von Jägerkulturen aus dem sibirischen Kulturkreis stammen. Diese »microblades« verwendeten auch die Vorfahren der alaskanischen Indianer (Funde werden auf 10 000–11 000 Jahre datiert) – die im Süden der USA zu dieser Zeit lebenden Vorfahren der Indianer verwendeten diese »microblades« jedoch nicht.

Könnte es nicht zutreffen, daß maritim orientierte Vorfahren der Indianer – und vielleicht auch frühe Ackerbauern – über die Vulkaninselkette wanderten und danach an der Küste Nordamerikas weiter nach Süden zogen? Das hieße, auf dem küstenfernen Festland könnte man auch darum gar keine Missing links finden.

Eines scheint jedenfalls festzustehen: Es gab drei große prähistorische Einwanderungswellen: Die ersten waren die Paläoindianer. Zu ihnen gehören die Pueblo-Indianer, Pima- und Pai-Indianer. Die zweite Welle bildeten die Vorfahren der Athapasken, Apachen und Navajos, die Na-Dene sprechende Indianergruppe. Die heute lebenden Eskimos und Aleuten sind Nachkommen des dritten Zuges.

Aber es gab noch eine vierte Einwanderungswelle – vor 200 000 Jahren! Einwanderer, die die Unberührbaren für Anthropologen darstellen, weil sie in kein Schema passen und weil mit ihnen keine Doktorhüte oder Professorenstühle zu erringen sind. Doch davon später.

Die ersten zeitlich sicher einzuordnenden Amerikaner gehörten der

Clovis-Kultur an und erreichten den Kontinent vor 11 500 Jahren, lebten ca. 500 Jahre auf den Great Plains und rotteten dort ziemlich erfolgreich alles Großwild bis auf den Bison aus. Ihnen gingen jedoch frühere Wanderer voraus. 12 000 bis 14 000 Jahre alte und ältere Spuren beweisen dies im Süden Brasiliens. Die Archäologin Nièdе Guidon sieht in der ältesten Feuerstelle »Pedra Furada« bei einem Sandsteinkliff den Beweis, daß Menschen vor über 30 000 Jahren Südamerika erreicht haben. Die Radiokarbondaten ergeben ein Alter von 31 700 +/− 830 und 32 160 +/− 1000 Jahren.

Manche Forscher erwägen aufgrund entsprechender Funde auch sehr weiträumige Verbindungen – so sei sogar eine Beziehung zum paläolithischen *eurasischen* Kulturraum durchaus denkbar.

Während der Anthropologe William S. Laughlin in der Fundstätte *Anangula,* einer kleinen Insel vor Umnak Island, eine Siedlungskontinuität der Aleuten-Jäger von 4000 Jahren sieht, halten andere Forscher dagegen, es sei nicht mal erwiesen, daß die von dort stammenden 9000 Jahre alten Obsidianklingen überhaupt von Aleuten gefertigt wurden...

Die historischen Wissenschaften zeigen also folgendes Bild: Die meisten Altersbestimmungen über die C-14-Methode (Radiokarbon-Messung) sind umstritten, noch stärker streiten sich die Paläosprachen-Spezialisten. Und die genaue Abstammung und lückenlose Zuordnung der Indianerkulturen über Steinklingen ist nicht (noch nicht?) möglich.

Fest steht nur, daß viele Indianerstämme Jäger und Nomaden geblieben sind, andere mehr dem Ackerbau geneigt waren, während in Mittel- und Südamerika Indianer-Hochkulturen entstanden, die weltweit ihresgleichen suchten.

Im Rahmen der neuen Theorie wird die Abstammung der Inkas und Mayas von Tundrenjägern aus Sibirien bezweifelt und für die Vorfahren der mittel- und südamerikanischen Indianer der Einwanderungsweg über die »Brücke nach Amerika«, die Aleuten-Inseln, vorgeschlagen.

In weitere Gelehrtenstreitereien von Ethnologen und Anthropologen sollte man sich besser nicht einmischen und statt dessen eines

Mannes gedenken, der ähnliche Probleme auch im Feldversuch anpackte: Thor Heyerdahl. In seinem Buch »Ra« fragte er sich auch, wie es denn komme, daß die Nachfahren der asiatischen Tundrenjäger der »allerkältesten Arktis« dann im Süden und im tropischen Amerika auf die Idee kamen, Baumwolle anzubauen, Kleidung daraus zu fertigen und feste Häuser aus Lehm oder Strohziegeln zu errichten.

Genetische Untersuchungen werden in naher Zukunft wohl klären, ob Mayas und Inkas von sibirischen Tundrenjägern abstammen. Bezweifelt wird aber auch, daß die Vorfahren der Mayas von alten Ägyptern oder Phöniziern stark beeinflußt wurden. Schilfboote befuhren vor Jahrtausenden die Weltmeere – dies hat Thor Heyerdahl unmißverständlich demonstriert. Symbole in Kunst und Architektur erhielten die Indianer der Hochkulturen aber nicht von Ägyptern oder Phöniziern. Nicht gerade wenige Symbole in Kunst und Architektur der Indianer ähneln nämlich sehr stark Elementen des chinesischen Kulturkreises!

Gerade wegen der geographischen Lage der Beringstraße hatten Forscher sibirische Tundrenjäger als die Vorfahren der ersten Amerikaner angesehen. Dies lag nahe, denn diese Jäger existieren heute noch dort. Jedoch mit der Kontinentalbrücken-Theorie können wir uns nun vorstellen, wie selbst Stämme aus Südasien – ohne in die kälteklirrende Arktis Sibiriens wandern zu müssen – nach Amerika gelangten.

Zuletzt möchte ich eine Lösungsvariante vorstellen, die alles bisherige weit in den Schatten stellt: die tektonische, bzw. die plattentektonische. Ich gehe hier nur kurz darauf ein, da das nötige Hintergrundwissen in einem späteren Kapitel vermittelt wird.

Die Aleuten liegen an einer *Erdkrusten-Plattengrenze,* einer *Subduktionszone.* Die Pazifische Platte untertaucht dort die Eurasische, der in die Tiefe gezogene Nordrand der Pazifischen Platte wird dabei aufgeschmolzen. Nur winzige Änderungen dieses Subduktionsprozesses bewirken Hebung oder Senkung auf den Aleuten um mehrere hundert Meter. Die 130 m Meeresspiegelschwankung, eine *eusta-*

tische, ist gegenüber der plattentektonischen, einer *isostatischen,* nur eine geringfügige Dreingabe.

Die Konsequenzen daraus sind sensationell: die über 40 000 bis zu über 200 000 Jahre alten menschlichen Spuren in Amerika können nun als seriös behandelt werden und als Beweise dafür, daß bereits der *Homo sapiens* vor dem *Homo sapiens sapiens,* dem wir angehören, sogar Südamerika erreicht hatte!

Damit wird möglich, daß Neandertaler und der frühe *Homo sapiens sapiens* von Afrika her über Südasien, Südostasien nach Amerika und bis nach Feuerland dringen konnten – und dies trockenen Fußes und ohne durch arktische Tundren wandern zu müssen.

Wer meint, daß die Lösung Einwanderung über die Beringstraße nun auf sicheren Füssen stehe, der soll die Frage beantworten, wie die Aleuten, die ja bereits vor 9000 Jahren Obsidianklingen auf Anangula herstellten, die Pässe zwischen den Inseln bezwangen. Das Eis war nämlich zu dieser Zeit längst geschmolzen und die Inseln wie heute geflutet. Gerade die Befürworter sprechen den frühen Aleuten aber den Besitz von Kajaks ab – aber nur mit hochkarätigen Kajaks kann man die unglaublich extremen Seebedingungen meistern.

So lief alles auf ein Experiment, einen Selbstversuch hinaus. Wir verlassen nun den wissenschaftlich-statischen Teil von »Anangula« – folgen Sie mir bitte zum dynamischen, ich lade Sie nun zu einem Experiment, einer Expedition ein, die zu den gewagtesten Expeditionen gezählt werden kann.

2 *Testphase im Scirocco – Vorbereitungen zum Experiment*

Donnern und Krachen dröhnten hinweg über einen Sandstrand, arbeiteten sich durch baumhohes Schilf und den anschließenden Hain aus Pinien, Obst- und Zierbäumen hinauf, erreichten zwei wild flatternde Zelte, vor denen zwei Männer lebhaft diskutierten. Der jüngere der beiden hob ab und zu eine Hand und deutete zum

31

Strand, der ältere hingegen deutete zwar auch zum Strand, aber dann gleich an seinen Kopf. Sehr vielsagend zeigte dabei ein kräftiger Zeigefinger immer wieder auf die Stirn, was den jüngeren nun wieder noch heftiger zum Strand zeigen ließ. Am Ende einigten sich die zwei, faßten ein merkwürdig geformtes und langes Boot und trugen es zum Strand.

Der ältere der beiden zeigte nun laut lachend in ein horroreinflößendes Chaos aus wütend anrennendem Weiß, das sich angriffslustig auf Sandflächen stürzte, als wollte es den Sand und alles dahinter Liegende fressen. Hinter dem entfesselten Weiß wogte oder sprang sintflutartiges Grün und Blau. Wie zum Hohn brausten Windböen aus einem völlig klaren azurblauen Himmel, der erst weit zum Horizont gelbrot glomm.

Der jüngere ließ sich nicht beirren, zwängte sich in Neoprenhose und -jacke und zog darüber eine Kajakspritzdecke an. Nun deutete der ältere zum Ostende der großen Bucht. Zwei Containerschiffe lagen dort vor Anker. Ob sie dort vor dem Sturm, dem Scirocco, Schutz suchten?

»Blöde Frage, jetzt Kajakfahren ist Wahnsinn! Aber, was soll das, du wirst ja sehen, es geht hier gar nichts. Du kommst nicht mal ins Wasser, es schmeißt dich schon vorher wieder zurück. Aber, bitte, versuch's.«

Ich saß dann im Seekajak, dessen hochgezogener Bug keck zu den anstürmenden Wassermassen zeigte. Noch lag das Boot auf festem Grund, nur ab und zu neckte schmutziger Schaum die Bugspitze und versuchte sie zu bewegen. Ich beobachtete und zählte – gab es da einen Rhythmus?

Aber nicht immer tobte es da gleichmäßig undurchdringbar – es gab Lücken. Wie...

»Jetzt!« Mit beiden Händen schob ich mich vorwärts – wie ein Seehund oder besser wie ein langes, sehr schlankes Walroß. Doch ein Walroß hat es leichter, muß nicht ständig auf dieses Paddel aufpassen. Es schäumte und spritzte, die lange, hochgezogene Bootsnase wurde hochgerissen, dann das Mittelteil, zuletzt das Heck. Ein weißes Ungetüm rauschte heran, bäumte sich drohend auf, brach sich auf dem Mittelteil des Bootes. Woher wußte das verdammte Unding da, wo mein Magen liegt?

Brüllte da jemand hinter meinem Rücken? Egal, weiter. Jetzt galt es, das Paddel halten, nicht aus den Händen reißen lassen. Es galt nur hier durchzukommen. Wasser unten, Wasser oben, ich konnte nichts mehr sehen.

»Atme, wenn es heller wird, halte Gleichgewicht, mit dem Zeug um dich wirst du fertig!«

Dann war ich durch.

Was da entgegen kam, war wirklich nicht zu verachten – nur: Es wollte sich nicht auf mich stürzen und unter sich begraben.

Es dauerte lange, bevor ich es wagte, mich umzudrehen.

Begeistert riß ich mit einer Hand das Paddel hoch, klopfte auf das so unsagbar gute Boot, ein Meisterstück von Prijon, grüßte die Gestalt dort am Strand, die die Welt wohl nicht mehr verstand: meinen Vater.

Nun zur Landung. Hinaus ging es ja ganz gut, aber dann zurück. Da waren zwei Bereiche, wo sich die Wellen brachen. Und Vorsicht, die waren verflixt eng beieinander. Wenn ich nach der ersten Stelle zu schräg zum Strand liegen würde, geriete ich todsicher bei der zweiten in eine riesige Waschmaschine...

Dann schob es unentrinnbar vorwärts, riß, zerrte, weiße Kaskaden stürzten von den Seiten, überfielen das Boot, griffen gierig nach mir, rauschten mir über den Kopf. Um mich waren nur Gischt und Schaum, und das brach sich gleich nochmals, bevor es dort vorn so richtig losging.

Es riß mich quer, und ich konnte nicht gegensteuern. Dann drohte ich in die Waschmaschine zu geraten.

»Langsamer, brems ab! Steure dagegen. Tritt voll in die Fuß-steuerung. Zieh das Boot rüber – *rechts!*«

Wieder graugrüne Schwälle, weiße Kaskaden, rauschten, zischten, brausten, immer und immer wieder, wie oft denn noch?

Wie durch ein Wunder steckte dann der langgezogene Bug auf nassem Sand. Kleine Wellen umschwappten das Boot, warfen ein wenig Sand dagegen. Eine Hand kam mir entgegen, half mir beim Aussteigen.

»Genug, die Nase voll?«

»Noch nicht, bin noch nicht zufrieden, das muß noch besser klappen. Zurück ist es schwieriger.«

»Dort oben hilft dir niemand. Sandstrände sind selten. Steilküsten sind dort, Klippen, gegen die ein entfesseltes Meer anrennt. Das Beringmeer ist verdammt kalt, keine 10 °Celsius. Dann wird es oft regnen, und der Wind soll eisig sein.«

»Ich weiß, du hast recht, darum wird jetzt unter diesen paradiesischen Bedingungen auch wirklich geübt.«

Während mein Vater an meinem Restverstand zu zweifeln begann, drehte ich das Boot wieder zum Meer, stieg ein und wiederholte den Waschmaschineneinstieg nochmals. Doch diesmal mit zwei Steigerungen.

Zuerst übte ich im Seegang zu eskimotieren; dann fuhr ich immer weiter den hoch aufschaukelnden Kämmen entgegen. Ich wurde kühner und beschloß, die ankernden Containerschiffe zu besuchen. Bald bekam ich es mit anderen Wellen zu tun: hohe, aber zum Glück breite Wogen, und die luden zwingend zum marinen Achterbahnfahren ein: steil hinaufklettern und halsbrecherisch hinabsurfen.

Schön? Moment, fast, wenn da nicht diese aufgesetzten, sich aggressiv brechenden, weniger hohen Wellen gewesen wären, die der nun drehende Wind plötzlich aufwarf.

Zunächst mußte ich mit diesem lästigen Wildwasser klarkommen, dann wieder Achterbahnfahren und immer wieder den Anschnittwinkel ändern.

Es herrschte Windstärke 6–7 Beaufort. Ich paddelte trotzdem weiter auf die Containerschiffe zu, erkannte die unsicheren Wasserverhältnisse zwischen den Schiffen und hielt auf das zur offenen See gelegene zu.

»Kaliméra!«

Man hatte mich längst bemerkt, die Seeleute dort auf der Brücke des Schiffes deuteten, winkten, gaben einander die Ferngläser weiter.

Ob man sich auch an die Köpfe langte? – Ein *Kajakfahrer* während des Sciroccos auf dem Meer. Es gab an diesem Novembertag tief unten im Süden Griechenlands am Südwestzipfel des Peloponnes mehr Menschen, die die Welt nicht mehr verstanden. Und dies lag bestimmt nicht an dem seit der Antike bekannten Scirocco.

Ich hatte jetzt am eigenen Leibe *erfahren,* daß ein kleiner Auftriebskörper wesentlich seefester ist als ein großer, den die Wellen gerade wegen der Größe auch dementsprechend attackierten! Aus einer Gleichung mit zwei Unbekannten hatte ich ein X eliminiert – doch wie würde Y reagieren? Ich.

Es fehlt hier aber noch etwas sehr Wichtiges. Denn wenn jemand Hunderte von Kilometern im Beringmeer fahren will, der müßte doch auch nachts üben.

Ich fuhr nachts. Anfangs erst mit Sichtkontakt zur Küste, dann kreuzte ich die weite Bucht. Einmal fuhr ich nachmittags weit aufs Meer hinaus zu einer Insel. Der Scirocco würde noch in der Sahara stecken und erst wieder Schwung holen, meinten lokale Wetterkundige.

Man könnte vermuten, der rasante Wüstenwind wollte mir ein ziemlich realistisches Training verschaffen. Denn als ich noch auf der Insel steckte, rauschten plötzlich Windstöße wie Hochgeschwindigkeitszüge heran und trieben giftig aggressive Springfluten vor sich her.

Es wurde eine sehr lange Nacht in rabenschwarzer Dunkelheit, völlig allein inmitten eines entfesselten Meeres. Hätte ich nicht zuvor tagelang in der Brandung am Strand geübt, wäre die Aleuten-Expedition hier bereits gescheitert.

Tagsüber während des Sciroccos in der Brandung zu landen, ist alles andere als langweilig, aber nachts und an einer flachen steinigen Küste mit Klippen, das nötigt einem fast schon das Äußerste ab.

Erleichterte, aber sehr besorgte Blicke empfingen eine vor Nässe triefende Gestalt, die da vom Mond gefallen zu sein schien und die mit einem Paddel in der Hand aufs Camp zutorkelte.

»Ich hatte schon mit dem Schlimmsten gerechnet. Wie hast du denn diesen plötzlichen Sturm nachts auf dem Meer überlebt?«

So erklärte ich mein Motto: daß zwar Schiffe sinken, aber nie ein

35

Korkenstöpsel und daß das Große nicht immer auch das Starke und die beste Lösung ist. Und dies gilt auch und gerade nachts und bei Sturm. Außerdem muß man lernen, mit den Ohren zu sehen und nach Geräuschen die Umgebung zu visualisieren. Und ich fügte hinzu:

»Irgendwie bekam ich das Gefühl, auch dieses so Unwahrscheinliche ist möglich... wenn man, ja wie soll ich es sagen? Ja, wenn man mit allem in Harmonie einschwingt. Man vergißt es bloß immer wieder, und dann...«

»Vergessen! Vergessen, ich seh doch, wie dich friert – dort oben ist es noch viel kälter. – Und was, wenn du dann etwas von deiner Harmonie einfach nur vergißt?«

II MV »Arctic Dawn«

1 Mannschaftserweiterung:
Ein Kleinstschiff-Seemann mit viel Gepäck

Das Telefon klingelte mich zwar nicht aus dem Bett, überraschte mich aber am Frühstückstisch im Hotel. Etwas unwillig unterbrach ich meinen seit Tagen so geliebten Augenspaziergang über Elliot Bay in down town Seattle, ließ aber das Fenster auf und griff nach dem hartnäckig tönenden Störenfried.

»Morgen, Gernot, ich hätte da etwas für dich. Hm, liegt an dir, könnte das erste Kapitel deines Buches werden. Wirklich, garantiert abenteuerlich, und du könntest auch gleich anfangen...«

Am anderen Ende der Leitung war Peter Kaupat, der Designer meines Expeditionskajaks und Eigentümer von Easy Rider.

»Würdest du mit Fischern mitfahren, an Bord eines der berühmten Crabber – von Seattle direkt nach Dutch Harbor auf den Aleuten?«

»Habe schon ja gesagt. Wie, wann und wo soll's losgehen?«

Ich schrieb eine Telefonnummer auf. Beeilte mich, denn mein Vermittler sollte morgen bereits Seattle verlassen und nach Dutch Harbor fliegen. Es war ein Fischer, ein Kunde von Peter, hieß Angel Alarcon, ein Alaskaner chilenischer Abstammung. Ich sollte ihn umgehend anrufen. Mein Boot war fertig, und ich sollte gleich zum Packen rüberkommen.

Angel Alarcon wollte in zwei Stunden hier sein, das mit der Überfahrt ginge klar, der Kapitän des Schiffes wolle mich aber zuvor sehen.

Von diesem Moment an begann die Uhr für mich irgendwie schneller zu ticken, und mein Lebensrad holte so richtig Schwung. Ich

glaubte es noch nicht: Jetzt sollte ich in einen Traum katapultiert
werden. Einfach so – Anruf entgegennehmen, zustimmen, nochmals anrufen, fertig. Zu den Aleuten auf einem Crabber, das war so
etwas, wie von Captain Nemo mitgenommen zu werden – magic
dragon flight!

Doch der praktische Teil: Meine Traumlösung, die ich monatelang
insgeheim genährt hatte, ging auf. Denn wo könnte ich mehr und
genauer etwas über die Seeverhältnisse auf den Aleuten lernen als
von Beringsea Fishermen, knallharten Profis, die vom dortigen Meer
lebten?

Bald stand ein moderner Inka neben dem schnellen Auto vor dem
Hoteleingang, ungewöhnlich groß, athletisch, muskulös, kurze
dunkle Haare, und sah mir sofort direkt in die Augen. Während ich
auf ihn zuging, spürte ich bereits, wie intensiv er mich musterte; das
breite offene Lächeln konnte nicht darüber hinwegtäuschen. Sein
Händedruck war ein Erlebnis.

»Du weißt, was du vorhast? Gut. Alles fertig? Ja? Ich komme mit
rauf und helfe dir mit dem Gepäck. Check out, ja, richtig verstanden, du wohnst jetzt bei mir. Wir fahren dann gleich zu Easy Rider.
Peter, du kennst ihn ja recht gut, erwartet uns schon. Also, beeilen
wir uns. Vamos!«

Zu schnell? Wie dem auch sei, bei Easy Rider ging es noch schneller.
Ich fand gar nicht die Zeit, mein neues Prachtboot samt Ausrüstung
gebührend zu bewundern. Da lag es auf einem großen grünen Teppich vor der Montagehalle, Ausleger und Zubehör sorgfältig sortiert
daneben. Wenn ich etwas brauche, solle ich nur rufen. Gleich würde es sich beim Verstauen von Gepäck und Ausrüstung zeigen, wie
vorteilhaft ein in drei Teile zerlegbares Seekajak ist. Bug-, Mittel-
und Heckteil dienten nun als Transportbehälter.

»Wenn du etwas brauchst, Gernot«, meinte Peter Kaupat, »ruf an.
Laß uns immer wissen, wo du gerade steckst. Mit dem Kajak wirst
du schon zurechtkommen, aber ich wünsche dir viel Glück auf dem
Crabber. Angel, paß auf, er kriegt jetzt garantiert das erste Kapitel
für ein neues Buch.«

Schon von weitem auf der großen Brücke über den Lake Washington sah ich die Hafenanlagen von Seattle und die dicht besetzten Schiffsanlegeplätze, und ich wurde ein wenig unruhig. Bizarre Hafenanlagen besichtigen, kraftstrotzende Schiffe bewundern und zu fotografieren, ist eines, aber dort einzutauchen und mit dabeizusein, ist etwas völlig anderes, besonders wenn man wie ich mit diesem Lebensbereich nicht vertraut ist. Angel beobachtete mich aus den Augenwinkeln und lachte.

Sperren, Kontrollen? Nein, nicht für dieses Auto, Angel Alarcon kannte man hier, man winkte uns durch. Dann gaben endlich die Schuppen, Lagerhallen, Docks und Reparatureinrichtungen den Blick auf die Schiffe frei.

Jetzt kannte ich mich selbst nicht mehr, etwas in mir ging durch und begann auf all die hochgezogenen eleganten Bugs, die trotzigen Aufbauten samt Antennen und Scheinwerferbatterien zu fliegen. »Pacific Spray«, »Ghost«, »Bering Sea Star« oder »Aleutian Queen« las ich und fühlte mich in eine völlig neue, faszinierende Welt gezogen. Dann sah ich das Schiff mit dem kühnen hohen Bug, schwarz glänzten die Bordwände, die rot gestrichene Reling teilte den Rumpf von den weißen Aufbauten wie ein edler Gürtel. Und dann berührte mich zum erstenmal der Name des eindrucksvollen Schiffes: »Arctic Dawn«.

»Am besten ich bring dich gleich zum Captain, und du stellst dich vor. Nervös?«

»Eher aufgeregt. Okay, gehn wir.«

Eine Gangway führte zum Schiff, über die Reling mußte man dann hinunterklettern. Zum Geruch von Dieselöl kam jetzt mechanisches Leben, ich spürte das leichte Vibrieren der Schiffsmaschine. Farbkübel und Maschinenteile lagen auf den hölzernen Planken verstreut umher. Das Schiff wurde offensichtlich überholt. Die große Eingangsluke unterhalb der Brücke stand offen. Angel ging einfach hinein. Ölzeug hing hier, Feuerlöscher, durch eine massive Stahltür, die auch offen stand, führte eine Treppe hinunter in den Maschinenraum, aus dem mehr Aufruhr herauf drang, als in mir steckte. Angel klopfte an die Tür zur Galley. Keine Reaktion, also nochmals anklopfen, stärker, seinem Händedruck entsprechend.

»Yeah, come in!«

Angel öffnete die Tür, und es sah aus, als platzten wir in die geheime Runde einer neue Pläne ausheckenden Piratenbande. So war jedenfalls mein erster Eindruck. An zwei großen mit allem möglichen Kram bedeckten Tischen und rundum laufenden Eckbänken saßen und flegelten recht farbenfroh bekleidete Typen. Die Farben hatten jedoch etwas gelitten, wie die Kerle selbst, Öl und Ruß, Schmiermittel und Farbe ließen sich nicht übersehen. Aus Tabakqualmwolken guckten mich musternde und grinsende Gesichter an.

Angel hatte sich durch Flecken von einigen Packarbeiten ihnen wenigstens optisch genähert; ich dagegen glänzte wie frisch aus dem Ei gepellt, und Hemd und Hose schrien förmlich danach, mit Farbe oder schwarzer Schmiere sofort angepaßt zu werden.

Ein mehrstimmiges »Hi« erklang. Angel stellte mich vor, und dann wurden Hände geschüttelt, sehr kräftige, zupackende. Doch wer war hier der Captain, Chris, Robert oder Frank? Etwa der, dessen Namen ich nicht behielt?

Einer durchleuchtete mich förmlich mit seinem etwas harten, fast stechenden Blick, fragte Angel, ob ich denn schon einmal auf solch einem Fangschiff gewesen sei.

»Der hat mehr Erfahrung mit ganz kleinen Schiffen, er fährt mit dem Kajak auf dem Meer.«

»Really? Du willst mit einem Kajak auf die Aleuten?«

Ich bejahte. Der eng fokussierte Röntgenblick wich kurz einem weiten O. Mehr Os folgten.

»Okay, Görnot, würdest du mit uns arbeiten?«

Ich versicherte, daß ich jede Seemannsarbeit tun würde.

»Freut mich, weißt du, wir arbeiten hier alle zusammen. Du kannst mitkommen, sei morgen um 9 Uhr an Bord.«

Spätestens von diesem Moment an wußte ich, daß Frank der Captain war.

Alle zusammen halfen wir danach, Angels Ladung für die »Arctic Dawn« zu verstauen. Dabei bekam ich weitere Einblicke in Angel Alarcons Organisationstalent und das Innenleben eines Fangschiffes.

Aus der Art, wie Angel die Gegenstände in den Laderäumen festzurrte, seinen drastischen Gesten und unmißverständlichen Lautmalereien, während ich ihm beim Stapeln und Sichern im öligen Krabbenbunker half, erhielt ich handfeste Hinweise, in welche Gewässer wir bald aufbrachen.

2 Kurs Dutch Harbor, direkt durch den Nordpazifik zur Hauptstadt der Aleuten-Inseln

4 Uhr morgens stand ich bereits mit meinem Gepäck vor der Anlegestelle. Auf der »Arctic Dawn« rührte sich noch gar nichts. Angel und seine Frau Carmen eilten mit zwei Kindern zum Airport, und ich fragte mich, wie ich zwar nach einem Festessen, aber nur einer Stunde Schlaf den beginnenden Tag überstehen sollte. Im Vorschiff lagen die drei in festen Hüllen verpackten Teile meines Kajaks. Eigentlich gehörte ich doch schon zur Mannschaft, also öffnete ich die Tür, legte mich auf die Teile des Bootes und schlief augenblicklich ein.

Und er erwachte auf hoher See... Vielleicht eine Szene in Romanen oder Filmen, aber hier nicht. Nach einem Blitzfrühstück bunkerten wir gemeinsam Lebensmittel, so viele, daß wir eine Trägerkette bilden mußten. Dann wurde dramatisch aufgeräumt und ausgemistet. Wo war der aus dem Ei gepellte Typ vom Vortag? Nein, es war alles andere als tragisch, aber der wurde nie mehr gesehen.
Zwar vibrierte jetzt das Schiff stärker, da die Maschinen schneller liefen, aber ganz andere Vibrationen strahlten die Leute der »Arctic Dawn« aus: Eine fieberhafte, freudige Erregung hatte sie gepackt, wenn sie zuvor ihre Pflichten erfüllt hatten, dann lebten sie nun mehr und mehr auf.
»Das Seil dort aufrollen! Schnell ein paar Fender runterlassen! Wir fahren in die Schleuse.«
Arbeitsreiche Minuten verstrichen, bis ich mir ein paar längere

41

Blicke auf die felsigen, zerklüfteten und bewaldeten Küsten des Puget Sounds gönnen durfte.

»Gernot, Gernot, komm schnell, da, sieh nach Starboard!«

»Was gibt's Chris? – Oh, ja, jetzt seh ich's.«

»Denke immer daran: So klein bist du dort draußen!«

Ein winziger Farbfleck tanzte auf unruhigem Grüngrau wie ein verlorenes, buntes Insekt, das die Weite des Puget Sounds unterschätzt hatte. Doch immerhin ein Seekajak schaukelte dort auf den Wellen, ein Zweisitzer sogar, länger und breiter als meines. Ich hätte nie gedacht, wie winzig ein über fünf Meter langes Kajak für ein Schiff aussah. Um Seattle, besonders im Puget Sound, achteten Schiffe auf Kajaks, da man Seattle das Zentrum des Seakayakings nennt. Woanders aber, an Stellen mit regem Schiffsverkehr, besonders dort, wo gefischt wird, mußte ich demnach höllisch aufpassen.

Ich entgegnete, ich hätte für solche Situationen eine kleine, aber sehr starke Lampe dabei, intensiv wie Laserlicht, schrieben die Hersteller.

»Görnot, es werden auch gar nicht so selten Fischerboote versehentlich gerammt, be extra careful.« Frank, der in der Tür stand, schoß mir diese Warnung zu, begleitet von einem gezielten Röntgenblick.

»4.6.94. Jetzt liegt dieses Buch wirklich auf dem Tisch in der Galley des Crabbers ›Arctic Dawn‹. Fleißig sind wir alle gewesen heute morgen vor dem Auslaufen. Seattle, mein Seattle, ist längst aus meinem Blickfeld verschwunden. An Bord eines Crabbers, ein Traum wird wahr. Auf Kurs zu den gefährlichsten Gewässern der Welt – weiterträumen?« So beginnen die Eintragungen meines Tagebuches. Noch konnte ich gar nicht ahnen, auf wie vielen Tischen, an Bord von Schiffen und an Land, es liegen würde, daß es durch so viele Hände gehen sollte.

Angel Alarcon hatte mir eindringlich und ausführlich geschildert, was uns dort oben auf den Aleuten erwarten würde: »Jährlich sinken bereits einige Boote auf der Fahrt dorthin.« Doch, die »Arctic Dawn« sei ein sehr gutes Schiff, aber die Fahrt durch den Nordpazifik betrage immerhin gut zehn Tage, über 2.500 km.

Den ersten Tag hatte ich überstanden, und ich erinnere mich noch bildhaft, wie ich in der Galley saß und in mein Tagebuch schrieb. War ich nicht in einer völlig fremden Umgebung mit mir völlig fremden Menschen? Auch die Sprache der Fischer hielt mich auf Trab: Nicht genug, daß ich all die seemännischen Begriffe in Englisch verstehen mußte, nein, da war dieser extrabreite querschlägige Slang, der mir die Gehirnwindungen zum Verknoten brachte. Ich mußte mich daher sehr auf ihr flottes Englisch konzentrieren.

Das Schiff rollte und nickte, Wellen knallten wie boshafte Fußtritte an die Bordwände, dazu drang Lärm aus dem Maschinenraum, als ob die zwei Schiffsdiesel versuchten, sich durch die Bordwände hindurchzuarbeiten. Hier wurde man nicht so sanft geschaukelt wie auf einer Fähre oder einem Passagierdampfer, das hier war ein Fangschiff: 96 feet spartanischer Stahl mit einer Wucht von 119 Tonnen Wasserverdrängung. Obwohl innerlich aufgewühlt, entwurzelt und an einen extremen Ort verpflanzt, wuchs das Gefühl, genau hierher zu gehören, und ich begann mich wohler und wohler zu fühlen.

»Arctic Dawn«, 5.6.1994. In der Galley auf der Eckbank erwachte ich. Der erste Blick fiel auf mein Tagebuch, das auf dem großen weißen Tisch lag, der zweite auf die Kaffeemaschine, deren Behälter auf »leer« stand. »Steh früher auf und mach ihnen Kaffee. Das ist eine nette Geste, und man weiß das auf allen Schiffen zu schätzen«, hatte mir Angel mit auf den Weg gegeben. Dem Rat folgte ich.

Die Geste schon, doch mein Gebräu konnten sie erst nach gehöriger Verdünnung schätzen. Jim Foliart aber, ein Skipper, der mit uns nach Dutch Harbor fuhr, prallte nach dem ersten Schluck zurück, als habe ihn eine versteckte Natter aus dem großen Becher angesprungen: »Oh, man, you did your very best, really, but this strange brew is far too strong! Please never ever again.« Dann schüttete er das Herz- und Nervengift kurzerhand in den Ausguß.

Damit hätte ich eine mögliche Karriere als Schiffskoch verspielt, könnte man meinen – könnte man meinen.

Robert, der rotblonde Wikingertyp, lachte schallend, erklärte, Jim möge eben keinen richtigen Kaffee, und ich solle auf keinen Fall beleidigt sein. Er setzte ein moderates Getränk auf, grinste und deutete zum Heck: »Hinter uns sind jetzt bestimmt fröhlich feiernde Fische und tanzende Haie.«

Wie ging der etwas schräg startende Tag weiter?

»Gymnastik entfällt heute. Ob ich nachlasse? Nein, ganz gewiß nicht – ich habe hier an Bord Dauergymnastik: Die Wellen lassen das Schiff ununterbrochen nicken und rollen. Ich räume auf, verstaue oder halte die Galley sauber, lerne nach und nach, dies im Rhythmus der schwankenden Stahlwelt zu tun. Auf Deck schwappt prächtiges Wildwasser, und so manche Woge erscheint so, als ob das Meer Größeres vorhätte. Schließlich soll ja hier der Nordpazifik alles andere als ein Surf- und Erholungsgebiet sein.

Die Stimmung an Bord konnte einfach nicht schlecht sein, denn wir bekamen Besuch: ein Humpback, ein mittelgroßer Buckelwal, tauchte in Starboard auf, umkreist von einer Schar Vögel. Ob es sich herumgesprochen hatte, daß von diesem Crabber extra starker Kaffee ins Meer gekippt wird?«

Ihre Sprache, der allgemeine Umgangston war handfest, kernig, um nicht zu sagen faustdick. Irgendwie frei lebte und arbeitete man hier, wie unter Freunden – und Frank war eben der Leader. Frank Speigel, ein athletischer, energischer Typ, Ende dreißig, dunkelblond und kurz geschnittene Haare unter einer ehemals grellroten Baseballmütze, mal mehr, mal weniger glatt rasiert, mußte keine Autorität als Kapitän demonstrieren, er wußte ganz einfach, was notwendig war, gab klare Anordnungen, und niemand an Bord bezweifelte diese, doch stets setzte er ein »Please« hinzu. Trotzdem wurde ich nie das Gefühl los, daß dieses Energiebündel »schaumgebremst« lebte; und gelegentlich schlich sich mir der Gedanke ein, er könne einen *Sea Wolf* nach Jack London darstellen.

Als ich dies notierte, rollte gerade die »Arctic Dawn« wie ein Baumstamm in Wildwasser. Ein Wellenkamm guckte durchs Bullauge der Galley, ich sprang auf und sah, wie das graugrüne Monster einen beeindruckenden Besuch an Deck machte, von Backbord nach Steuerbord, zwar kurz, aber unübersehbar.

»Don't worry, eine flache See haben wir noch«, kommentierte Chris die Situation, während ich meinen Kugelschreiber wieder einfing, der quer über den großen Tisch und wieder zurück gesaust kam.

Der Dienst auf dem Schiff spielte sich aber nicht nur im geschützten Inneren ab, und so zeigte Robert mir, wie man an Deck arbeitet, ohne geduscht oder gar von überspringenden Wellen hinweggerissen zu werden.

Am dramatischsten war es, Lebensmittel vom Vorschiff zu holen, denn dabei mußten gut zwei Drittel der Schiffslänge und dies unter freiem Himmel, oder besser unter freiem Zugang der Wellen, überwunden werden. Jeder von uns mußte der Reihe nach solch einen Ausfall zum Kühlraum oder in den Speicherraum drunten im Vorschiff machen, wo sack- und kistenweise Obst und Gemüse gebunkert lag.

Noch konnte ich das prächtige Nahrungsangebot gar nicht so recht nutzen – wie Jim, dem ich beim Kochen half und den die Auswirkungen des Landaufenthalts noch hinderten, zu seiner gewohnten Kondition zurückzufinden, und der daher sich lediglich mit Dreimannportionen zufriedengeben mußte. Jeden mache die unruhige See nach längerem Landaufenthalt mehr oder weniger seekrank, gestand man, und so brauchte ich mich nicht zu schämen, wenn ich nur eine lächerliche Zweimannportion bezwang und den anderen die dritte Serie kannibalisch großer Steaks neben dem Stahlkessel voll Salat überlassen mußte.

Dafür stürzte ich mich auf Spül- und Aufräumarbeiten, machte mich dabei mit der Bordküche bekannt, deren intelligente Einrichtung und raffinierte Zweckmäßigkeit mich faszinierte.

Schreiben, schreiben... ich mußte das festhalten, um einen Ankerpunkt oder wenigstens ein Seil zu haben, denn ich hatte keine Bezugspunkte mehr, nichts Vertrautes, diese Situation hier an Bord eines Fangschiffes war so durchschlagend neu, dermaßen alles über den Haufen werfend anders, daß jede Stunde, anfangs sogar jede Minute Pionierdasein für mich bedeutete.

Und das verrückteste an der ganzen Sache war, daß ich mich zwar wie in einer völlig fremden Welt, wie auf einem fremden Kleinplaneten, vorkam und auch solche Bewohner um mich hatte – und doch fühlte ich mich geborgen wie selten zuvor, und eine Art von Spaß und wilder Lebensfreude wuchs, der ich selbst fassungslos gegenüber stand.

»Hau dich doch in die Koje«, hörte ich mehrmals, wenn einer von der Brücke in die Galley runter kam, um den Maschinenraum zu inspizieren, oder *nur* nachtanken kam: nachtanken aus dem Kühlschrank – großer Schrank! –, wo eventuell noch Reste des Dinners waren, oder sich Sandwiches baute, von denen Leute am Festland einen Tag bestreiten konnten. *Nachtanken* nach *dem* Dinner!

»Arctic Dawn«, 6.6.94. »Der Tag startet prima. Nach zwei Stunden Arbeit lud uns Jim, der sich wieder ›like a rock‹ fühlte, zu einem Frühstück ein, das man anderenorts wohl ein kerniges Wettfressen genannt hätte. Es gibt hier nur Sieger, Verlierer ist immer der Kühlschrank.«

Man arbeitete hier jedoch, wie man aß. Entweder stürzte man sich auf die Arbeit, oder man erholte sich. Kein einziges Mal hatte ich auch nur den Anflug des Gedankens, irgendeine Arbeit könnte der Mannschaft lästig sein. Es sah eher so aus, daß Franks Anweisungen unverzüglich ausgeführt wurden – um danach fieberhaft nach neuer Arbeit zu fahnden.

Chris brachte es auf den Punkt: »Eine Fahrt ohne Arbeit ist das Fürchterlichste, was ich mir auf See vorstellen kann, es folgen dann nur Probleme.«

Einem Delphin sah ich hoch oben vom Bug her zu. Über dem Nordpazifik schaukelte solch eine vereinnahmende Ruhe, sirenenartig lockende Ferne, daß dieses muntere Wesen wohl nach Anregung und Gesellschaft suchte.

»Jetzt im Kajak sein!« Dieser Gedanke mußte endlich kommen. Wie gut war es, mit diesem Schiff zu den Aleuten zu fahren – denn wenn ich geflogen wäre, würde der Nordpazifik entweder nur ein Landkartenmeer sein oder eine Art marine Geisterbahn, in der die eigene Phantasie noch tollere Bedingungen konstruierte, als es die Natur auch tatsächlich schaffte.

Und unter den *richtigen* Leuten war ich, genau der Typ, mit denen ich später zusammenarbeiten sollte. Man hatte mich davor bewahrt, wie ein Hoppla-jetzt-komm-ich-Typ in eine Welt zu platzen, die ich ja verstehen wollte und mußte.

Angels Bemerkungen über »besoffene Mannschaften« und »absaufende Boote« konnte man hier auf der »Arctic Dawn« über Bord werfen. Gesoffen wurde vorher – wahrscheinlich auch nachher, auf Fahrt aber war das hier ein »trockenes Schiff« –, und wenn eine Gefahr bestand, dann höchstens, daß einer beim Essen platzte.

Ich konnte nicht jede Nacht in der Galley sitzen, Expeditionspläne austüfteln und schreiben, bis ich so müde wurde, daß ich mich einfach auf derselben Eckbank hinlegte und mich in den Schlaf schaukeln ließ. Also, ab in die Koje.

Doch in der Koje eines Fangschiffes: Nichts gegen das winzige Eisenkämmerchen, in dem man wie ein einsamer Penny in einer Sammelblechbüchse hin und her geschüttelt wurde. Da lud auch ein Tisch zum Schreiben ein, vor dem ein Stuhl sich im Walzertanzen übte. Den Schrank ärgerte das ein bißchen, denn er war ja an der vibrierenden – daher auch belebenden – Wand zum Stillstand, lähmendem Zuschauen, verurteilt; also nahm ich es ihm nicht krumm, wenn er wenigstens mit seiner auf und zu schwingenden Tür am allgemeinen Tanz teilnahm.

Meine beiden großen roten Packsäcke mit Tragegurten wollten einfach nicht walzern, also hatten sie recht clever Abhilfe gefunden, sie waren ins Eck gerutscht und sich gegenseitig in die Arme gefallen.

Halt, die Tür! Schon sprang ich über die nicht zu übersehenden Packtaschen von Captain Jim und fing vorsichtig das allgemeine Innenproblem des Schiffes: eine seitlich ungemein kräftig zuschlagende und wiederkehrende Schnappfalle.

»Fucking door! Yeah, well done, George, fix the nasty bloody bastard with a rope!«

Schon drehte sich Jim wieder in der unteren Koje um und zeigte seine Fähigkeiten, nur allein mit dem Gaumensegel dem mechanischmarinen Geräuschaufruhr auch etwas deutlich Hörbares entgegenzusetzen.

Ehernes Doppelstockbett – an und für sich eine prima Einrichtung, hat sich anderenorts glänzend bewährt. Hat nun auf modernen Schiffen eben die uralte Hängematte abgelöst. Für mich war die erhöhte Bettstatt ein leistungsfähiger Schiffsbewegungsverstärker.

Also der Vergleich mit einer Kartoffelsortiermaschine, die ein durchgeknallter Farmer durch Gelände fährt, ist vielleicht übertrieben. Die See gibt den Takt, das Schiff den Rhythmus, und die Bettstatt verspricht Solistendarbietungen. Irgendwann kapiert man, daß das Klatschen, Brechen, Pochen und Geschwappe von draußen irgendwie mit den Bewegungen der Ruheunterlage zusammenhängt. Das Bewußtsein weniger, aber dafür um so mehr der Körper – ich glaubte zu verstehen, warum jemand den Ausdruck »Body Intelligence« geprägt hat.

Die begleitende Akustik entsprach der Mechanik. Nun kurz: Ob man da schlafen kann? – Man muß.

3 Etwas über Fangschiffe

Zum Thema Fangschiffe und besonders zu Crabbern ist folgendes wichtig: Zur amerikanischen Fangflotte gehören Trawler, Crabber und Longliner. Trawler fischen mit Schleppnetzen auf Grundfische. Trawler können im Vergleich zu den ca. 30, knapp 50 m langen Crabbern wahre Giganten von über 100 m Länge sein. Longliner sind kleiner als Crabber, und aus ihnen ragen wie Antennen Bäume und Angeln heraus, an denen mit Leinen und Dutzenden Haken daran nach Lachsen gefischt wird. Ein Mittelding zwischen Longlinern und Trawlern sind Boote, die mit schwimmenden Treibnetzen fischen.

Mit kleinen, aber hochseetüchtigen Booten, Skiffs genannt, fängt man den begehrten Halibut, einen Heilbut, der um die Aleuten Riesenformen bis 2,60 m und ein Gewicht von 240 kg erreicht.

Die amerikanische Fangflotte ist ein Milliarden-Buseneß. In den siebziger und frühen achtziger Jahren erbrachten die Crabber den Löwenanteil. Während des King Crab Booms wurden die Krabbenfischer schnell reich. Goldgräberstimmung. Auf den ostasiatischen Märkten wurde für das Fleisch der über einen Meter im Durchmesser großen Königskrabbe horrende Summen bezahlt. Heute etwa 4 $ das Pfund.

Die Lachsfischerei wie der Grundfischfang sind ebenfalls gewinnbringend, aber keine Boom-Fischerei wie das Crabbing. Krabben werden mit Reusen, 2 x 3 x 1 m messenden Stahlrohrkästen mit Netzwerk, gefangen. Crabber fischen auf offenem Deck. Dutzende der Reusen sind dort gestapelt. Entweder werden die schweren Reusen, »pots« genannt, seitlich über Bord geworfen und eingeholt oder durch ein offenes Heck.

Unterhalb der hölzernen Deckplanken fließt ständig Wasser über die Bordwände; dies ist ein sehr effektives Stabilisationssystem. Unterhalb des Vor- oder Achterschiffes, je nachdem wie gefangen wird, liegen die großen und stets gefluteten Krabbentanks. Der Maschinenraum befindet sich unterhalb der Aufbauten, also unterhalb der Wohn- und Navigationsräume. Daher herrscht auf einem Fangschiff arger Radau. Das wird in Kauf genommen, denn der Maschinenraum muß stets innerhalb weniger Sekunden zugängig sein. Beeindruckend sind die riesigen Scheinwerferbatterien auf der Brücke und der Antennenwald der Meß-, Rettungs-, Kommunikations- und Navigationsgeräte.

Auf einen Crabber gelangt man nur als Mannschaftsmitglied, es gibt keinen Komfort, und keine Versicherung würde bei einem Unfall zahlen.

Fischen um die Aleuten, also im Nordpazifik und im Beringmeer, ist extrem gefährlich. Fischen ist von vornherein das gefährlichste Handwerk der Welt. Jedes Jahr sinken durchschnittlich ein Dutzend Schiffe um Aleuten und Beringmeer, und 30 Fischer bleiben auf See. Häufig fallen die Saisonen, wie die der Opilia-Krabbe, in die sturmreiche Winterzeit. Von allen Fischern haben die Crabber das härteste Los. Es kommt immer wieder vor, daß eine Welle Reusen und Crew von Bord spült. Aber dafür gelten sie als die Härtesten der Harten, die berühmten »Crab Cowboys«.

4 A Jumping Kitchen and a Rolling Ship

A rctic Dawn«, 7.6.94. »Beinahe zuckersüß wirkte heute morgen die See, so, als ob sie einladen wollte: Nimm doch ein Bad, streichle mich, küß mich.« – Doch nach etwa zwei Stunden wurde sie wild. Und dann wollte ganz bestimmt niemand mehr baden, man ging es sonst...

Die ersten Brecher leckten um die Bullaugen der Galley, als würden sie mir beim Abspülen helfen wollen, das gesamte Deck spülten sie bereits ab, gründlich. So leicht hüpften sie über die Reling, als wäre die »Arctic Dawn« ihr Spielplatz. Um den Bug stoben mehrere Meter lange Gischtfetzen, die mühelos auch die Fenster der Brücke erreichten oder in hohem Bogen wie übermütige Seegeister über das ganze Oberdeck flogen. Beim Heck tobte selbst für Spezialisten unbefahrbares Wildwasser, witzigerweise brodelte es genau da am wildesten, worüber sich der Ort befand, den man am Festland auch »den stillen« nennt. Selbst der Blick durch den Sichtdeckel einer Waschmaschine oder durchs Schauglas einer Wasserkraftanlage kamen nie dem Ausblick aus dem Bullauge dieses Örtchens nahe.

Auch die anderen mußten sich jetzt ab und zu festhalten oder abstützen – also fand ich sehr dynamische Grundbedingungen vor, meine Tätigkeit hier als Schiffskoch zu versuchen.

Tage zuvor hatte ich zum Glück schon mitgeholfen und besaß so den Überblick für Was, Wo und Wie-überhaupt. Wirklich, eine ganz tolle Küche, allerdings mit ein paar entscheidenden Handicaps. Mein erster grundsätzlicher Kommentar hieß: »A jumping kitchen in a rolling ship!«

Also, ans Werk. Machte man die obersten Fächer auf, flogen einem meistens die Sachen entgegen, die man eigentlich nicht wollte. Öffnete man die untersten Fächer, bekam man eine Fußmassage. Hm, mittlere Fächer gab es auch, Männer wissen, warum ich das erwähne...

Ich biege Einwände gleich ab: Natürlich waren Fächer und Schubladen gesichert, patentverschlossen, und die Gegenstände in der Einbauküche stabil, teilweise auch in Halterungen gelagert – doch nicht alle, denn das ginge nicht, würde zu viel Platz wegnehmen. Man mußte eben jonglieren lernen – Body Intelligence!

Wie auch an der Basis des Lebens ein gegenseitig voneinander lernendes Verhalten zwischen Jägern und Gejagten üblich ist – so auch hier: Wenn man einige Handgriffe beherrschte, ließ sich das Meer eben einige neue Bewegungsvarianten einfallen.

Ungut wäre es, wenn die kochenden Kartoffeln im Takt mit den Wellen spielen wollten, also galt es vorher, den Topf mit den einstellbaren Klammerhalterungen oben am Herd zu befestigen. Ein mittleres Desaster würden die Italian Pork Chops anrichten, falls die große heiße Kasserolle beim Wenden der Chops aus dem offenen Backrohr gegen meine Knie sausen sollte. Ich habe sie mehrmals davon abgehalten, mir ein Brandzeichen zu verpassen.

Man legt zuerst engmaschige Gumminetzmatten auf den Arbeitsflächen aus, aber das weiß die See irgendwie draußen und richtet sich darauf ebenso ein. Gut, Salat konnte ruhig ein bißchen herumfliegen, Salat ist harmlos.

Und....? – »Görnot did it!«

Rufe, Klopfzeichen – dann wurde das frisch Fabrizierte am Tisch zunächst eingekreist. Ein, zwei, fast drei Sekunden lang Schnuppern, Zögern – meine ebenso lange Aufregung –, dann gingen die Leute der »Arctic Dawn« zum Sturm aufs Dinner.

Man beschloß, ich solle bei dem Job bleiben. Ich hatte gar nichts dagegen.

»Hey George!« – »Say Görnot, Jim.«

»It's our agreement between George and me, Frank.«

»Hey, George, please, your turn!« – »Okay, no problem!«

Und dann machte ich eben den Ausfall – raus über das Mittelschiffsdeck zum Gefrierraum. Draußen gab der Nordpazifik eine beeindruckende Leistungsschau. Ich ließ es eben um mich klatschen, sprühen und schwappen, denn ich hatte bereits vorher heimlich geübt. Klar, die Mannschaft saß dort oben auf der Brücke beisammen, um dem Koch beim Vorräteholen zuzusehen.

Mein bisher härtester Hindernislauf begann: Das ging runter und rüber und sprungartig aufwärts, das Schiff mußte schon längere Zeit die Wellen so schneiden, wenn wir nicht viel weiter nach Süden steuern wollten.

Ich nutzte die Gelegenheit eines »ruhigen« Augenblicks und lief mit ein paar großen Sätzen zum Vorschiff. Ich hängte die Sicherung ein, bevor ich in den Gefrierraum hineinturnte. Hätte ich die Sicherung vergessen, wäre ich in einer eiskalten Falle gesessen.

Frank trötete mit dem Signalhorn – ich hatte Lektion II, die wichtige, bestanden. Ich legte die Lebensmittel in die Mitte eines aufgerollten Seiles und turnte weiter zum Lagerraum hinunter. Ich stopfte alles in eine große Plastiktüte, denn mit all den Sachen im Arm wollte ich den Rückzug nicht versuchen.

Das war jetzt mit der Tüte schwieriger. Stets beobachtete ich, was sich an den Seiten jenseits der Reling tat. Wellen sprangen von beiden Seiten über das Deck – ein Fehler, und sie nahmen mich mit über Bord. Als ich die Schleuse zum Wohnschiff erreichte, brach sich eine gigantische Welle, die Tür wurde aufgerissen, ich preßte die Tüte an mich und hechtete hinein, die Tür flog zu, und dann donnerten mehrere Tonnen schäumendes Wasser dagegen.

Wie durch ein Wunder ging nichts zu Bruch, und ich hatte kaum Wasser abbekommen. Ich hatte meine Deckprüfung bestanden. Man begann mich langsam als einen der ihren anzusehen.

»Arctic Dawn«, 8.–12.6.94. Die Maschinengeräusche erstarben plötzlich, das Schiff verlor deutlich an Geschwindigkeit, nickte, schwankte, rollte hart und ungewohnt. Schon turnte Frank von der Brücke die steile Treppe hinunter, fegte durch die Galley, nahm in weiten Sätzen den Vorraum und tobte die noch steilere eiserne Treppe zum Maschinenraum hinunter. Sekunden später hetzte Robert hinterher. Nach etwa zehn Minuten schlug und pochte das Herz der »Arctic Dawn« wieder im gewohnten Rhythmus – und Frank und Robert kamen geschwärzt wie Kaminkehrer wieder nach oben.

»Äh, war das was Ernstes?«

»Nein, nein, nur 'ne kleine Unpäßlichkeit der Lady«, meinte Frank grinsend, »wir haben sie vielleicht ein bißchen zu stark geschaukelt.

Ich hau mich jetzt wieder hin – aber weckt mich bitte sofort, wenn
sie sich noch mal verschlucken sollte.«

»...ja, und die glaubten mir eben nicht, daß wir aus Versehen in ihre
Gewässer geraten sind. Und mich als Captain haben sie sofort ding-
fest gemacht, für acht Tage gleich. 'nem Fischer wären wir schon
noch davon gefahren, mein Boot ist keine lahme Ente, aber mit einem Kriegsschiff lege ich mich nicht an.«
»Noch mal bitte, Jim. Was war da los?«
»Tja, George, das ist ein hartes Brot, was wir Crabber uns inzwischen verdienen müssen. Manchmal verschlägt es uns eben knapp
an die Hoheitsgrenzen. Diese King Crabs tragen nun mal keine russischen oder amerikanischen Fähnchen oder Abzeichen. Und die
Offiziere auf dem russischen Kriegsschiff verstanden gar keinen
Spaß, also haben die mich eingebunkert. Weißt du, das ist so ähnlich wie bei euch in Europa: diese Reibereien um Hoheitsgewässer
zwischen den Spaniern und Norwegern, die übrigens auch ganz
gern bei uns zu Besuch kommen.«
Jim gehörte zu den unerschrockenen Kapitänen, denen wohl auch
auf den Crabbern Ersatz für die knapp überlebte Vergangenheit geboten wurde, von der sie nur ungern erzählten: Jim war bei der
kämpfenden Truppe in Vietnam gewesen, und nach seinen vernarb-
ten Schußverletzungen am Bauch und den Beinen erschien es fast
wie ein Wunder, ihn lebend vor mir zu sehen.
Ich solle ihnen bloß nicht zu nahe mit meinem Kajak kommen,
sonst hielten sie mich noch für einen getarnten Fischereispion.
»Weißt du, die besten Fanggründe für King Crabs liegen ausgerechnet in russischen Gewässern. But, man, was genau zieht dich crazy
guy eigentlich dort in die hinterste Ecke Alaskas, auch noch in den
hintersten Winkel der Aleuten?«
»Yeah, Görnot, rück doch mal raus damit.«
»Okay, die ersten Amerikaner kamen vor Jahrtausenden während
der Eiszeit über die Beringstraße. Ich glaube aber nicht, daß es damals dort oben am Polarkreis wärmer war als heute.«
»Man, im Winter geht dort oben gar nichts mehr mit Fischen – da

kommt kaum ein Eisbrecher durch! Denen um den Arctic Circle frieren die Thermometer ein, nasty bloody cold.«

So erklärte ich meine Kontinentalbrücken-Theorie vor marinen Praktikern, einem Auditorium, das man nicht hoch genug einschätzen kann.

»Okay, Görnot, sounds reasonable. But... kayaks?«

»I agree with your theory, but in a kayak – Jesus Christ!«

Ich betonte, das Seekajak sei schnell, mit Fußsteuerung, und ich habe auch Segel und einen Ausleger dabei, das Boot werfe man nicht so leicht um, navigiert werde mit Kompaß und GPS. Zum Kontakt habe ich Marine VHF Radio und um einen Notruf abzustrahlen ein »Micro-B«.

»Anyhow, sounds like a great adventure! Du weißt ja mittlerweile, wie es unsere ›Arctic Dawn‹ schaukelt – und du willst dort im Kajak...? Ich kann dir Schiffe nennen, die in hohen Seen kenterten, big vessels. Man, the hell of an adventure!«

Frank meinte, so verrückt sei ich gar nicht – die Aleuten haben alle Inseln im Kajak besiedelt, alle, sogar Attu. Aber, wie wolle ich das anstellen?

Ich erklärte, mit viel Zeit im Gepäck – wenn das Wetter und die See zu schlecht seien oder der Wetterbericht dafür nicht stimme, führe ich eben nicht.

Jim meinte, es klänge nicht mehr so furchtbar übel, ich hätte da gewisse Chancen während des Sommers. Aber ich solle mich beeilen, denn der sei verdammt kurz. Und wenn ich wissen wolle, wie es im Herbst oder gar im Winter um die Aleutian Islands zugehe, dann hätten sie da ein paar erläuternde Stories für mich.

Haarsträubendes hatten sie auf der »Arctic Dawn« schon erlebt, daher war man freundlich, friedlich, kameradschaftlich, humorvoll, hatte Sinn für Gags, arbeitete Hand in Hand und wußte good times zu schätzen. Es galt: Wer streitet, intrigiert, arbeitet nicht hart genug. Und nur so war der Aufkleber mit der roten Schrift hinten am Heck zu verstehen: »...eat, sleep, go fishing!«

In dieser Nacht liefen wir in einen »kleinen« Sturm. Das Schiff begann so unangenehm zu rollen, daß man sich nicht bloß festhalten

II MV »ARCTIC DAWN«

mußte, sondern daß man sich gelegentlich kraftvoll zu verspreizen hatte. In der Galley war Rock 'n' Roll angesagt, das klirrte, schepperte und klapperte nur so, als ob der Klabautermann eine Party gäbe. Die Besucher der Galley-Disko verloren an Eleganz in ihren Bewegungen, und ab und zu richtete sich ein Kraftausdruck nach oben zur Brücke. Nachdem dies sich für längere Zeit einzurichten beabsichtigte, änderte Frank den Kurs, um die Wellen dadurch senkrecht zu schneiden. Was war nun besser – Rollen oder Nicken? Nicken vertrug die »Lady A.D.« weitaus besser als Rollen, und da hier zwar etwas rauhere, aber doch echte Gentlemen an Bord waren, nickten wir eben mit ihr.

Zwei Captains hatten wir an Bord, und die saßen auch oben in der Brücke, teilten die heiße Wheelwatch: Frank im Starboard-Steuersitz und Jim in dem auf Portside.

Es sah wirklich beeindruckend aus von dort oben – und auf meinem Gesicht stand wohl deutlich geschrieben, daß ich in *der* See nicht im Kajak unterwegs sein mochte.

Das konnte auf die Wände einschlagen wie mit Dampframmen, klatschen, als ob es die Aufbauten wegreißen wollte, prasseln, um die Scheiben einzudrücken – aber, da war doch solider Stahl um einen herum, Tausende von PS unter den Füßen – und: Menschen!

»Gernot, it's the right time now – Movie Time.«

Robert hatte das ernst gemeint, und er mußte einfach lachen über den Gesichtsausdruck, mit dem ich diesen Vorschlag annahm.

Frank meinte dazu, die »Star Trek«-Kassetten seien bei ihm oben, Robert solle aber beim Telefon bleiben, es könnte sein, daß er ihn noch bräuchte. Und so kam es, daß wir die Abenteuer des Raumschiffs Enterprise unter ziemlich realistischen Hintergrundbedingungen genossen, dazu jeder ein Eimerchen Ice-cream.

Auch wenn es in Pausen so aussah, als würde ich meditieren, so studierte ich aufmerksam alle Anzeichen, die mit Wetterinterpretation oder dessen Vorhersage zu tun hatten – was mir dann später öfter als nur einmal das Leben rettete. Formen und Arten von Wolken konnten das sein, Sonnenauf- und -untergänge, Größe der Sonnenscheibe am Horizont, Windgeschwindigkeiten, Richtungswechsel und Verharren in einer Richtung, Licht- und Sichtverhältnisse, Wellenarten und -formen, die Farben des Meeres aber auch das Verhalten von Seevögeln, die es zum Teil in Schwärmen mitten auf dem Nordpazifik gab.

Gute Gelegenheit bot sich bei einer Wheelwatch, der Brückenwache, zu der jeder für ein paar Stunden eingeteilt wurde. Selbstverständlich war dabei der Rundumblick durch den großen Halbkreis der Brückenfenster, ein gutes Fernglas lag stets griffbereit. Es galt, Instrumente wie Radar, Kompaß und Autopiloten zu beobachten und gegebenenfalls zu korrigieren, GPS und Loran abzulesen und die momentane Position des Schiffes auf der Seekarte zu markieren, Seefunk, besonders Marine Radio, Channel 16, den Notrufkanal abzuhören und zu protokollieren, Armaturen der Schiffsmaschinen zu beobachten und auch Anzeigen unten im Maschinenraum abzulesen, Daten, die zum Teil gesammelt wurden und die dann der Captain fürs Logbuch benötigte. Ständige Brückenwache war ein absolutes Muß, auch unter den optimalsten und ruhigsten Bedingungen, trotz Autopilot, durfte das Schiff nie sich selbst überlassen sein. Jim und Frank zeigten mir Stellen auf den Seekarten, die ich später mit dem Kajak besser meiden sollte, und diese übertrug ich dann auf meine eigenen Seekarten.

Zunächst schleichend, dann schreitend und am Ende laufend, war es kälter geworden. Das Wetter schlug jetzt schneller um, Nieselregen und Nebel wollten immer unwilliger weichen. Täuschte ich mich, oder konnte sich der Wind kaum noch für eine bevorzugte Richtung entscheiden? Eigentlich hätte es gar nicht des Blicks auf die Seekarte bedurft – die Zeichen sprachen deutlich: Wir näherten uns den Aleuten.

Kaffeeumsatz und Essensportionen wuchsen, und öfter deutete ich einen Blick mit: »Willst du wirklich mit dem Kajak...?«

Also raus aufs Deck, hoch zum Bug und sich auswehen lassen – nur im Trainingsanzug, mehr nicht, nein, keine Handschuhe, umstellen, mehr Wärme erzeugen, bis in die Fingerspitzen, mehr, viel mehr – Body Intelligence wirken lassen, und das Bewußtsein hilft, Autogenes Training hat schon mehr erreicht; essen darfst du mehr – nur nicht frieren. Alles klar – hat es die letzte Zelle verstanden: Heizen – nicht frieren!

Wurde jetzt der Arbeitstakt nicht ein wenig schneller? Dutch Harbor rückte näher, und all die Ausbesserungsarbeiten für die nächste Fangsaison wollte man abschließen, dann ging's ans Saubermachen. Chris, Robert und ich attackierten jeden Fleck auf Böden, Wänden, Türen und Decken, Möbel- und Tischflächen glänzten bald wie zu einer Schiffsausstellung.
Keine Faxen, kein Blödsinn mehr? Selbst Jim, der gelegentlich ernste Phasen haben wollte, bekam keine Chance. Ob man solch eine Bordstimmung bis zum Zielhafen aufrechterhalten kann? – Wir konnten sie nur steigern.
Gerade noch rechtzeitig liefen Waschmaschine und Trockner, während Duschorgien gefeiert wurden, als am 11.6. die »Arctic Dawn« in Weltuntergangswetter fuhr. Ja, man wußte auf diesem Schiff, was zu tun war, und auch wenn Frank wieder den Kurs ändern mußte, hatten meine Schreibarbeiten Pause. Es schüttelte die »Lady« und uns dermaßen durch, daß diesmal selbst die Essensportionen schrumpften. Meinte jetzt der Nordpazifik in der letzten Nacht vor Dutch Harbor, eight days good time seien nun aber endgültig genug?
Wir richteten uns alle auf »sofort reagieren« ein, während mir der Nordpazifik eine Sonderausstellung von Wellen zeigte.

Träumte ich, oder war dieser tiefe, andauernde, unheimlich schwere Ton einer gewaltigen unsichtbaren Orgel und die etwas schrillen Oberstimmen Wirklichkeit? Düstere schwarze Kegel wuchsen ehrfurchtgebietend in Starboard aus der wogenden stahlgrauen Ebene, die sich zum alarmierend nahen Sichthorizont in weiße Zickzackmuster, tief hängende Wolken und Nebelbänke auflöste.
Wie optische Paukenschläge wirkten die plötzlich aufreißenden Landschaftsfenster, aus denen wild zerfurchte Vulkane heraus-

stachen, silbern flimmernde Fetzen trieben vor schwarzen Schluchten, milchige Schleierbänke vor jäh stürzenden Abgründen, quirlende Wolken fielen wie unheimlich langsame Lawinen von wunderbar ebenmäßig seewärts gewölbten Bergflanken, die in weite flache Sockel in den bleifarbenen Wellenteppich tauchten. Schneebedeckte Schlünde strahlten kurz auf, um weißen Kuppen zu weichen, diese wieder lösten wuchtige Plateaus ab oder ins Innere der Berge stürzende Trichteröffnungen und wild gezackte Talränder.

Moosgrüne Wände leuchteten kurz auf, wirkten aber nur wie rettende Fleckchen im zupackenden Schwarz und abwehrenden Weiß. Metallische Kälte strahlte über allem, floß von den unheimlichen Bergen, strömte über das Wasser, kroch zum Schiff, tastete nach der Seele.

Das war die eine Hälfte des Gesichtes der Inseln, die auch »The Cradle of Storms«, die Wiege der Stürme, genannt werden. Nun kam das so eigenartig Zupackende. Unimak wirkte wie eine wuchtige Barriere in Starboard, Ugamuk wie eine dunkle Perle, die westwärts lockte, zu den anderen dunklen Perlen, die Geheimnisse hüteten, Dinge versprachen, von denen seit Jahrtausenden niemand mehr etwas wußte...

»Never try to kayak Unimak Pass, George!« fielen mir Jims Worte urplötzlich ein.

Inseln ziehen an, erwecken Neugierde, jedoch diese hier greifen tiefer ins Innere, fordern zunehmend Aufmerksamkeit, ein Fordern, dem man sich gar nicht entziehen kann.

Dann kam der Moment, wo die Seele entscheidet: mehr oder möglichst bald weg davon.

Chris beobachtete mich schon eine Weile, und ich bemerkte ihn erst, als ich mich zum seelischen Atemholen zur Brücke hin drehte; und dann hörte ich ihn sagen: »Jaaa, jetzt haben sie dich. Ich habe das erwartet und für dich erhofft. Denn wen dies nicht völlig packt, der hat keine schöne Zeit hier.«

Robert versicherte ich mehrmals, dies sei die richtige Gegend für Wikinger, von denen er ja viel hielt, und er meinte, es käme noch viel großartiger, wenn wir Dutch mit Captain's Bay erreichten.

Wie gewaltiger Spuk waren die Inseln erschienen, und genauso verschwanden sie wieder hinter tiefliegenden Wolken, schwebenden Nebelbänken. Nieselregen fiel, aber ich blieb draußen an der Reling und wartete. Vergeblich, die Nebel hatten die Inseln geschluckt, und ich wollte doch mehr von ihnen sehen.

Man holte mich wieder herein, denn für eine Zeitlang sollte nichts mehr außer Nebel zu sehen sein. Wir fuhren anschließend einen großen Bogen nach Norden, dann wieder nach Westen und in ein paar Stunden sollte ich Akutan sehen. Man holte mich auf die Brücke und zeigte mir den Kurs auf der Seekarte.

Wie lange ich dann später wie gebannt auf den verschneiten Akutan-Vulkan starrte, weiß ich nicht mehr, ob ich schon insgeheim ahnte, was auf mich unter den dichten Seenebeln in ein paar Monaten warten würde?

III Unalaska/Dutch Harbor A

1 »What a Wild Beauty!«

Eine weite Bucht öffnete sich nach Süden, steil fielen die Hänge der umrandenden Berge. Wieder erschienen klotzige Plateaus, mächtige erloschene Vulkankegel, ebenmäßige Kuppen, U-förmige Täler, in welche der Blick für Minuten ins Innere der Insel drang, überall lag Schnee auf Höhen und steilen Flanken – aber das wirkte jetzt alles andere als abweisend. Schräg fielen Sonnenstrahlen auf ergrünende Bergflanken, ließen Schiffe im sich widerspiegelnden Blau des klaren Himmels aufleuchten.

Wie ein ergrauter König der gespenstischen Vulkane rauchte majestätisch der Makushin.

Enger rückten die Berge zusammen, ein Labyrinth von schimmernden Salzwasserseen, flachen Inseln mit sanften grünen Hügeln und schmalen Durchgängen entstand nun aus der Unalaska Bay. Vorbei fuhren wir an ankernden Schiffen, Riesen, neben denen die »Arctic Dawn« klein erschien und die dennoch nur wie leuchtende Modellschiffchen in diesem gewaltigen Naturhafen hier schwammen. Näher rückten die Berge zusammen, dann schnitt sich nur noch ein schmaler Fjord in die schneebedeckten Vulkanhänge Unalaskas ein: Captain's Bay.

Hafenanlagen tauchten auf, Gebäude im Hintergrund, Schiffe lagen fest an der Hafenmole. Doch sehr kantig, rauh und eckig wirkte alles hier, was an und auf dunkelgrauem Felsen stand. Sämtliche Erinnerungen an andere Häfen und Schiffsanlegestellen wollten anfänglich etwas Kritisches dazu sagen, aber das ging unter, wurde einfach weggewischt und endete in einem: »Mein Gott, ist das herrlich wild!«

Natürlich gelang das Gehen an Land nicht auf Anhieb – doch das war es nicht, was mir den Boden unter den Füßen wegzuziehen drohte: Es war dieses So-völlig-anders-Gefühl in diesem so weit von allem abgelegenen Stück Welt. Nun hatte ich nicht mehr die allerdünnste Verbindung zu etwas Bekanntem. So stand ich auf dieser roh gezimmerten Mole, machte erstaunt Os und schickte sie wie Rauchringe in den märchenhaften Fjord von Captain's Bay.

Chris mußte mir helfen, Angel Alarcon anzurufen, alles Umgebende schlug mich in solchen Bann, daß ich nicht in der Lage war, meinen Gastgeber am Münztelefon anzurufen.

»Hi, ich bin Oli, wie ich hörte, hattet ihr 'ne prima Überfahrt, willkommen auf Unalaska!« Einem anderen Typen hätte ich auch nie abgenommen, der Skipper der »Arctic Dawn« zu sein. Ein freundlicher, kräftiger, blonder Riese gab mir die Hand, er grinste mich an – beide hatten wir die gleiche Frisur: Pferdeschwanz mit lichten Stellen am Kopf, was wir beide aber mit bürstenartigen Bärten wieder ausglichen.

Mit einem Wikingerschiff wäre er weiter zu den westlichen Inseln gefahren – aber um nichts in der Welt mit solch einem Bootchen (»little monkey«), auch wenn es aus Kevlar war und Frank bemerkte »strong like hell«.

Kurz vor der Mole von Dutch Harbor zeigte Oli zum Strand und meinte, diesen Platz solle ich mir merken, denn nirgendwo auf der Welt gäbe es mehr Adler auf einem Fleck. Und tatsächlich: Da saßen sie, Adler an Adler, Riesenkerle von Bald Eagles, Gruppen, Haufen – Schwärme wie anderswo Möwen.

»Dort! Da sieh doch, Gernot, bei der russisch-orthodoxen Kirche, da sind Trailer, in dem weißen, das ist meiner, da wohne ich. Und der ›Elbowroom‹ ist auch nicht weit. Kennst du nicht? Das ist Alaskas wildeste Kneipe«, informierte mich Chris.

Robert zeigte mir ein Tal auf der Karte, wo wir einmal nach Gold suchen sollten.

So, wo nun zuerst hinsehen? Ich drehte meinen Kopf rund herum wie ein Suchscheinwerfer, der einen Erstaunstrahl abschickte. Vulkane zogen mich schon immer magisch an – diese hier hatten auch noch Schnee auf den Gipfeln, Sturzbäche und Wasserfälle entdeckte ich erst Minuten später. Und die beleuchteten Schiffe, die sich hier im kristallklaren Wasser spiegelten... Besser wegsehen. Gut, also nach Dutch blicken. Zu den weißen Türmen mit den russischen Kreuzen auf den Zwiebelhauben der Kirche, die so erstaunlich nahe am Strand lag? Zu den bunten Arctic-Häusern, den Hafenanlagen, die wie Spielzeug an den Rändern der Bergflanken in diesem riesigen natürlichen Becken lagen. Canneries sollen das sein, Fischverarbeitungsfabriken. Oder sind dies nur interessante Muster in diesem gigantischen, vom Beringmeer gefluteten Steinkessel, in dem auch noch ein Labyrinth von flachen Felsenrücken lag mit Durchbrüchen zu versteckten Buchten, über all dem ein schneeweißer Vulkan dampfte, Nebelbänke von zahllosen Scheinwerfern gelbrot angestrahlt wurden, wo Wolken von schwarzen Bergen krochen, um von neuen endlos laufend ersetzt zu werden?

Und dann hörte ich es zum ersten Male, dieses Summen und dumpfe Vibrieren, das über allem hing, nicht aufdringlich, auch nicht störend, sondern belebend, der Sound Dutch Harbors, der tief gestimmte Chor Hunderter Schiffsmotoren.

Die anderen Crabber, Longliner und Trawler kamen näher, Namen las ich, Namen, die einen so weit wegführten, daß ich besser dem Andockmanöver der »Arctic Dawn« folgte. »Arctic Dawn« – arktische Dämmerung, wie der Name unseres Schiffes jetzt klang, noch geheimnisvoller, noch verlockender als damals im Hafen von Seattle.

»Görnot, du weißt, wo dein Platz hier ist, bleibe ruhig da, oder komm vorbei, wir liegen hier noch eine Weile.«

»Hi, Gernot, na, wie war's? Ihr müßt ja fast geflogen sein – so schnell habe ich euch gar nicht erwartet.«

»Hi, Angel – Space Aliens! This is a quite unnormal crew!«

»Hi, Angel, Gernot is right...«

»Ich denke, du kommst am besten gleich zu uns, ich kenne ja verschiedene Formen von Seekoller, aber das...«

Und dann ging es flugs zu Standard Oil Hill #1, der Adresse der Alarcons ...? Nicht ganz, es galt, Angels Ladung zu löschen, und ich hatte ja auch nicht gerade wenig Gepäck dabei. Archy, ein freundliches, blitzschnell zupackendes Crewmitglied von Magone Marine half uns, den Ladekran zu bedienen – und Angels Schock zu mildern: Seine Ladung war naß geworden, den Mountainbikes war weiter nichts geschehen, auch nicht seinen beiden Doppelkajaks, allerdings den Lebensmitteln. Sorry, der letzte Sturm hatte Wasser in die winzigsten Ritzen der Ladeluken gedrückt.

Tempo, weiter, noch ein bißchen, es geht schon noch, weiter, du bist doch fit! Wir könnten das auch noch, und wenn wir das haben, dann...! Ich komm gleich rüber und dann zusammen, habt ihr noch Kaffee? Moment, mein Auto hat gerade Probleme. No problem, nimm meines, aber in einer Stunde...!

Die dunkle Seite Dutch Harbors flackerte kurz auf: Unglaubliche Dynamik, Kompressionsarbeit, nahtlose Arbeitsschichtfolge, Dauerstreß, Workaholic City: Steckbrief: »Wanted! Der Dutch Harboreinwohner, der *nicht* hart arbeitet.« Schlimm, keine gute Atmosphäre... Halt, das ist Rundumbetrieb wie auf den Schiffen – Dutch ist ein einziges großes Schiff! Das Verarbeitungs-Reparatur-Ausrüstungs- und Verwaltungsschiff der ganzen Region.

Angel Alarcon meinte, wir müßten ja ein tolles Team gewesen sein, was er da so gehört habe. Alle haben in Dutch für uns die Daumen gedrückt, als wir in den letzten Frühjahrssturm liefen, besonders für mich, da ich ja in diese Szene hineingestolpert sei. Und, wie mir Dutch gefiele.

»A wild beauty!« antwortete ich spontan.

Er forderte mich auf, ganz ehrlich zu sein, denn er kenne Leute, die sich hier umgedreht hätten und gleich wieder nach Hause geflogen wären. Ich solle mich hier in Ruhe umsehen, müsse ja hier noch ein paar Tage warten, denn nach Attu käme man nicht einfach so. Er würde mich in ein paar Tagen nochmals fragen.

Doch wer sich vom ersten Augenblick an verliebt hat, wie ich in Dutch Harbor und Unalaska, der entrollt keine Fragenkataloge oder sammelt Belege. Sicher, Dutch war eine »Rag Doll« und ihre Manieren nicht gerade die feinsten; aber verknallt ist nun mal verknallt.

64

2 Dutch Harbor, ein einmaliger Ort von Weltgeltung

Weit auseinander lagen hier die Einrichtungen und Wohnhäuser, Fischverarbeitungsfabriken lagen direkt an den Landestellen, Unalaska mit der russisch-orthodoxen Kirche, das östlich an Dutch Harbor anschließt, zeigt eine Häuserfront ähnlich Seeorten im hohen Norden, ein wenig Grönland, ein bißchen Norwegen.

Dutch, wie es die Einwohner nennen, ist rauh, herber Boomtown-Charme. Steinige Pisten verbinden Häusergruppen und Fabrikanlagen. Wer Platz brauchte, sprengte sich Nischen aus dem Fels oder ließ auf einigermaßen ebenem Gelände den Bulldozer ein paarmal drüber fahren. So mancher Platz und fast alle Pisten stammen von den US-Pionieren, die vor fünfzig Jahren Dutch Harbor als Seefestung gegen die angreifenden Japaner ausgebaut haben. Immer noch sieht man Bunker, verfallende Militärbaracken oder kreisrunde Plattformen ehemaliger Geschützstellungen. In ausgediente hohe Betonbunker sind Ausrüstungsgeschäfte oder Reparaturbetriebe eingezogen.

Vor Unalaska und anschließend nach Nordosten säumt Strand die Ufer, dunkler Sand und Kies; aber um Dutch und nach Norden zum Bailyhoo Hill und den Hafen- und Werfteinrichtungen liegen eckige klotzige Felsblöcke als Wellenbrecher.

Es ist viel, was auf einen einströmt. Abgesehen von der Am-Ende-der-Welt-Lage, ist Dutch Harbor/Unalaska das *Zentrum* der US-amerikanischen Fischerei, und nach Meinung einer der führenden Canneries, Uni Sea, der *größte* Fischereihafen der Welt.

Fangflotte und Canneries haben einen weit höheren Umsatz und erwirtschaften einen viel größeren Gewinn als so manche große Industriestadt auf dem Festland.

Auch die Japaner sind wieder hier – diesmal mit kompletten Fischverarbeitungseinrichtungen: Canneries an Land oder fest verankerte, aber schwimmende Fabrikschiffe im Hafen, Unterkünfte und Kantinen für die Arbeiter und eigene Bars.

Der Löwenanteil von Lachs, Grundfischen und Krabben geht bevorzugt auf asiatische Märkte wie Korea, Taiwan, Hongkong, Indonesien und natürlich Japan, der Rest in die ganze Welt. King Crabs liefern die teuersten Delikatessen.

Die Topqualität sichern sich sofort Koreaner und Japaner. Das Beste vom Besten wird nach wenigen Stunden als »Sushi« ausgeflogen, für gute Massenware warten bereits koreanische oder japanische Kühlfrachter im Hafen; mindere Qualitäten von Fisch und Krabbe werden vor Ort in den Fischfabriken zu dauerhaftem »Surimi«, einer Art Fischpaste, verarbeitet.

Doch die Golden Boom Times sind vorbei, über 300 Crabber konkurrieren heute um die Beute. Einige Fanggründe sind bereits überfischt, und um die einträglichen Gründe zu schützen, wurden kurze Saisonen – oft nur 14 Tage – und strenge Fangraten eingeführt. Es wurden bereits Fangsaisonen gestrichen.

Konnte in den späten sechziger bis achziger Jahren ein ungelernter Seemann als »deckhand« noch 100 000 Dollar in einer Saison verdienen, so ist es heute nur noch ein Drittel. Die wildesten Zeiten Dutch Harbors sind vorbei, als sich einfache Matrosen im »Elbow Room« cubanische Zigarren mit 100-Dollar-Noten anzündeten. Heute begnügen sie sich mit 10-Dollar-Scheinen.

Heute beginnt man umzudenken. Einige wollen den Tourismus ankurbeln, da in weitem Umfeld wunderbare und unzerstörte Natur liegt und das neue Hotel »Grand Aleutian« gebaut wurde. Andere hegen sehr ehrgeizige Pläne: Dutch Harbor soll der Knotenpunkt der Seehandelsroute zwischen Asien und Amerika werden, einer Handelsroute, wie mich ein Containerfrachtschiff-Kapitän belehrte, zu der im Vergleich die alte Seidenstraße nur ein armseliger Krämerpfad war. Dutch Harbor als der größte Hafen der Welt!

Heute schon ist Dutch Harbor/Unalaska für die asiatischen Russen das Tor nach Amerika, stets liegen russische Schiffe der Fangflotte oder Frachter im Freihafen. Am asiatischen Ende der Brücke nach Amerika, auf Kamtschatka, liegt der wichtigste Fischereihafen Rußlands: Petropawlowsk.

Viel sah und lernte ich – vieles mußte ich beschämt erfahren. Später besuchte mich ein Aufnahmeteam von Alaska TV, und man sprach an, daß die Europäer doch so stolz auf ihre Bildung seien – mit angeblich weitem Vorsprung vor den Amerikanern –, und dabei haben sie so gut wie keine Ahnung von einer so wichtigen Region! Und zu der beschämenden Tatsache, daß man in Deutschland die Aleuten nicht kenne, meinte die Reporterin, sie habe schon alle europäischen Städte besucht und wisse, daß die europäischen Ferieninseln und andere Freizeitparadiese jeder kenne – doch wer kennt die Aleuten?

Die Aufnahmeleiterin meinte dazu, daß Allgemeinwissen über die Kenntnis alter nackter Marmorfiguren und die Auflistung von Kriegen zwischen verrückten Fürsten allein keine Bildung sei, sie betonte, daß die Zukunft hier im Norden läge. Man sei froh, daß endlich mal jemand von old Europe käme, und man werde die Expedition, so gut es ginge, unterstützen.

Dutch Harbor/Unalaska liegen in einem riesigen, geschützten Naturhafen zwischen Nordpazifik und Beringmeer, geschützt vor Orkanen und Tsunamis. Aber der Naturhafen ist nicht nur praktisch, sondern liegt auch romantisch mit großartiger Sicht auf Buchten und Fjorde mit ankernden Schiffen, blinkenden Wasserflächen, in denen sich schneebedeckte Vulkane widerspiegeln.

3 Standard Oil Hill #1

Standard Oil Hill #1 – *der* Aussichtspunkt mit doppelter Fernsicht: Zur Unalaska Bay mit der Hafeneinfahrt nach Dutch Harbor – zum Eingang von Captain's Bay mit Frontalblick auf den rauchenden Makushin. Angel saß hier wie auf Hafenwache: Kein Schiff konnte Dutch oder Captain's Bay erreichen oder verlassen, ohne von ihm gesehen zu werden. Hören konnte er sie auch: Das Marine VHF Radio, über das fast alle Rufe und Meldungen gingen, lief ständig.

Eigentlich eher lästig, ja sogar überaus störend kann Flugbetrieb sonst sein. Hier genoß ich jedoch das beeindruckende Geschehen, wenn ein kräftiger silberner Vogel aus dem Grau der Bering Sea Side herausdröhnte, mit Windböen kämpfte, wie eine riesige Wildgans plötzlich herabstürzte, sich doch tatsächlich wieder fing und in rasantem Anflug auf einer erschreckend kurzen Runway am Südende der Flanke des Bailyhoo Hills aufsetzte. Ich weiß nicht, wie oft ich solch einen scheinbar völlig verrückt gewordenen Silbervogel schon in den aufblitzenden Korridor von Captain's Bay stürzen sah oder an der schneebedeckten Flanke des Makushins zerschellen glaubte. Der Donnervogel brüllte aber nur noch einmal sehr ärgerlich über den sehr kurzen Landeplatz; das war's dann wieder – bis zum nächstenmal, wenn es die Wetter- und vor allem die Windverhältnisse wieder zulassen zu fliegen, wo in der »normalen« Welt niemand davon auch nur zu träumen wagte. Angel meinte, wir sehen hier auf die kürzeste Runway der Welt für Jets, es flögen nur die allerbesten Piloten, und selbst die müßten sich häufig mit tagelangem Warten abfinden, wichtige Post käme dann eben eine Woche später.

War dies hier nur Aussichtspunkt? Stützpunkt, meine Dutch Harbor-Adresse und irgendwo auf den Aleuten sein? In die wildeste Gegend der Welt katapultiert werden und ein Zuhause haben, ist nicht einfach *so* hinzunehmen. Da steckte ich in einer Familie, Carmen, Angel und die beiden Kinder, hatte Nestwärme, Versorgung, ein eigenes Zimmer mit Dusch- und Toilettenraum. Familiär? – Ich hatte Trainingspartner, auch die blonde Carmen fuhr Seekajak, Mountainbikes und liebte Trekkingtouren, wie Angel, der mit seinem Organisationstalent schon anderen Expeditionen half. Es war der Platz, um eine der gewagtesten Kajakfahrten überhaupt vorzubereiten, die Aleuten-Expedition bekam beste Startvoraussetzungen.

Berühmt waren auch die Dutch Harbor Cars. Arbeitsblech hatte man hier, Geländetransportblech. Man fuhr hier nicht spazieren auf den Gravelroads. Jedes Fahrzeug war angeschlagen und zeigte grobe Selbstreparaturversuche. Vom Standpunkt eines Automobilfans lief hier nur zerbeulter Schrott. Ich genoß Angels Zerrbild eines Toyotas, denn eine blinkende Chromkutsche wäre ein Fremdkörper in diesem wilden Stück Welt. Merkwürdigerweise einer gezähmten Welt, wie man mir immer wieder versicherte. Old Dutch sei früher sogar verrufen gewesen: »ein wenig« Wild West habe geherrscht, damals, während des King Crab Booms in den goldenen siebziger Jahren.

Obwohl die Dutch Citizens nun mehr die sportlichen Möglichkeiten der urwüchsigen Umgebung zu genießen begannen – wie Skifahren von steilen Vulkanhängen, Mountainbiking, Trekking und Kajakfahren –, war da dennoch ein schelmisches Lächeln und ein Aufblitzen in den Augen zu erkennen, wenn von den wilden Tagen erzählt wurde.

Angel wollte stets wissen, wo ich mich bewegte – ich solle das scheinbar gezähmte Dutch bloß nicht unterschätzen.

Es konnte hier auch sonnig und warm sein. Eine banale Feststellung, aber eine mit großartigen Zukunftsaussichten: Also würde ich nicht immer in endlosen Wetterattacken durch eine traurige Regenhölle paddeln oder auf klatschnassem Gestein ein deprimierendes Regenmolchdasein fristen. Die *Brücke der Welten* bot also auch gelegentlich trockene Planken.

»Oh ja, es gibt hier auf Unalaska sehr schöne Sommertage. Wir hatten allerdings die letzten Tage hier andauernd Regen, ihr habt mit der ›Arctic Dawn‹ den Sommer gebracht. Ich glaube, du hast Glück, es wird dieses Jahr ein guter Sommer, du kannst es schaffen.«

Erfreut und erleichtert erwiderte ich das Lächeln einer bezaubernden Freundin der Alarcons, Sue Magone, eine der jungen Pionierfrauen Dutch Harbors und Miteigentümerin von Magone Marine, dem berühmten Bergungs- und Schiffsreparaturbetrieb. Das mag jetzt reichlich seltsam oder gar altmodisch klingen: Mir schoß ein alles andere verdrängender Gedanke durch den Kopf: »Du bist jetzt deinem Schutzengel begegnet!« Später, Monate nach meiner Fahrt »durch die Wasser der Hölle« und ähnlichem bei Akutan sollte dies zur felsenfesten Gewißheit werden.

Sue Magone gab nicht nur Tips und Ratschläge. Während selbst handfeste Seeleute vom Kajak-Horror sprachen, unternahmen wir zusammen Fahrten in der Unalaska Bay – bis Carmen ansprang und dann ein weißes Doppelkajak und ein gelb-rotes Seekajak durch die Buchten und deren Durchgänge zogen. Spät wurde es oft, unwirklich schön, wenn die Spitzen der Berge noch rot leuchteten und die Wasser der geschützten Bucht des Beringmeeres in der Mittsommernacht schimmerten und blinkten.

Eine wunderschöne Zeit folgte, ja ein Aleuten-Sommertraum für alle, die Standard Oil Hill #1 besuchten, Carmen und Angel erfreuten sich eines großen Freundes- und Bekanntenkreises, oft war es ein ständiges Kommen und Gehen. Ich kam gar nicht mehr aus dem Staunen heraus, welch wunderbare Gartenparties auf dem Aussichtspunkt von Dutch gefeiert wurden – während Schlag für Schlag die Expeditionsuhr tickte und eine »unmögliche« Hürde nach der anderen überwunden wurde.

Eine Reporterin des »Dutch Harbor Fisherman«, der Zeitung für den Aleuten-Inselarchipel, deren Verbreitung bis auf das Alaska Mainland reichte, besuchte uns und schrieb einen Artikel über die Aleuten-Expedition. Ein TV-Team erschien Tage später, und ich erklärte die Expeditionsziele. Auch die Startrampe der Test- und Trainingsfahrten wurde gefilmt, die breite hölzerne Mole des Hotels »Grand Aleutian«. Alaska wollte dabeisein, wenn ein German hier an die Grenzen des Möglichen ging.

Schritt für Schritt wurde so die Expedition vorbereitet, längst lag das Kajak montiert vor dem Haus, durchgesehen war es, abgeklopft an allen Ecken und Enden; und ich tüftelte an Plänen, wie ich das voluminöse und teilweise schwere Gepäck denn am besten unterbrächte.

Einmal spürte ich, daß ich während eines Packversuchs – einem von wohl Hunderten – intensiv beobachtet wurde. Es war aber ausnahmsweise niemand in der Nähe. Als ich zum nahen Telefonmast blickte, sah ich in zwei aufblinkende Juwelen: Da saß ein ausgewachsener Adler und fixierte mich. Er hegte keine bösen Absichten, sondern erwartete als »Hausadler«, wie ich später erfuhr, daß ich ihn fütterte.

Während der Schnee der Bergflanken schon hellem Grün gewichen war, gleißten nur noch die verschneiten Kuppen der Vulkanberge in der stechenden Sonne unter einem azurblauen Himmel. Symbole cincr großartigen Sonnenuhr verstrichen, meine Unruhe wuchs.

70

4 »*Eigentlich nicht ohne Sondererlaubnis –*
na ja, in dem Fall...«

Gernot, dein Urteil jetzt?«
»What a wild beauty! Angel, es hat sich nichts geändert, mir
gefällt es noch besser. – Telefon, Angel.«
»Peter Kaupat, Easy Rider aus Seattle ist am Telefon, die bestellten
Ausrüstungsteile hat er dir mit dem nächsten Flugzeug geschickt.
Wie es dem Gernot geht? – Lampenfieber, Zweifel ... Reue? – Du
wirst es nicht glauben, Peter, der genießt Dutch Harbor immens!
Aber er hat jetzt Hausarrest bekommen, sonst wird das nichts mit
Attu – wo wir uns doch schon soviel Mühe und Arbeit gemacht ha-
ben. Der hat zusammen mit seinen Kumpeln auf der ›Arctic Dawn‹
gefeiert, sag ich dir, kam gestern gar nicht mehr zurück. – Besoffen?
– Na ja, mit selbstgebastelten Wikingerhelmen sind sie auf dem
Schiff herumgelaufen – die Musik und ihre Gesänge hat man ein
paar Schiffe weiter gehört. Verrückte Bande, drei Captains waren an
Bord, einer hieß ›Captain Morgan‹, die bekannte Rummarke, you
know?
Ob er auch mit dem Boot trainiert? Ja, und Trainingspartner, oder
besser Partnerinnen, hat er auch schon. – Was sagst du? – Ab nach
Attu! Klar.
Fliegen? Nein, das ist zu umständlich, geht auch gar nicht. – War-
um? Nun, auf Attu dürfen keine Privatmaschinen landen – nein,
auch keine Schiffe, ist Sperrgebiet, nur mit besonderer Erlaubnis der
US Coast Guard.
Klappt wohl dieses Jahr vielleicht gar nicht? – Doch, ich finde schon
einen Weg, ich suche gerade nach einem Schiff für ihn. – Wieder ein
Fangschiff? – Wird das beste sein, mit Fischern kommt er ja aus,
bloß so weit nach Westen, gleich bis nach Attu, fahren kaum wel-
che.
Aber ich gebe ihn dir am besten mal selbst, bye bye Peter...«
Wir schritten zur heikelsten Tat: Die US Coast Guard um Erlaubnis
fragen, nachdem wir zwar friedliche, aber doch Piratenakte wie eine

heimliche Landung auf Attu verworfen hatten. Vorher wissen? Wir wußten nur, daß es verboten war, auf den Inseln mit Militärbasen zu landen – aber auf Attu gab es keinen Militärstützpunkt. Informationen über die Aleuten waren in Germany sehr spärlich – fast so etwas wie ein weißer Fleck auf dem Globus. Und selbst in Dutch war vielen Attu unbekannt. Attu? Da gab es keinen intakten Hafen, keine Canneries, keine Ortschaft, niemand wohnte dort, und die Natives hatte man vor der japanischen Invasion nach Dutch umquartiert – ein Felsenklotz zwischen Beringmeer und Nordpazifik hinter der Date Line, dort, wo schon mit östlicher Länge gemessen wurde, nahe der Grenze zu Rußland.

Das folgende Gespräch war so wichtig – und das Ergebnis so unerwartet gut, daß ich es im Originalton wiedergebe:

US Coast Guard, Head Quarter Kodiak:

»Wie bitte, einer mit *Kajak*? – Ist das ernst gemeint?«

»Das ist sehr ernst, eine Expedition, ein deutscher Geologe, ein Professor, der eine neue Theorie beweisen will. Es geht um ein Buch über die Aleuten.«

»Also wirklich, soll wohl noch in diesem Sommer sein, vermute ich.«

»Yes, Sir!«

»Dann hat es gar keinen Zweck, irgend etwas von Kodiak aus zu starten, würde zu lange dauern. Ich gebe Ihnen die Rufnummer von der Loran Station auf Attu. Viel Glück!«

»Thank you, Sir!«

US Coast Guard, Loran Station Attu:

»...*kayak!!* – Mister – are you kidding me?«

»No, Sir, not at all!«

»A German geologist? – Professor Spilwogel...And your name, your address, please!«

»Angel Alarcon, Dutch Harbor, wir bekamen Ihre Adresse vom Hauptquartier in Kodiak...«

»Eigentlich nicht ohne Sondererlaubnis – na ja, in dem Fall...«

»Thank you, Sir!«

»Gernot, es hat geklappt. Die werden dich zwar nicht mit Kanonenschüssen und Fahnen empfangen, aber du kannst kommen – jetzt brauchen wir nur noch ein Schiff für dich, my friend.«

5 MV »Pacific Breeze« I – die Bewunderung

Schiffe mußte ich mit dem Kajak ansteuern – vielleicht hatte ich einmal Hilfe nötig, und dann wollte ich mich mit ihrer Bauart, Einstiegsmöglichkeiten und anderem vertraut machen. Also kreuzte ich um die Anliegestellen und Ankerplätze herum. An Bordwänden von großen Trawlern sah ich wie an Mauern mehrstöckiger Gebäude hoch, aber im Heck bei der steilen Rampe, über die die Netze ausgeworfen und eingezogen wurden, fand ich Anlandemöglichkeiten.

»Ocean Harvester«, »Tolstoj« oder »Sea Wolf« las ich unter Namen, die zum Träumen verführten. An den vertrauten Crabbern blickte ich nach oben, schreckte vor gigantischen Frachtern zurück oder fuhr neugierig zu einem kleinen, sehr alten und rostigen Salmon Fisher, der unter dem Namen »Dirty Sally« fuhr und im Hafen für kleine Boote lag.

Als ich dabei einmal unter der Brücke von Dutch Harbor nach Unalaska hindurchfuhr, um nach Schiffen in Captain's Bay zu sehen, erwischte mich zum ersten Mal der hier eiskalte Südwind. Binnen weniger Minuten ließen die stoßartig hämmernden Böen fast zwei Meter hohe und gefährlich kurze Wellen anwachsen, die sich auch noch zu brechen begannen. Das Paddel mußte ich gut festhalten, und ich beschimpfte mich, ohne Rettungsweste zu fahren. An den herbstlichen Scirocco erinnerte mich das – nur der kam aus der Sahara und blies warm.

Später zog mich ein besonders elegant gebauter Crabber an, blaue Bordwände, weiße Aufbauten, blau gestrichene Teile, nicht die geringste Spur von Rost war zu sehen, ein eleganter Kranbügel zierte regelrecht das Heck. An Deck war alles mustergültig vertäut. Fröhliche Musik plätscherte von der Brücke, Lachen erklang, und ab und

73

zu erschien jemand an Deck und winkte mir grüßend zu. Nagelneu erschien das marine Schmuckstück, das von Ästheten betrieben werden mußte. Den mußte ich unbedingt sehen, und als ich die schöne abgeschattete Schrift lesen konnte, spürte ich, daß mich irgend etwas mit diesem marinen Traum verbinden würde: »Pacific Breeze«.

Aber auch die »Flying Dutchman« war ein besonders schönes Schiff gewesen, bevor sich die Dinge entwickelten und alles aus dem Ruder lief ...

IV MV »Platonida«

1 MV »Platonida«, Bering Sea 23.6.–27.6.94:
mit den Beringsea Fishermen nach Attu Island

Gernot, halt dich fest: Ich habe ein Schiff für dich. Es ist die ›Platonida‹, und die fährt nach Attu – ein Crabber, den ich kenne, habe schon auf dem Schiff gearbeitet. Nun sei schnell, nein, nicht mit dem Mountainbike, da hast du die Autoschlüssel, fahr gleich hin und stell dich vor!« – Beeilen solle ich mich, morgen abend, so hieß es, legen sie bereits ab. Bei Eddy – Ed La Farr, irischer Typ, rot-blond, Vollbart, solle ich mich melden und ihn nach dem Captain fragen.

»Oh, völlig anders als die ›Arctic Dawn‹!« Das war mein erster Eindruck von dem Schiff, das mich vielleicht nach Attu bringen konnte. Dieser Crabber sah eher wie ein kleiner Eisbrecher aus: Aufbauten und Brücke bildeten das wuchtige Vorschiff, hart fielen die hohen Bordwände nach den Aufbauten auf das nur etwa eineinhalb Meter hohe Mittschiff und Heck ab – eine lange Arbeitsplattform endete im offenen Heckende. Schwarz waren die Bordwände, schmutzig weiß die Aufbauten, ein paar Rostfahnen flossen zum dunklen Hafenwasser. Kraftvoll wirkte dieses Monster, länger und stärker als die »Arctic Dawn«.

Etwas mißtrauisch kletterte ich an Bord des so eigenartig anderen Crabbers und betrat das Vorschiff. Was da alles lag oder hing! Sofort fiel mir aber die strenge Ordnung auf, und ich wurde neugierig.

»Donnerwetter!« Das war der zweite Eindruck. Wenn die »Platonida« außen nicht gerade viel her machte, dann aber von innen.

Hier hatten begabte Schiffszimmerleute gearbeitet: Holz statt Plastik, vielleicht ein wenig altmodisch, aber stilvoll und mit lebendiger Atmosphäre.

»Hi, du mußt Eddy sein, ich bin Gernot, komme von Angel!« Jetzt lachte der Bilderbuch-Ire: »Hi, du bist also der Kajaker, der mit uns nach Attu will. Komm mit, ich bring dich zum Skipper.«

Mittelgroß war der Mann, untersetzt, kräftig, um die dreißig, blond, bärtig, auffallend ruhig und beherrscht in Gesten und Bewegungen – und mit Worten. Hätte er jemandem gesagt, sein Vater, dessen Vater und und und... seien alle als Captains zur See gefahren, jeder hätte nur bejahend genickt. Und der Name – wie der paßte: Bob Huntington. Frank von der »Arctic Dawn« hatte mich mit seinem etwas stechenden Blick geröntgt – Bob musterte mich wie ein stehender Bär, dann fragte er mit auffallend ruhiger und tiefer Stimme: »Willst du mit uns fischen, Gernot?«

»Gern, muß nur in Attu aussteigen.«

»Okay, sei morgen vor 9 p.m. an Bord. – Du hast jemanden, der dein Kajak herbringt?«

»Ja.« – »Okay, see you tomorrow.« Deckhand und Schiffskoch war ich schon – auf der »Platonida« sollte ich meine Taufe als Beringsea Fisherman bekommen. Fisch sollte ich hernach andächtiger essen – und meine Kritiker daheim sollten lange warten, bis ich aus Geldmangel abbrach.

Von da ab lief ein sehr dynamischer Count Down – und hätte mir nicht Sue Magone so zur Seite gestanden, wäre dies ein arger Zickzackstart geworden. Interessant ist es, was einem so alles noch einfällt, wenn es *richtig* losgeht, wie Ausrüstungslisten überarbeitet werden, was noch unbedingt einzukaufen und zu erledigen ist.

Angel sah man an, daß er mit wollte. In ihm floß Abenteurerblut, aber er konnte nicht mit, da seine Frau gerade erst vor drei Wochen ihr zweites Baby bekam. Faxe gingen dann nach Germany und Seattle, Telefonanrufe, alle mit der Nachricht, daß ich tatsächlich ans Ende der Welt und noch ein Stückchen weiter aufbreche – mit dem richtigen Fahrzeug – mit den richtigen Leuten.

»Ob die wirklich um 9 starten? Nachts? Nicht morgen früh?«

»Angel, da kennst du Bob Huntington nicht – wir fahren jetzt das Kajak runter!« erwiderte eine sehr energische Sue Magone, und schon ließ sie den Motor des kleinen Lasters von Magone Marine an.

Das Kajak berührte erst gar nicht die Mole – schon schnappten es drei grinsende Crewmitglieder der »Platonida« und brachten es zum Heck, während Sue und ich meine Packsäcke und die Lebensmittel zu den Kajüten schleppten. Es war noch lange nicht 9 Uhr, doch Crew und Schiff vibrierten bereits im Aufbruchfieber, gerade demonstrierte der Skipper den beiden Neulingen Jason und Ken, wie man korrekt und schnell in die schwimmfähigen Survivalanzüge gelangt.

Survivalanzüge waren Pflicht an Bord jedes Schiffes, denn ohne ihren Schutz kann selbst der stärkste und gesündeste Seemann gerade eine Viertelstunde im Wasser überleben.

»Ich weiß, wo du hinfährst, Gernot, und was du vorhast«, sprach Sue Magone sehr liebevoll, aber eindringlich. »Es wird ein schöner Sommer. Du fährst mit Gott, ich weiß es – du kommst wieder. Grüße von Dan, Cecil und Andrea – wir werden immer bei dir sein, vergiß das nicht. Und wenn es dir einmal gar nicht so gut gehen sollte, sieh in das Päckchen hier und denke an uns. Okay, take care, good luck and good bye.«

Kurz vor 9 p.m. liefen dumpf wummernd die Maschinen an, dann röhrte es, als würde ein Dutzend sehr großer Trucks gleichzeitig vom Parkplatz zum Highway aufbrechen, und als ein dunkles Auto ruckartig neben dem blauen Laster von Magone Marine an der Mole hielt und ein Mann winkend heraussprang, ließ ein grinsender Skipper seinen Power Crabber mit beeindruckendem Bug- und Heckwasser zum Hafenausgang hinausdonnern.

Seltsam, aber nach solcher Art von Starts ging hernach meistens alles glatt – ob Angel dies auch wußte?

»Man, you came with a kayak to Dutch – how did you make contact with Magone Marine, a salvage and shiprepair company? You must be a lucky dog!« grinste mich Bob an.

77

Darauf konnte ich nur schüchtern nicken und versuchen, nur ja nicht den Großraum-Begrüßungskaffee zu verschütten.

Wieder einmal gesprungen, hopp! ja, einfach so, und schon steckte ich zum zweiten Mal in einer vor Kraft dröhnenden eisernen Kleinwelt, die sich durch einen graugrünen und im wesentlichen zweidimensional erscheinenden Kosmos kämpfte, aus dessen bleigrauem und unermüdlich sich immer wieder erneuerndem Ende unermeßlich viel Wind und Kälte drangen. Doch halt, noch etwas kam diesmal dazu: Es ging einem viele Hunderte von Meilen entfernten Ziel entgegen, einer nahezu unbekannten Felseninsel, zwischen Nordpazifik und Beringmeer gelegen; so einsam und verödet, daß selbst der Vulkanismus dort eingeschlafen war?
Immer noch glich die Aleuten-Expedition eher einem Seeabenteuer aus Jack Londons Sammlung. Die Überfahrt mit der »Arctic Dawn« war aber nur die flotte Einleitung gewesen, hier an Bord der »Platonida« sollte der Hauptteil beginnen...
Wären die Bewohner der schwimmenden Kleinwelt nicht so lebendig und verfügten sie nicht über solch erstaunliche Erlebniskonten, sie könnten sich eine Fahrt zu einem derartig unvorstellbaren Dorthin nie leisten. Bob, den Skipper, schien gar nichts aus der Ruhe bringen zu können, er navigierte eben seinen Crabber ans Ende der Welt, wie ein Trucker, der routinemäßig zu einer Adresse ins Nachbarland fuhr. Seine Crew war ein bunt zusammengewürfelter, verrückter Haufen aus Leuten, deren einzelne Life Stories Abenteuerbücher füllen könnten.
Szenen entrollten sich, Bilder aus der Vergangenheit, die ich lediglich aus Büchern über die Walfangzeiten kannte: Gestalten aus Melvilles »Moby Dick« schienen wiedergeboren zu sein. »Was hast du denn eigentlich?« fragte ich mich gerade. »Diese Art Kleinwelten müssen einfach sein.« Ist es nicht so, daß wir diese romantischen Rückzugswinkel einfach zur seelischen Gesundheit brauchen? Eine »Pequod« mit dem eigenartigen und unheimlichen »Captain Ahab« aus dem »Moby Dick« oder so einen Schoner »Ghost« aus Jack Londons »Sea Wolf« muß es geben. Ändern sich Menschen im Lauf der

Geschichte? Oder ist dies eher nur ein Flaggen oder »Kleider« wechseln? Nun, wie ist es: Ändert sich die Welt so sehr wegen gebündelter Drähte, toller Designs, Bildschirmen und schlauen Tastenmaschinen? Oder entstehen nicht gerade dadurch neue Möglichkeiten, noch verlockendere Abenteuernischen...?

»Oh, still busy, guy? – Grab a bunk!«

Captains wissen einfach, wenn einer reif für die Koje ist. Also schloß ich die Lederklappen des Tagebuches, das nun auch die Galley der »Platonida« besucht hatte. Okay, Schiffsbewegungsverstärker, gut, ich erkletterte wieder einmal ein Stockbett, nachdem ich erst zuvor in einhüllender Dunkelheit etwas hörbar über ein Paar derber Seemannsgummistiefel stolperte und mich wie ein strauchelnder Reckturner an Eisenstangen festklammerte. Man nahm mir das nicht krumm. Eddy grunzte nur: »Mann, mach dir doch Licht. Es stört uns schon nicht!«, bevor er auch schon weiterschlief. Dann genoß ich die hier funktionierende Lüftung, der ich durch meine Höhenlage sehr nahe war, schwang mich in den Rhythmus des neuen Schiffes ein, ignorierte die Bemühungen des Beringmeers, uns die Bordwände einzudrücken, und bald folgte ich Eddy und Patrick, die schon weiß Gott wo dahinrollten.

2 Unerläßliche Tabellen und Daten

Seekarten sind das nautische Brot, den Belag stellen auf den Aleuten die Tidentabellen mit Hoch- und Niedrigwasser dar. Es gibt auch Karten, in denen die monatlich unterschiedlichen Strömungen und Windverhältnisse eingetragen sind. Doch dies stellt nur grobe Übersicht dar, operiert ein Schiff zwischen den Inseln, sind die für einzelne Orte berechneten Wasserstände unerläßlich.

Was auf der Insel A galt, mußte nicht mit der benachbarten Insel B übereinstimmen und hatte mit C wenig gemeinsam. Diese Daten waren für Anlandemanöver unerläßlich und machten die Navigation sehr kompliziert.

79

Zwischen den Inseln gibt es schmale Kanäle, »Passes« genannt, von einigen hundert Metern oder wenigen Kilometern Weite, in denen Gezeitenströmungen herrschen, denen selbst starke Fangschiffe nicht gewachsen sind.

Es gibt Tage, an denen Hoch- und Niedrigwasser um zwei Meter differieren, und die daraus resultierenden Ausgleichströmungen erreichen Geschwindigkeiten bis nahe 50 km/h. Die Ursache dieser extrem gefährlichen Verhältnisse sind die unterschiedlichen Tidenhübe des Nordpazifiks und des Beringmeers. Kommen Vollmond, Sturm mit der Flut sowie Tiefdruck hinzu, werden viele Pässe unbefahrbar.

Bei Zonen ausgedehnter Untiefen, die auf den Aleuten alles andere als selten sind, entstehen dann die gefürchteten »Tide Rips«. Dies sind Stellen, an denen das Wasser kocht und mehrere Meter hoch in die Luft geschleudert wird.

Tabellen, Zeichen, Halb- und Vollmonde, Daten, Daten...»Tide Tables High & Low Water Predictions 1994« für June, July, August und September, »Massacre Bay, Attu Island, Sweeper Cove, Adak Island... Times & Heights & Low Waters«... ich schrieb und schrieb – oh ja, es dauerte ein paar Tage, bis ich oben am Kartentisch der Brücke die Tabellen mit den sperrigen und trockenen Daten für die lokalen Tidenvoraussagen per Hand kopiert hatte.

Bob beobachtete mich gelegentlich aus den Augenwinkeln, nickte kaum merklich, wenn ich manchmal erstaunt innehielt, mich am Hinterkopf kratzte, um dann dicke Ausrufezeichen hinter wichtige Daten zu setzen. Dann kam er zum Kartentisch, deutete auf 0 und mit Minuszeichen markierte Tidenstände, sah mir ernst in die Augen und bemerkte: »Das bedeutet sehr starke Gezeiten-Ausgleichsströmungen zwischen den Inseln! Meide das unbedingt – es wäre für dich tödlich!«

Einfach großartig ist es, auf Wheelwatch zu sitzen, ganz weit nach vorn zu sehen durch die halbkreisförmige Fensterreihe der Brücke, fern dort draußen hohe Ocean Swells erkennen, auf ihr Anstürmen warten, die Bewegungen des Schiffes zu spüren, mitzutanzen.

Einmal erklang plötzlich Musik, genau der richtige Takt, der passende Rhythmus – unglaublich, die kraftstrotzende »Platonida« als
leichter, einschmiegsamer Segler...

Juan hatte dies heimlich inszeniert und meinte, das machen sie
gern hier, wann immer es möglich sei – ein bißchen fliegen mit der
»Platonida«, Tickets dafür lägen in den Boxen dort. Ich solle mir ruhig etwas aussuchen, es seien genügend CDs und Kassetten an Bord.
Sie hätten hier aber auch andere Musik, ich würde schon sehen, bei
passender Gelegenheit.

So kannte ich Juan Leon Guerrero, den schwarzen Blitz, wie ich ihn
nannte, gar nicht. Schnell reagierten sie alle auf der »Arctic Dawn«,
und Angel Alarcon konnte einen mit seinem Tempo manchmal fast
erschrecken – aber niemand schaffte es, mit Juan mitzuhalten, dem
Fisherman aus Guam. Ich glaube, dem kräftigen, etwas dunkelhäuti-
gen Kerl Anfang dreißig mit der langen rabenschwarzen Mähne, die
er mit einem bunten Kopftuch bändigte, bereitete es einfach Spaß,
anfallende Arbeiten so unglaublich blitzschnell, dabei elegant und
wie nebenbei zu erledigen, um dann über erstaunte Gesichter zu
grinsen.

Wenn er sich vom Fischen entspannte, turnte er auf dem Mount
McKinley in Alaska herum oder ging dem Free Climbing in kalifor-
nischen Kletterparadiesen nach.

Etwas Katzenhaftes war an ihm. Während man andere Fischer meistens schon lange vorher hörte, wenn sie die Treppe zur Brücke hin-
aufgingen oder sich an Deck bewegten, stand Juan meistens irgendwie plötzlich da, flog fast Treppen rauf und runter. Kam man an irgend etwas schlecht hin, klemmte ein Seil, drohte Ladung zu verrut-
schen – ein Satz, ein Griff, und schon war das Problem aus der Welt.
Drehen wir einmal das Zeitrad um 100 Jahre zurück – er wäre der
Typ Harpunier, um den sich die Walfängerkapitäne geprügelt hätten.

Irgendwie durchgeisterte Unruhe die Crew, Eddy, Juan und Patrick
rissen Witze, machten für mich unverständliche Bemerkungen. Stie-
fel wurden auf Dichtigkeit geprüft, Handschuhe getestet, Messer ge-

81

schliffen. Juan zeigte auf einen der typischen derben, orangeroten Arbeitsanzüge der Beringsea Fishermen und meinte, der könnte mir passen und ich solle gleich probieren.

Eddy stapelte betont ruhig wasserdichte Handschuhe am Tisch und gab mir ein durchgesehenes Paar. Der große dunkle Patrick Wayne Quinn mit dem struppigen Oberlippenbart meinte, ich könne ja mal versuchen, später eine Runde mitzumachen. Ken und Jason, die beiden neuen, steckten in der Kajüte und kamen nur, um Kaffee zu holen.

Das Wetter sei etwas rauh, hörte ich dann, und Bob müsse erst die Bojen ansteuern, wegen des Seegangs dauere es noch eine ganze Weile. Später hieß es, vielleicht erst morgen.

Mitternacht war längst vorbei, es regnete und auf Deck war es stockfinster, also ging ich in die Koje, um Energie aufzutanken.

Veränderte Motorengeräusche weckten mich, so ungewöhnlich hoch liefen die Schiffsmaschinen, dann dieses schneidende Singen von der großen seitlichen Winch, die so alarmierend aufheulte, Schritte überall, unbestimmbarer Lärm. Mit einem Satz war ich aus der Koje, mit dem zweiten stand ich bereits in der Galley.

Wer sich hier aufhielt, schüttete sich noch hektisch heißen Kaffee in den Hals und eilte dann nach draußen. Alle trugen sie die gelborange Beringsea Fischermen-Arbeitskleidung, Schirmmützen verkehrt herum, Gürtel mit Messer um die Hüften, und alle rauchten wie um die Wette.

Das gesamte Heck gleißte grell vor Flutlicht, das Schiff rollte unruhig in der See, Schaumkronen umspülten die Reling, Möwen flogen aufgeregt umher, immer wieder röhrte es aus dem hohen ofenrohrartigen Auspuff, Dieselqualm mischte sich mit Nieselregen.

Juan ließ in Starboard die Motorwinch, die noch etwas geschützt vom Vorschiff liegt, schneller laufen.

»Get the buoy!« bellte Bobs Stimme aus dem Lautsprecher.

Patrick warf einen Bootshaken an einem Seil heraus, zog an. Eddy und Juan holten einige runde Bojen von etwa einem halben Meter Durchmesser, an Deck, hakten das nasse Seil an ein stärkeres, das nun von der Winch senkrecht rüber nach Portside lief, an einer Rolle rechtwinklig zur Reling heckwärts führte und beim mehrere Meter langen Seilkasten befestigt war. Ken wickelte dort Seilschlinge um Seilschlinge auf.

Juan ließ die Winde aufheulen, brüllte Ken zu, er soll unbedingt das Seil straff halten. »Pull, pull, oh man, pull!« Ken arbeitete wie ein Roboter, Seilhügel um Seilhügel wuchsen im Kasten, er verschwand fast unter lauter Seil.

Patrick und Eddy faßten ein dunkles Stück Seil am Haken. Doch der erste Krabbenfang-Pot, ein Käfig von etwa 3 m x 2 m x 0,8 m war weg – das Seil gerissen. Derbe Flüche folgten.

Beim zweiten Mal wurden die Mühen belohnt: Patrick und Eddy hoben einen von armdicken rostigen Eisenrohren gerahmten Netz-Kasten über die Reling auf die schräge Hydraulikbühne. Das Schiff rollte und nickte dabei heftig. Egal, Patrick sprang auf den Crab Pot. Wellen tanzten wild an der Reling, genau dort, wo Patrick auf dem Kasten kniete und ein Seil befestigte. Juan und Eddy eilten Patrick zu Hilfe. Rasch wurden dünne Seile unten am Kasten gelöst. Und dann sah ich sie, noch bevor der Kasten aufklappte: Krabben, unten quirlte alles voller monströser roter und brauner Krabben, der ganze untere Teil des Pots lebte plötzlich.

Jason rannte mit einer großen Plastikwanne hinzu, und hinein purzelte der größte Teil des lebenden Haufens, der Rest fing an, kreuz und quer übers Deck zu kriechen. Beachtliche Exemplare waren darunter, manche maßen von Beinende zu Beinende gut einen Meter.

Rasch packten die Fänger zu, kleine Krabben wurden gleich über Bord geworfen, kritische Größen über einen Maßbügel gemessen, was erlaubte Größen hatte, verschwand flugs in der kreisrunden Öffnung mitten auf Deck zum gefluteten Krabbentank.

Dann wurden die im Crab Pot eingehakten Netzchen oder Plastikbüchsen mit den Ködern drinnen enthakt und in Richtung Schleuse geworfen, Juan ging nicht gerade zimperlich ans Werk.

Blitzartig wurde der Fangkäfig wieder verschlossen, Eddy rannte zur Kranwinde nach Portside.

Sehr gefährlich war dies alles. Das Schiff schwankte heftig, Dieselsmoke mischte sich mit Nebel und Nieselregen, dunkelgrau war alles jenseits der Bordwände, weiße Gischtfetzen blitzten ab und zu im Scheinwerferlicht auf, Möwen kreisten wild, gewalttätig brüllten die Schiffsmotoren immer wieder auf. Ein Seil mit pfundschweren Eisenschäkeln daran, die einem leicht den Schädel einschlagen konnten, sauste knapp einen Meter vor mir zur Umlenkrolle, dann zum Seilkasten. Es galt jetzt, die wild hin und her schwingenden Kästen platzsparend und sicher am Heckende zu stapeln; ein Fehler – und der mehrere Zentner schwere Kasten würde mehrere Mann über Bord schleudern.

Krabben, die wieder aus der Tanköffnung kletterten, bekamen einen schnellen, aber sanft dosierten Fußtritt. Die Ködernetzchen und -plastikbehälter entleerte und reinigte man im strömenden Wasser der Schleuse: Geschredderte Heringe dienten als Köder – darauf hatten die Möwen gewartet.

Weiter ging es, dieselbe Prozedur. Juan klagte, daß alles viel zu langsam gehe, trieb energisch an. Triefend naß waren sie alle, arbeiteten wie Roboter. Eddy, Patrick und Juan erledigten die gefährliche Arbeit, für Ken und Jason hieß es: Learning by doing, das gleiche für mich.

Wild schwankte ihre grell beleuchtete, lebensgefährliche Werkstatt inmitten undurchdringlichem Schwarz, aus dem es boshaft rauschte, fauchte und wütend klatschte, ab und zu durchdrang ein Fluch den Motorenlärm, der Skipper rief Befehle über Lautsprecher, schneller sauste das Seil durch die Rollen, kurz gebrüllte Befehle und Hilferufe ertönten, zappelnde und laufende Riesenkrabben auf den Planken, schwankende Kräne und zupackende Arme überall – die Arbeitswelt der Beringsea Fishermen.

Zwei Runden sah ich zu, völlig fasziniert, gebannt, fotografierte, lernte mit den Augen, ließ mir von Juan die Vorgänge erklären – er war so schnell, daß er sogar dazu Zeit hatte. Wild war das Geschehen vor meinen Augen, hart, brutal – aber dämonisch lockend.

Dann eilte ich zurück ins Vorschiff, zog mir schnell die Fischerklamotten an und rannte raus an Deck. Alle grinsten sie mir zu. Ich packte mit an, half, wo ich konnte, man freute sich über die Hilfe. Juan setzte sein Feiertagsgrinsen auf, brüllte mir ab und zu Warnungen zu, wenn ich zu lange auf besonders gefährlichen Stellen blieb.

Auch ich lernte rasch und gab mein Bestes, wie Jason und Ken, wir, die drei Greenhorns. Pot auf Pot wurde an Bord geholt, Krabben in den Tank oder über die Reling geworfen. Stunden um Stunden verflogen, dann war der letzte Fangkäfig eingeholt, platzsparend gestapelt und seine Fracht sortiert.

Plötzlich donnerte Rockmusik aus den wasserdicht gemachten Decklautsprechern – man lachte über die verdutzten Gesichter der Neulinge, denen nun endgültig klar wurde, auf welch herrlich verrücktes Schiff sie geraten waren. Bob erschien, grinste, lachte, nickte mir freundlich zu, wirkte zufrieden. Der Fang war gut, die Unkosten waren zumindest drinnen.

Juan bediente längst die Heringsschredderanlage, die Ködernetzchen und Dosen wurden von uns gefüllt und sofort zu den sorgfältig zusammengebundenen Crab Pots gebracht. Patrick kletterte auf den hintersten Kasten, griff weit in die durch Plastikstäbchen vergitterte Schleusenöffnung und hängte je ein Ködernetzchen und eine perforierte Box ins Innere des Netzwerks. Rasch kletterte er zum nächsten, ich brachte ihm die Köder, kletterte nach und entgegen. Sorgfältig hakte er Köder nach Köder ein, jeder Handgriff saß.

Längst war es hell geworden, die Klippen und Vulkanberge von Attu leuchteten im schräg stehenden Sonnenlicht auf – eine wilde Kulisse, was für ein Hintergrund für diese gespenstische Arbeitsbühne.

Ein Bündel bunter Bojen wurde an das lange Fangseil gebunden und durch die ständig freie Öffnung des Hecks in die See geworfen. Alle rannten heckwärts, äußerste Spannung zog sich zusammen.

Patrick, Eddy und Juan trugen Rettungswesten, drängten die Neulinge, ebenfalls solche anzuziehen. Ohne schützende Reling wurde gearbeitet. Durch die Hecköffnung schlitterten die Crab Pots unaufhaltsam schnell, wie von einer Abschußrampe rasten sie ins aufspritzende Meer. Das Fangseil sauste nach hinten ab. Juan, Eddy und Patrick liefen Seite an Seite mit, verhinderten, daß ein Fangkäfig seitlich gegen die Öffnung prallte. Wen das Fangseil erwischte, ein Pot mitzog – nicht auszudenken...

Niemanden erwischt es, die drei Neulinge lernten rasch, arbeiteten bald fehlerfrei, etwas langsam zwar, aber doch ohne grobe Fehler. Der letzte Fangkasten war über Bord, ein Bündel bunter Bojen verließ das Schiff.

Das Schiff nickte und rollte, die Felsen von Attu und die Wellen tanzten, Möwen kreisten wie wild. Was für eine Szene! Verrückt, das schwankende Schiff wurde als stabil empfunden, während das Festland auf und ab hüpfte, genauso wie der Mond und die aufgehende Sonne – das Schiffsdeck war doch okay, unser Deck, eine verkehrte Welt dort jenseits der Reling?

Dann stürmten wir die Galley, tranken heißen Kaffee, wechselten die Kleidung. Begeisterte Kommentare wurden abgegeben, Lachen – Entspannung. Nicht für alle, einer hatte Wheelwatch: Patrick klettert etwas müde nach oben die steile Treppe hinauf, rauchend, eine sehr große Tasse mit heißem Kaffee in der Hand.

»Hey, Gernot, will you stay? Come with us – fishing.«

»Wäre eine prima Idee, Bob – aber ich muß diese Expedition durchführen, eine Verpflichtung.«

»Okay, we'll drop you tomorrow morning – at any place of Attu you like.«

Es dauerte eine Weile, bis ich dieses Erinnerungserdbeben aufzeichnen konnte. Patrick und Eddy erzählten einem körperlich wie seelisch durchgeschüttelten Zuhörer über die Schattenseiten des Crabbing.

Eddy hatte wie Juan schon einige Freunde beim Fischen verloren, aber das Crabbing sei so etwas wie Goldrausch. Er fand, die Menschheit könne ohne Gold genauso leben wie ohne Krabbenfleisch, was ja nur eine teure Delikatesse sei. Aber was würde eine Sorte von Spinnern anfangen, wenn es nicht mehr High Times wie solch eine Art Goldrausch gäbe?

Jason und Ken, beide Globetrotter, nickten und grinsten.

»Hm, ein paar Jahre halte ich schon noch aus – möchte mir dann eine Farm in Irland kaufen. Hmmm, müßte bloß besser sparen... wir machen hier schon noch auf der ›Platonida‹ ein paar richtige

Fänge... wie in alten Zeiten ... sagte ich nicht, das ist wie Goldrausch?«

»Hey, man, und du willst tatsächlich mit dem Kajak da raus? No, nay, never, man, kein Dutzend Pottwale könnte mich da rausziehen, Jesus Christ, you are a crazy guy!« Patrick schüttelte den Kopf, daß ihm beinahe die obligatorische Mütze herabfiel.

»Hm, crazy indeed, but not too crazy«, meinte Bob, »die alten Aleuten sind hier überall mit ihren Baidarkas unterwegs gewesen.« Dann blickte mich der Skipper aufmunternd an: »Du hast ein gutes Seekajak, Ausleger, Segel, GPS, Marine Radio, wenn du auf das Wetter achtest, nach den Tiden-Tabellen fährst, kannst du es schaffen. Die Aleutians konnten es, warum du nicht auch?«

Eine neue Runde wurde angesagt. Zunächst starrte ich völlig gebannt auf ein gigantisches Auge: Meile für Meile spannte sich aus treibendem quirlenden Grau eine blutrote Linse, tiefes Blau strahlte aus einer riesigen kugelartigen Höhle, die sich aus verdichtendem Schwarz abhob – düstere Augenlider. Aber der Kern, sozusagen die Pupille, war es, die mich nicht mehr losließ.

Eine wild gezackte Mineralstufe, auf gewelltem schwarzen Onyx ruhend, in der die Natur einfach aus Laune nur zerrissene Vulkankegel, fleckenhaft schneebedeckte Abgründe und Schluchten, tief eingeschnittene Täler und drohende Cliffs rasiermesserscharf eingraviert hatte. – Wie das noch blau und rot über den verschneiten Spitzen und Kuppen aufleuchtete! »Mein Gott!« hörte ich mich sagen. »*Das* ist also Attu!«

Das titanenhafte Auge schloß sich kaum merklich, eher unwillig, eisiges Schwarz strömte von oben herab – war es die Kälte des unsichtbaren Sternenraumes, die eine geheime Schleuse zum Beringmeer gefunden hatte? – Noch geisterte gerade soviel Licht herum, um die weißen Rachen der Kreuzseen aufleuchten zu lassen.

»*Grab your gear, guys!*« – Das war Bobs neue Einladung.

Juan lachte erwartungsfreudig und ließ die Winch aufheulen. Über der Reling tanzte eine riesige rotgoldene Scheibe, auf und ab, auf und ab – nein, ich hatte keine Halluzinationen, statt einem Alkoholspiegel eher Trockenräume – jedoch der besoffene Mond blieb, mußte echt sein. Die Scheibe vollführte weiter ihren unwirklichen Tanz, auch trotz der grellen Lichtfluten, die aus den Scheinwerferbatterien wie Schweißbrennerstrahlen aufs Deck drangen und die »Platonida« in eine weit sichtbare Gespensterbühne verwandelten, eine brennende Insel inmitten sturmgepeitschter Dunkelheit.

Das blieb nicht ungesehen – erst Dutzende, dann Hunderte neugieriger Wesen eilten herbei. Wie Geschosse, die aus der Nacht herausrasten und plötzlich im gleißenden Licht aufleuchteten, sausten Möwen auf Möwen heran, kreischten und kreisten. Einige setzten sich auf die Reling, belagerten das Vorschiff, den Kran – überall, wohin man auch sah, Flügelschläge, gesperrte Schnäbel, beobachtende Augen.

Um Meter kränkte das Heck bedrohlich, die ersten Brecher sprangen an Deck, weiße Teppiche belegten für Sekunden die dunklen Planken, ein paar orangerote Gestalten griffen nach vertrauenswürdigem Halt. Die Motoren brüllten gequält auf. Weit holte die »Platonida« über, tonnenweise rauschte es bei der Schleuse... und in dem Moment stieg das Vorschiff und fiel das Heck, ein dunkler Hügel lief auf uns zu... Einige Meter stieg das Heck wieder empor, und eine gewaltige Kraft drückte mich erbarmungslos gegen die Schredderanlage.

Schon schwankte der erste Fangkasten auf der Reling. Nach Portside kränkte das Schiff, Flutlichtkegel fielen auf die olivgrün aufleuchtende See, die über und über mit schwimmenden Vögeln übersät war, große Exemplare sind jetzt darunter, Sturmsegler, dunkle Kormorane, ja sogar Albatrosse.

Ein paar Handgriffe und schon plumpsten dicke kräftige Fische heraus, jeder mindestens einen und häufig über einen Meter lang.

»Cod Fish!« brüllt mir Juan zu. »Pacific Cod.«

Wie bitte? Hörte ich recht? Kraftvoll pulsierende Rockmusik übertönte Windengeräusche, den Kran, die brechenden Wellen und selbst die Schiffsmotoren. – Puh, das war es also: die passende Musik für besondere Situationen. Juan lachte, ließ die Zähne im Flutlicht aufblitzen.

Bis auf Ken, der Seilschlinge um Seilschlinge einlegte, stürzten wir uns auf die hüpfenden und mit den Schwänzen peitschenden Fische. Schwer angeschlagen waren manche, doch einige sprangen wieder aus dem Behälter. Derb wurde zugepackt, ein Griff in die Kiemen und schon landete ein schwerer Dorsch klatschend in der Wanne. Viele folgten ihm.

Hämmernd knallte es aus den Lautsprecherboxen – das elektrisierte, mobilisierte neue Kräfte, weiter, weiter...

Vor der Hydraulikbühne kochte das Meer vor fiebrigem Leben: Noch mehr Möwen stürzten herbei, umkreisten in Scharen die Männer. Wie es dort aufblitzte, wie die Vögel panisch aufflogen – Rücken leuchteten kurz auf, Delphine? – ja, Delphine waren es, die dort so nahe in wildem Zickzack durch die Wellen rasten, sprangen, aufklatschen und wild wendeten. Dieselqualmstreifen quirlten um den besoffen tanzenden Mond, Wellen schwappten über die Reling, die Schiffsmotoren brüllten auf, übertönten nur ganz kurz das Donnern und Hämmern aus den Boxen, wieder heulte die Motorwinch. Das tückische Seil mit den pfundschweren Schäkeln raste, Ken wurde von Seilschlingen begraben, neue Hügel bauten sich im Heck auf, Kaskaden duschten uns vollständig, mehr und mehr verzweifelt schlagende Fische, Tritte, Zurufe, Flutlichtkegel, rinnendes Blut wurde gelöscht von schäumendem Weiß – ging die Szene durch?...

Lauter tobte es aus den Boxen – das war es also, jetzt lebte der Skipper auf – Bob Huntington in seinem Element! Captain Ahabs Wiedergeburt? Es fehlte nur noch, daß er für die nächste Runde eine Goldmünze an den Kranmast nagelte...

»Okay, well done, guys!«

»Na, Gefecht überstanden, Gernot?« Eddy grinste. Patrick boxte mir leicht in die Seite. Juan wirbelte um Kühlschrank und Herd. »Hey, guys – some snacks?« Bob schüttete eine Packung Haferflocken (ein Pfund!) in einen beachtlichen Napf, goß Milch drüber und stärkte sich. Jason, Ken und ich vertilgten Juans Snacks, grinsten uns zu, während Juan mit einem Becher Eiskrem die Treppe zur Brücke hinaufstürmte – ihn traf jetzt die Wheelwatch.

3 Marine VHF Radio – eine lebenswichtige Einrichtung, und der Schrecken aller Seeleute: Hypothermia!

Geht jemand auf den Aleuten nur kurz außer Haus, nimmt er sein tragbares Marine Radio mit. In Schiffen, Werften, Reparaturbetrieben, ja selbst in Supermärkten lief ständig ein stationäres Marine VHF Radio, und man hörte den Kanal 16 ab. Dies ist der Notrufkanal, die S.O.S.-Welle, das ständige Abhören war auf Schiffen Pflicht.

Das Radio ist aber nicht nur zum Empfang, sondern es dient gleichzeitig als Funksprechgerät. Auf diese Weise können alle Hilferufe empfangen, geben und gleich antworten. Handys und Autotelefone beeindrucken, wie anderenorts, auf den Aleuten niemanden.

Es existieren aber gut 100 Kanäle, und auf diesen herrscht lebhafter Sprechverkehr. Man gibt jemandem nicht die Telefonnummer, sondern die bevorzugte Frequenz. Natürlich könnte jedermann mithören, aber wer wollte schon Tausende von Gesprächen belauschen?

Channel 16 darf jedoch nur ganz kurz als Ruffrequenz benutzt werden, dann wechselt man auf einen anderen Kanal. Bestimmte Kanäle liefern Wettervorhersagen, wie die berühmte Radiostation auf Kodiak Island. Kein Schiff fährt aus, ohne den letzten Wetterreport erhalten zu haben. Der Wetterreport ist das wichtigste, und alle anderen Nachrichten werden dem untergeordnet. Es geht nicht nur um Regen oder Sonnenschein, sondern um Sturm und Orkanvorhersagen, die Höhe der Wellen, Seebeben und nachfolgende Tsunamis, die schon wie in Japan mehrmals ganze Ortschaften vernichtet haben.

So ist es zu verstehen, daß mich der Kapitän der »Platonida« ermahnte, stets mein Marine Radio bei mir zu haben.

Die größte Gefahr Alaskas und besonders auf den Aleuten heißt Hypothermia. Monsterwellen, Schiffbruch und Seebeben, Orkanböen und Tide Rips sind zwar spektakulär, man kann sie jedoch mit etwas Glück überleben. Die eigentliche Gefahr kommt aber völlig unspek-

90

takulär, lautlos, aber erbarmungslos: langsamer Wärmeverlust. Ehe
es ein Gefährdeter merkt, ist es ohne fremde Hilfe meist schon zu
spät, man wird apathisch und am Ende kraft- und willenlos.
Ohne Schutzanzug hält es eine gesunde Person nur etwa eine Vier-
telstunde im Wasser aus. Alle Rettungsmaßnahmen waren daher
Blitzreaktionen. Deswegen war es ein oft gegebener Rat, bei einer
Schiffskatastrophe so lange wie möglich an Bord zu bleiben.
Besonderen Wert legten alle Seeleute auf gute Kleidung, die wärmte,
Feuchtigkeit abwies und vor Wind schützte. Besonders Feuchtigkeit
zusammen mit Wind werden schnell zu schleichenden Killern. Im
Wasser soll man nie Kleidung ablegen – und an Land die nassen Sachen anbehalten.
Man kann mit Abhärtung, wie es die Aleuten-Jäger taten, einiges erreichen, am besten sorge man eher für ein paar tausend Kalorien zu
viel als zu wenig. Diese Hypothermia war ein Gespenst, daß einen
in Seekajaks auch in den Tropen ständig verfolgte. In meinem Fall
bedeutete es, daß ich eigentlich in einem Zweisitzer hier unterwegs
sein würde...

4 Der Sprung ins kalte Wasser – abgenabelt

Meine Lehrzeit bei den Beringsea Fishermen war vorbei, das Ge-
sellenstück wartete: die Landung auf Attu Island.
Einholen und Auswerfen, eine Schicht machte ich noch mit. Dann:
»Ich kann dich nicht an Land absetzen – 3-Meilen-Zone, Schutz-
gebiet ist das, kein Schiff darf da eindringen, aber ich gehe so nah
ran wie möglich. Wie wäre es dort? Da, vor der Bucht mit dem
Wasserfall?«
Ich stimmte zu, packte meine Sachen zusammen, machte das Boot
startklar, und ich hörte, daß ich alles in Ruhe erledigen solle, man
habe genug Zeit. Genug Zeit hier!
Schnell sehe ich noch beim Verlassen der Brücke auf die Seekarte –
Westküste von Attu Island, Abraham Bay müßte es sein.

Irgendwie hatte ich doch auf einen kleinen Hafen in einem einsamen Fjord gehofft, wenigstens auf eine Art Anlegestelle. Ein abenteuerlicher Start vom Schiff aus wurde es jetzt...

»Hey, kayakman, don't do anything without breakfast.« Juan hatte gezaubert – auf dem Tisch in der Galley wartete ein super Grandhotel-Frühstück der Galaxis-Klasse. Eddy stiftete mir zwei Paar wasserdichte Handschuhe und Patrick gab mir ein Stück Seil mit. »Hier, stopf dir die Powerriegel in die Jacke!« Jason und Ken meinten, es könne sehr leicht möglich sein, daß ich ohne Lunch und Dinner in der kalten, gottverlassenen Steinöde dort auskommen müsse. Wir tauschten Adressen aus, Eddy wird meinen Freunden in Dutch Harbor einen Brief überbringen.

Bobs Vorschlag war, mich und das Boot an einem Seil durch die Heckluke runterzulassen!

Da lag das fertig montierte Seekajak mit Ausleger und Besegelung, und im Hintergrund klaffte die große Hecköffnung: das Tor zum Beringmeer. Patrick und Juan packten kräftig zu, doch das Boot brachten sie keinen Zentimeter vom Fleck.

»Man!« Gleichzeitig kam das, wie einstudiert. »Kevlar soll das sein! Bist du dir sicher? Und das tonnenschwere Ding da schwimmt? Okay, guy, first let's have a test!«

Schlurfend und krachend gleitete das Gefährt über die Kante auf die kurze schräge Rampe, Eddy und Patrick hielten auf beiden Seiten mit Seilen. Aufklatschend schlüpfte das Boot in die grüngrauen Wellen – und schwamm.

»Unbelievable – but it swims!«

Es schwamm, aber auf und ab, wie im Fahrstuhl. Für Sekunden zögerte ich, da ich mich zwischen zwei Fahrstühlen sah, zwei, die völlig unterschiedlich gingen und die niemand gleichschalten konnte. Es mußte irgendwie gehen – wenn bloß die blöde dritte Komponente besser einzuschätzen gewesen wäre, die seitliche, boshaft ausweichende.

Das Boot könnte ich schon mit einem Sprung erreichen, nur die seitlichen Bordwände der »Platonida« waren nicht nur naß, sondern obendrein glitschig.

»Take a rope!« Das war die rettende Idee von Juan, der jetzt mit Eddy zusammen das Boot stabilisierte. Patrick hielt mich mit einem
Seil um die Hüften. Sie meinten, es könne nichts passieren, ich ginge höchstens baden.

Schon sprang ich ins Kajak, traf sogar die Sitzöffnung, schlüpfte sofort hinein, band das Seil los – und ehe sich die nächste Welle über
das ganze Boot rauschend brach, hatte ich auch schon die Spritzdecke geschlossen – in persönlicher Rekordzeit. Erstaunt war ich
selbst, daß mich das schwer beladene Gefährt auch noch trug.

Lachend warf mir Juan das Paddel zu: »Not bad, guy, you really did
it! One to zero for you.«

»Wenn du Hilfe brauchst – rufe uns mit dem Marine Radio an,
Channel 16 – wir warten noch eine Weile, bleiben auch in der
Nähe, müssen jetzt aber wieder zurück, geraten sonst zu nahe an die
3-Meilen-Zone – Gernot, good luck!«

Es klingt verrückt, aber momentan war der gefährlichste Platz hier
für mich so nahe beim Schiff. Alle standen sie jetzt an der Reling
und verabschiedeten sich, wünschten mir viel Glück, (»a safe trip«
wäre in meinem Fall ironisch), während ich mich bereits mit den ersten Wellen warmkämpfte. Für Sekunden wollte das bange Gefühl
»ausgesetzt sein« aufkommen, ich paddelte es nieder.

Ein allerletztes Mal drehte ich mich um, winkte mit dem Paddel –
gleichzeitig röhrte das Signalhorn der »Platonida«, dann drehte sie
ab, entschwand gen Osten, und ich war allein.

Zu Abraham Bay waren es sieben bis acht Kilometer. Ich legte mich
ins Zeug, versuchte einen Rhythmus mit den Wellen zu finden, die
zum Glück fast genau auf die weit ins Land einschneidende Bucht
zu eilten. Tief lag der Ausleger im Wasser, die hintere Hälfte ganz,
nur die vordere ragte ab und zu heraus. Einiges an Gepäck, das ruhig naß werden konnte, hatte ich versuchsweise zum Ausleger hin
oder auf die trampolinartige Verbindung zwischen den beiden Stangen befestigt. Ein bißchen zu viel, das mußte ich mit berserkerhaf-
tem Paddeln büßen.

Was schreckte nun mehr, das meterhohe Auf und Ab oder das Ziel
mit seinen tiefen Wolkenbänken, sich herausschälenden Vulkan-

kuppen, messerscharf abgeschnittenen Basaltplateaus, hart einge-
kerbten Vulkanhängen, schwarz aufgähnenden Schluchten mit
plötzlich aufleuchtenden Schneeresten, blitzendem Schnee auf den
Höhen, funkelndem Schnee auf den sanft fallenden Flanken, Wasserfällen, die über moosbedeckte Abgründe stürzten? Was wartete
hinter den von treibenden Nebelbänken teilweise verschlossenen
Fjorden, mitten in der Bay liegenden, von hohen Wellen berannten,
wild umrauschten Untiefen und Klippen, von denen Schwärme und
wieder Schwärme von Möwen aufstiegen und mir entgegenflogen?
Puffins flatterten ungeschickt auf, kreisten schwerfällig, kamen neugierig ganz nahe zum Boot, Kormorane flohen, Enten und Gänse,
einige tauchten, andere schwammen seitlich fort. Wohin zuerst sehen, wo den Blick ein wenig ruhen lassen, in dieser urtümlichen,
völlig unberührt erscheinenden Welt, in der es keine oder noch lange nicht – Bäume gibt?

Ein großer Rücken zog an den Untiefen vorbei, und ich konnte
nicht entscheiden, ob es ein großer Steller Sealion war oder ein Wal.
Ich hielt kurz an, dann ging es weiter hinein in diese vorzeitliche
Inselurwelt, aus der jetzt eine unsichtbare Lawine aus eisiger Kälte
von den hohen schwarzen und teilweise verschneiten Bergen zum
stahlgrauen Meer mit der dunkel eingerahmten Bay drang, weit ge-
fächert auslief, in rauchende Nebelbänke zerging.

Ich fühlte mich wie einer der ersten Explorer. Später erst merkte ich,
wie eisig auch das Wasser war. Was für eine Stimmung braute denn
hier nur? – Ich kannte nichts Vergleichbares. War es – ich traute
mich fast nicht, den Gedanken zu Ende zu bringen –, war das hier so
etwas wie gefrorene Zeit, die nun zu tauen begann, weil ein fremdes
neugieriges Wesen, ein Mensch eindrang? Oder war das eine verbotene Welt, eine verödete Welt, die schon zu lange von Menschen
verlassen ist – wenn je welche hier waren? Brach ich ein Tabu?

Weit dehnten sich diese Cliffs, war ich auch wirklich in der richtigen Bay? Wie winzig das gelbe und rote Bootchen hier wirkte – ein
etwas seltsam schwimmender großer Papageientaucher war das für
diese wilde Inselwelt, mehr nicht – nur nicht daran denken, daß
man dies ja selbst war...

Wohin sollte ich steuern? Nach links, wo die flachen Sonnenstrahlen auf diese breit eingekerbte Bucht fielen, hinter der ein weites, U-förmiges Tal in den Nebeln verschwand, oder nach rechts zu diesem schmalen Fjord, den Nebelbänke sperrten? Nach links zur Bucht entschloß ich mich.

Eine wunderschöne Bucht wuchs aus den steilen Cliffs, es schloß sich ein Tal dahinter an, das nach rechts bog, in die Berge zog und dort verschwand. Kies lag vor der Bucht, eine halbmondförmige Schürze, dann schwarzer Sand und dunkle Dünen. Ein Blick durch das Fernglas schaffte Gewißheit. Und rechts von der Bucht, landeinwärts, leider weg vom schönen Wasserfall, mündete ein Fluß – am linken Ende des Strandes ein Wildbach, der einem großen Schneefeld über den steilen Klippen entsprang.

Sehr schön sah es aus – was für eine gelungene Überraschung. Nur, wie landen? – Es herrschte deutlich sichtbare, ja hörbare Brandung! Ein Klirren und Scharren drang zu mir, meterweit leckten die Wellen an den Strand, spielten sich mit grobem Kies wie mit dürren Blättern.

Beim Fluß landete ich. Hier konnte ich es mir leisten, die Wellen brachen sich nicht, ich öffnete die Spritzdecke und trank ein paar ordentliche Becher heißen Kaffee aus der Thermoskanne, aß ein paar Riegel als letzte Grüße von der »Platonida«. Vorher Energie auftanken – vorher, die Landung konnte eine eiskalte Wasserschlacht werden! Vorsorglich setzte ich mir den Wildwasserhelm auf.

Kalt war mir, steif wurden langsam meine Beine – kein Wunder –, hier konnte ich mich einfach nicht entspannen, und das sollte aufhören – notfalls etwas dramatisch. Ich zählte die an den Stand stürmenden Wellen, fühlte den Rhythmus, erwischte eine große, paddelte und paddelte, um auf ihrem Rücken zu bleiben. Es rauschte und schäumte an den Seiten des Bootes – die Welle war schneller als mein Bleifloß, die nächste schob strandwärts, auch die übernächste – ich fluchte wegen der Trägheit des schweren Bootes. Zum Glück reagierte dieses vollbepackte Auslegerboot, ohne die geringsten Anzeichen umzukippen. Dann zischte weiße Gischt heran, riß das Boot mit und warf es auf die Kiesschürze. Ich sprang heraus, packte das Boot und zerrte es höher hinauf, bis kein Wasser es mehr erreichen konnte. Dann ließ ich mich auf die Knie fallen – in dunklen, ja fast schwarzen und merkwürdigerweise warmen Vulkansand.

Selten sah ich eine schönere Umgebung. Langsam erhob ich mich und ließ die Blicke kreisen. Nein, nicht die geringsten Spuren von menschlichem Einwirken – also doch gefrorene Zeit, die aufzutauen begann. Nebel enthüllten, gaben Vulkankuppen frei, Plateaus, bemooste Felswände, Wasserfälle, und dann sah ich Attus Willkommensgruß: die Blumen, Lupinen, wilde Alpenveilchen, Küchenschellen, Steinbrech und wieder blaue Lupinen. Möwengruppen am Strand beruhigten sich wieder, nahmen den Zweibeiner eben zur Kenntnis, sammelten sich wieder an ihren Lieblingsstellen. Zwei große Seeottern sahen nach dem Rechten, stuften den Neuankömmling als harmlos ein und jagten wieder den Lachsen nach, die in den Fluß eindringen wollten.

Auf einer freien Stelle der blumenübersäten Sanddüne schlug ich das Zelt auf. Die Bay konnte ich dort überblicken und das Tal, durch das ein klarer Fluß durch grüne Wiesen und Sümpfe mäandrierte. Die Berge dahinter waren längst wieder in grauem Gewölk verschwunden – aber ich wußte, daß sie schön waren.

6 Unübersehbare Marken auf der Brücke nach Amerika

Jeder Strand auf den Aleuten bietet Marken der ehemaligen Landbrücke. Der grobe Sand enthält Vulkanglas, dunkle Körnchen von Obsidian.(Obsidian war der begehrteste Rohstoff im pazifischen Raum.) Oft liegen die Glasmassen, von denen der Sand stammt, heute unter Wasser.

Als universeller Wegweiser fungierte Bimsstein, der überall am Strand liegt und der von Vulkanen aus Hunderten Kilometern Umkreis stammt. Wenn die Aleuten-Vulkane aus der Eisdecke herausragten, markierten sie mit Tonnen von dunkler Asche und Bimsstein den Weg für die ersten Explorer, und falls das Packeis schmolz, dann verriet treibender Bimsstein, der ja schwimmt, auf dem Wasser weitere Vulkane.

Überraschend sind die Mengen an Treibholz, häufig dicke Baumstämme. Dies ist sehr ungewöhnlich, denn auf den Aleuten gedeihen keine Bäume, weil der Wind zu stark ist. Je nach Strömungen stammten die Baumstämme aus Sibirien oder vom alaskanischen Festland. Noch wichtiger als die Steine war dieses Strandgut, denn dies bedeutete, daß die ersten Explorer nicht zu frieren brauchten. Außerdem konnte man mit dem Holz Boote oder Werkzeuge ausbessern. Zusammen stellte dies einen enormen Vorteil gegenüber der Region der Beringstraße dar.

Frostig kalt fegten Windböen von der See her – aber längst hatte ich mich besonders warm umgezogen und nutzte das Treibholzangebot für ein Lagerfeuer. Wolken fielen vom Himmel und mischten sich mit Nebelbänken. So sah es also an dem Ort aus, den ich für das Ende der Welt hielt...

Steil abfallende Lavawände säumten die Ostflanke der großen Bay, steil abfallende Wände die Westseite – schroffes Oliv und Rostbraun, bedeckt mit etwas Weiß. Wegen des Nebels gab es keine festen Orientierungspunkte. Wartete meine Seele nicht, daß aus der urtümlichen Deltalandschaft gleich hinter dem Zelt eine Herde Mammuts herauskam? Waren die Strandlinien einigermaßen stabil? Oder wurde hier auch gelegentlich umgepflügt, wie das die riesigen Baumstämme hinter der Düne bewiesen, die zumindest von vehementen Springfluten, wenn nicht von Tsunamis aufeinander geworfen wurden? Beinahe hätte ich es schon als Stilbruch empfunden – aber ich suchte nach dem GPS und drückte auf die Taste zur Ortsbestimmung: N 52° 52.933' / E 172° 43.665' erschien auf dem Display.

Von einem Tsunami wurde mein Lager nicht verheert – und am Abend gab es doch warmes Dinner am Lagerfeuer – gerade noch rechtzeitig, bevor ein Sturm in die Bay hereinbrach, die ganze Nacht wütete – und das große Zelt zerstörte.

V Durch die Wasser der Hölle

1 Attu – Agattu – Buldir – Kiska und zurück: »The 500 Mile Nightmare«

Noch nie stand eine solche Herausforderung vor einem Kajak-fahrer – abgesehen von der sportlichen Seite, es war ja ein Selbst-versuch, um eine wissenschaftliche Theorie zu beweisen. Das gab mir die Kraft, den ungeheuren Druck auszuhalten.

Der Drop Out aus der schützenden »Platonida« wirkte als Vor-schock, dieses Gefühl konnte hilfreich sein.

Die Seekarten studierte ich aufmerksam, prägte mir Strömungen, vorherrschende Windrichtungen, Riffe und Küstenlinien ein. Im Kajak konnte ich mich nach ihnen nicht orientieren. Dann tippte ich die Wegpunkte ins GPS (Global Positioning System). Die Lithi-umbatterien waren frisch, das Satelliten-Navigationsgerät funktio-nierte einwandfrei.

Die Sicherheitsausrüstung mit Leuchtraketen, Laserlampe, Micro-B (Satelliten-Notrufgerät), Trillerpfeife, Glimmlampe und ähnlichem wurden in Reichweite im Mittelteil des Kajaks verstaut. Das Marine VHF Radio rauschte beruhigend – alles in Ordnung.

Das mit so vielen Vorschußlorbeeren dekorierte sturmfeste Expedi-tionszelt mußte ich stehenlassen, einiges würde sich nach dem Ver-lust ändern. Geplant war, in dem geräumigen Zelt nasse Sachen trocknen zu können und einen bequemen Schlupfwinkel in der Wet-terhölle zu haben. War das Ersatzzelt aus Kunststoff sturmfest?

Immerhin wurde das Boot mindestens 15 kg nach dem Regen leich-ter und schlanker, vielleicht besser so. Zielstrebig packte ich weiter, verstaute, befestigte, verzurrte. Je mehr ich hantierte, desto besser fühlte ich mich. Zuletzt klebte ich die Perforationen des Wildwasserhelms ab und war damit rundum regen- und wasserdicht im Boot.

Trotz aller Sicherheitsausrüstung wußte ich, daß ich bei den Wassertemperaturen trotz Trockenanzug nach etwa zwei Stunden auskühlen würde. Die schnellste Bergetruppe konnte nicht vor fünf bis sechs Stunden bei mir sein – und selbst wenn es ihnen gelänge, könnten sie mich nicht bei stürmischem Seegang retten. Experiment oder Himmelfahrtskommando...?
Die Zeit drängte, der Wetterbericht war gut, kein Sturm in Aussicht, Wind aus Nordwest: sogar Rückenwind. Der Kiesstrand eignete sich als Rampe, ich konnte also ins Wasser rutschen und dabei trocken bleiben.
Die Welle brach sich genau auf der Spritzdecke. Ein dumpfer Schlag nahm mir den Atem, wirbelndes kaltes Weiß umgab mich, spritzte mir ins Gesicht. Ehe mich die nächste Welle erwischte, bekam ich das Boot frei und glitt ins Wasser; schwer, wie mir erschien, wie ein vollgesoffenes Balkenfloß.
Doch das schwer beladene Expeditionsboot ließ sich antreiben und steuern; und zum Ausleger zu war es wohl kaum umzukippen. Um mir die Arbeit zu erleichtern, wollte ich das Segel setzen. Daraus wurde nichts, Gegenwind blies.
Allein war ich nicht: Kreischende Möwen umkreisten das merkwürdige Wasserfahrzeug, Puffins flogen zunächst alarmiert weg, um dann aber neugierig zurückzukehren. Kormorane tauchten, Seevögel, die ich nicht kannte, taten es den schwarzen Kormoranen gleich. Allein um nur die Wasservögel zu studieren, hätte sich eine Expedition hierher gelohnt.
Die Ufer der Abraham Bay dehnten und dehnten sich, Klippen kamen kaum merklich näher, Wasser rauschte, Wellen brachen sich, lange Kelpschnüre verflochten sich ineinander, Wind heulte. Nur Wind?
Auf den Klippen herrschte Bewegung, mehr Bewegung als um die

Felsen. Ich nahm das Fernglas. Seelöwen! Kein Zweifel, die Klippen waren voller Steller Sealions – und die heulten so schauerlich, nicht nur der Wind.

Nach Brehm werden alte Bullen 3,2–4 m, alte Weibchen bis 2,75 m lang und wiegen 450–590 kg bzw. 180–295 kg. Noch nie hatte ich diese Seelöwen in ihren natürlichen Gebieten gesehen, neugierig fuhr ich zunächst näher. Mir fielen ihre Maße ein – ich verzichtete auf eine Kontaktaufnahme.

Im Kelp steckte ich. Kelp, das heißt so viel wie Gemüseeintopf: bis über 15 m lange, armdicke Fahnenstengel mit faustdicken, ei-förmigen Schwimmkörpern (Blasentang), an denen mehrere Meter lange, braune, riemenartige Blätter und ellenlange gegliederte Schnü-re hängen. Wo ich auch hinsah, nichts als braunes Geflecht. Ich hätte die Klippen seewärts umfahren sollen; aber da warteten viel-leicht die Seelöwen. Lieber mühte ich mich durch die Braunalgen-wälder.

Abwechslung wurde mir in einer Seeotterkolonie geboten, es hatte den Anschein, als ob die bis zu einem Meter langen Kunstschwim-mer mir ihr unerschöpfliches Repertoir vorstellten.

Wie ein gigantischer Teppich wogten die Braunalgenwälder, dämpften die heranrollenden Seen – für die nächsten Tage wohl ein willkommener Schutz, um auszuruhen, sich vor den Wellen zu retten.

2 DTK/BRG 130°, RNG 74 km

Es war nicht einfach, die schützenden Kelpwiesen zu verlassen und aufs offene Meer in die »Agattu Strait« zuzuhalten. Die Süd-westküste von Attu verhängten Wolken, Nebelschleier verdeckten alles, was über etwa 50 m hinausragte. Aber da gab es noch genü-gend Anhaltspunkte: Riffe, Klippen, Felsabbrüche, Kiesfächer, all das, was den Augen Halt bot. Und nun weg davon – hin zu DTK/BRG 130°, RNG 74 km, einer imaginären Strecke.

Brav zeigte mein GPS Kurs und Entfernung nach Agattu. (DTK = wahrer Kurswinkel, rechtweisend von Nord aus gesehen, Kartenkurs also; BRG = momentane Peilung, der Kurswinkel von der augenblicklichen Position zum nächsten Wegpunkt, Ziel- oder Zwischenzielpunkt, Fahrkurs also.) Den Seekompaß am Bug brauchte ich nicht zu korrigieren, hier versprach meine Seekarte keine magnetischen Abweichungen. Die Mißweisung berechnete das GPS automatisch. So viel, eigentlich alles, hing jetzt von diesem kleinen technischen Wunder GPS ab – ein grober Navigationsfehler, und ich würde irgendwo im Beringmeer oder im Nordpazifik herumtreiben...

Die Agattu-Straße zwischen Attu und Agattu Island weist kaum Tiefen über 100 m auf. Und dies ist auch der Fall zwischen den übrigen Inseln der »Near Island«-Gruppe: Alaid, Nizki und Shemya Island. Ein merkwürdiges Gefühl ist es, zu wissen, daß man auf einer ertrunkenen Landbrücke paddelt und daß die heute maximal 75 km voneinander entfernten Inseln vor ca. 15 000 Jahren als markante Bergspitzen aus einem Basaltsockel herausragten. Dieser Pfeiler der »Brücke nach Amerika« konnte sich sehen lassen. Ich wollte aber zeigen, daß ein Ortsunkundiger die Lücken in der Brücke auch allein bewältigen konnte.

Sanft begannen mich jetzt große Wellen zu heben und zu senken, Ocean Swells. Das Boot ließ sich paddeln und steuern, und der Wind half mit: Wind aus NNW. Bang war mir zumute. Doch brav hob und senkte sich mein »Eskimo 17«, und nach bedrückenden Minuten löste sich dieses bange Gefühl, wandelte sich nach und nach in eine gespannte, nervöse Unruhe.

Anfangs starrte ich, so oft es nur ging, zum Horizont, so als ob davon irgendein Heil ausginge. Dann vermied ich diesen Rundumblick und heftete die Blicke auf meine nähere Umgebung, um diesem unentschiedenen Ringen zwischen grauem, wolken- und nebelverschleiertem Himmel und dunkelgrauem Gewoge zu entgehen.

Wie oft ich mein GPS aktivierte, meinen Kurs überprüfte und mit dem Bootskompaß verglich, weiß ich nicht mehr. Genausowenig wie oft ich zum Ausleger starrte und mich immer wieder zur linken Seite, Portside, lehnte, um mich zu vergewissern, daß dieser auch nicht abbrach und das Boot nicht nach dieser Seite kippen konnte. Übrigens, nach Starboard konnte ich auch nicht kippen, dafür lag der Ausleger zu tief im Wasser, denn ich hatte das Gepäck linkslastig verstaut.

Ein Blick nach links – das Land war weg, und ein eiskalter Schauder durchschüttelte mich. Es wurde ernst.

Ich steckte gerade in einem Wellental oder besser in einem Wellenkessel. Von links und rechts drängten sich Wogen zusammen, vereinigten sich zu einer großen und rollten stürmisch in die Kursrichtung, teilten sich und vollführten die Verschmelzung nochmals. Dann war ich auch schon mitten drin: graue Mauern links, graue Mauern rechts, oben weißer Schaum und über allem Rauschen und Gurgeln. Das Boot bockte und rollte hart, Ausleger und Bug verschwanden in schäumendem Weiß, eiskaltes Wasser klatschte mir auf den Rücken, in die Seiten, schwappte über den Kopf. Entsetzt umklammerte ich das Paddel, so fest ich konnte, stemmte mich mit aller Kraft in die Fußsteuerung. Ein enormer Sog riß und zerrte nach vorn. Tiefer ging es, wieder hinauf, nochmals dasselbe wütende Spiel, dann spürte ich wieder sanftes Heben und Senken.

Was das war? Vielleicht eine Untiefe, vielleicht aber auch nur eine Laune des Nordpazifiks, ein Spielchen zwischen Wellen, Strömung und Wind. Ich war so geschockt, daß ich es gar nicht wagte, mich umzudrehen. Alarmiert ließ ich dann die Blicke kreisen – nichts, es mußte sich wohl um etwas Einmaliges handeln.

Mein Vertrauen, ja mein Respekt vor dem Boot wuchs auf einer Seite – auf der anderen mein Mißtrauen zu diesen Gewässern.

Um Kräfte zu sparen und schneller voranzukommen, entrollte ich das kleine bunte Spinnaker-Segel. Den Rückenwind empfand ich gar nicht so stark, aber er riß mir schier das Segelchen aus der Hand. Ruckend und wild flatternd füllte sich das so plötzlich zum Leben erweckte Stoffgebilde, zerrte den Fiberglasmast nach vorn, daß ich glaubte, er würde gleich brechen; und: Es trieb das Boot vorwärts. Dieses bißchen Stoff war viel stärker als meine Paddelei – und gefährlicher, denn wenn es in ein Wellental ging, beschleunigte der »Eskimo 17« derartig, daß ich befürchtete, er würde sich überschlagen oder zur Seite kippen. Ich mußte energisch in die Fuß-steuerung treten, um den Kurs zu halten.

Schon seit Stunden schnitten Bug und Ausleger die nach Süden oder um Süd stürmenden Wellen. Immer wieder wollte das Kajak ausbrechen, zur Seite hin durchgehen. Dies beschäftigte mich, hielt mich auf Trab; und so manches Mal fühlte ich mich wie ein schwerer dicker Karpfen, der in Wildwasser geraten war.

Es dunkelte bereits, ich war so von der Situation gefangen, daß ich gar nicht auf die Zeit geachtet hatte. 23 Uhr 30 p.m. Hawaii/Aleutian Time zeigt mein wunderbar funktionierender und leicht ablesbarer Rolex-Chronometer. Schnell einen Blick noch auf mein GPS: BRG 143°, RNG 37 km. Eines war gut, eines war schlecht: Die Entfernung vom Ziel war tüchtig geschrumpft, aber dafür war ich vom idealen Kurs abgekommen. Sofort steuerte ich auf 120°, und wenn es die Wellen erlaubten, nach 110° um die Abdrift nach Süd zu kompensieren.

Man könnte hier einwenden, es wäre auch möglich, nur nach CTS, die automatisch ermittelte Richtung für den optimalen Steuerkurs zu fahren. Doch in diesen Gewässern sollten noch unangenehme Stellen warten, und man tat gut daran, bestimmte Routen nicht zu verlassen...

Hatte ich anfangs ständig Kurs und das Verhalten des Bootes beobachtet, so beschäftigte mich bald die Segelei derartig, daß ich für nichts anderes mehr Zeit und Energie aufbrachte.

Der Wind blies nicht konstant aus einer Richtung, und er wehte auch nicht mit gleicher Kraft. Um dem Tanz aus wechselnden Richtungen um Nordwest und dem Anschwellen und Abflauen, sowie zornig aufwallenden Böen gewachsen zu sein, hielt ich die Segelenden oft mit beiden Händen. Anfangs versuchte ich, Höhe und Surfweite der Wellen abzuschätzen. Die Surfweite, oder so weit, wie das Boot die Wellenrücken hinabglitt, war nie unter fünf, oft über zehn Meter. Die Höhe lag bislang unter zwei Metern. Diese Werte waren nicht wichtig, entscheidend war, daß die Wellen sich nicht brachen und einigermaßen ihre Richtung behielten.

Wellentäler beschränkten die Rundumsicht auf nur wenige Meter, auf Kämmen glaubte ich, ein paar hundert Meter sehen zu können. BRG 125°, RNG 14 km, 2 Uhr 15. Die Werte beruhigten mich, es schien alles gut zu laufen. Dunkler war es geworden, aber noch reichte das Licht, um über einhundert Meter zu sehen. Agattu, das heißt, das Land kam für mich erstaunlich schnell näher. Ein beklemmendes Gefühl schlich sich ein, gesellte sich zu meiner angespannten Nervosität: Unbedingt mußte ich vermeiden, nachts, bzw. morgens, dem Land zu nahe zu sein.

Land, das bedeutete nicht: »Hurrah, Land, geschafft!« – sondern hieß sich auftürmende Brandung, weiß umspülte Klippen und Landzungen, drohende Riffe und lauernde Untiefen und vielleicht ein paar gereizte Seelöwenbullen.

Ich reffte das Segel, verringerte damit die Geschwindigkeit, und versuchte mich ein wenig zu entspannen. Aber an eine Entspannung war gar nicht zu denken, denn die Dunkelheit schreckte, und mit der eingeschränkten Sicht begann ich dafür wieder meine nähere Umgebung zu beobachten. Das Gehör wollte nun den Augen helfen – das war anfänglich furchtbar, hielt an und klang erst nach unschönen Stunden etwas ab, als das Licht gegen 8 Uhr a.m. wiederkam.

Wie brutal das manchmal plötzlich aufrauschte, gurgelte und zischte, so, als wolle einen das Meer in wenigen Sekunden verschlingen – das meldete das Gehör. In Wirklichkeit wurde das Boot zum Glück nur wenig höher als gewohnt gehoben, etwas weißes Wasser überspülte Heck und Bug, die Fahrtgeschwindigkeit stieg an, es ging dann wieder abwärts, alles nicht so gefährlich, wie es aus der Dunkelheit her klang.

Einmal ruckte und tanzte der »Eskimo 17« wie wild, beschleunigte furchteinflößend, und ich steuerte und balancierte alarmiert – und das ohne akustische Vorwarnung. Dies alles braute manchmal zu einer panikartigen Verunsicherung.

Morgenstunden auf Wache sind arg, hart und ziehen sich widerlich in die Länge – hier nicht, ich war so gespannt, nervös, verunsichert, daß die Zeit unglaublich rasch verflog.

Das Gedonnere, Fauchen, Zischen und Getrommle von vorn konnte nur eines bedeuten: Gillion Point, Agattu Island.

Die Freude, eine Etappe erreicht zu haben, drohte in dem Alarmzu-
stand zu versinken, in dem Chaos dort vorn zu zerschellen. Ab und
zu erschienen dunkle Flecken im Nebel, Dunkelgrün wechselte mit
Dunkelbraun; sicher, dort lag die Küste von Agattu. Schnell wich
ich weiter Richtung Süden aus.
Merkwürdig, wie bedrückend auch die Morgenstunden auf See ver-
liefen, es ließ sich nicht vergleichen mit dem Horror, an den Klippen vor Gillion Point zu enden. Eigenartig, die See empfing mich
wieder freundlich, und ich beschloß, später irgendwo an der Südküste zu landen.

3   N 52° 21.500'/ E 173° 33.600' –
29.6.94: ein kurzes Atemholen

Um die gewünschte Bucht zu erreichen, mußte ich eine Stunde
gegen den Wind anpaddeln. Einerseits wollte, ja benötigte ich
eine Pause, andererseits ärgerte ich mich, den günstigen Wind aus-
zuschlagen, wertvolle Zeit zu verlieren. Mit gemischten Gefühlen
landete ich beim Punkt N 52° 21.500'/ E 173° 33.600', was mir brav
das GPS angab.
Wie ein tollpatschiges Tier wankte und rutschte ich über algenüber-
zogene Steine, zog das bleischwere, ständig bremsende Boot hinter
mir her. Kies, Sand, gut, hier wollte ich etwas rasten.
Jetzt erst wurde mir bewußt, daß ich im Trockenanzug nasser als
außen war. Wütend schälte ich mich aus dem widerstrebenden Tex-
til, verließ den patschnassen Faserpelz-Overall, kramte rasch nach
Unterwäsche, Fließ-/Faserpelz-Hose, -T-Shirt und Jacke und zog
mich neu und trocken an.
Es mag leichtsinnig klingen, aber ich beschloß, nicht in dem Trok-
kenanzug weiterzufahren. Keine zehn Steller Sealions brachten
mich mehr in das klitschnasse, einengende Zeug.
Erschöpfungsleichtsinn? Möglich, mittlerweile hatte ich so viel Vertrauen in das Auslegerkajak gewonnen, daß ich mit der Regenjacke

auszukommen glaubte. Ins Wasser durfte ich sowieso nicht fallen – also machte ich es mir bequemer.

So schnell es ging, schüttete ich mir den Rest an warmem Tee, besser ein Teeinkonzentrat, aus der Thermoskanne in den Hals, Multivitamintabletten, Kola-Kaffeekapseln folgten. Gierig verschlang ich eine Tafel Schokolade und trank etliche Schluck Pflanzenöl.

Bald brannte der Benzinkocher, und aus einer kleinen Alukanne dampfte Wasser für den nächsten Wach-Hammer-Tee. Etwa zehn Teebeutel benötigte ich zum Grundstock dieses Power-Gesöffs, dann mehrere Eßlöffel brauner Rohrzucker aus Hawaii und den Rest der Einliter-Edelstahl-Thermoskanne füllte ich mit Zitronensaftkonzentrat; auf Salz verzichtete ich, denn davon würde ich ungewollt mehr als genug schlucken.

Ein paar Stretchingübungen, Jogastellungen und schon trieb es mich weiter. 150 km offenes Meer warteten.

4 Die große Lücke: Agattu–Buldir. Waypoint Buldir: N 52° 21.000'/E 175° 53.300'

Ich drückte auf die GOTO-Taste des GPS, die Koordinaten der Vulkaninsel Buldir erschienen – 150 km See trennten vom Navigationsziel, DTK/BRG 92°, ein Kurs fast genau nach Osten.

Ich wollte auf gar keinen Fall den momentan günstigen Wind ungenutzt verstreichen lassen und nach Buldir paddeln.

Der Chronometer zeigte: 10 Uhr 30 a.m., den 29.6.94, und ich stellte erfreut fest, daß gar nicht viel Zeit verstrichen war, und so beeilte ich mich, auf See zu kommen.

Ein wenig Routine machte mir das Leben leichter: Die Enden des Segels hielt ich nicht mehr verkrampft, gelegentlich verzurrte ich die Spannschnüre und griff nur ab und zu mit beiden Händen die Seilenden, wenn Böen das bunte Segelchen arg zausten und zerrten. Segeln war dies noch nicht, aber zumindest eine Vorstufe.

Die Vulkaninsel Buldir griff ich motivierter als Agattu an. Obwohl sich von der Ostseite der Insel ein versunkener Schelf etliche Kilometer als Untiefe nach Westen zog und zwischen Agattu und Buldir ertrunkene Berge auf etwa 100 m Tiefe steckten, trennte doch ein über 1000 m tiefer Graben die einstige Landbrücke. Wenn vor 15 000 Jahren nicht Packeis die Lücke schloß, mußten die frühen Explorer wohl oder übel Wasser queren. Dies bedeutete: Meine Fahrt nach Buldir ist sinnvoll. (Innerhalb der tektonischen Lösung könnte es sich bloß um eine junge Störung mit weiträumiger Erosion handeln.)

Etwas Gefährliches steckte hier in diesem Bereich: Auf der Seekarte wurde vor lokalen magnetischen Anomalien gewarnt. Das hieß für mich, stärker nach der Anzeige des GPS zu fahren, da der Kompaßkurs mich – mit Sicherheit – vom anvisierten Wegpunkt abgebracht hätte.

Nach wenigen Minuten: Der Wind drehte sich, wehte zunächst aus allen nur möglichen Richtungen, um dann aus etwa Südost zu pfeifen. Dies bedeutete eine böse Wende: Gegenwind!

Noch rollten die Wellen etwa in meine Zielrichtung, doch bald veränderten sich die Seen dramatisch. Aus dem steten Dahinstürmen wurde ein unruhiges, richtungsloses Geschaukel, Geschwappe und zuletzt unvorhersehbares Brechen und Aufbäumen.

Wohin steuern? Wie einen Rhythmus finden? Was mit diesem gefährlichen Wasserzirkus anfangen?

Das Segel holte ich ein, dieses irritiert flatternde Ding, und klemmte es unter die Gummiverschnürung nahe beim Mast. Jetzt kam das Doppelpaddel wieder zu Ehren.

Wie oft der »Eskimo 17« zum »Yellow Submarine« wurde, konnte man gar nicht zählen. Beängstigend brachen sich Wellen, wie es schien, überall. Dabei wurde das Boot in alle nur möglichen – für mich unmöglichen – Richtungen geschoben, gezerrt, gesogen und geworfen.

Mein Enthusiasmus legte sich – es legten sich aber auch meine Bedenken, da das Auslegerkajak jede nur erdenkliche Situation meisterte. Nur, kam ich wirklich voran?

Natürlich wollte ich wissen, wo ich steckte, ob ich vorankam oder zurückgetrieben wurde, aber die Sekunden, das GPS, das ich auf der Brust und unter der Spritzdecke geschützt aufbewahrte, hervorzukramen, zu aktivieren und abzulesen, diese Sekunden ließ man mir nicht. Es galt hier zunächst, einigermaßen einen Weg durch den Wellensalat zu finden und nicht wie ein Stück Treibholz herumgeworfen zu werden. Weiterhin galt es, das Wellenaufreiten und -abreiten unter verschärften Bedingungen zu lernen.

Beim wie vielten Male Auf- und Abreiten ich so viel Vertrauen fand, daß es auch wirklich einige dutzend Male nur auf und ab ging, ohne für immer zu verschwinden, weiß ich nicht mehr. Irgendwann erklomm der »Eskimo 17« die heranstürmenden grünen Hügel so schnell und sicher, surfte beschleunigend die Flanken hinunter, ohne durchzugehen, daß ich es wagte, das GPS zu aktivieren.

Den fiebrigen, bangen Ahnungen folgte ein Freudenrausch – 17 km hatte ich zurückgelegt: 17 km so gut wie direkt auf den nächsten Waypoint zu.

Das gab Vertrauen und Zuversicht: Das »Yellow Submarine« und sein Kommandant waren nicht bloß Treibholz irgendwo zwischen Beringmeer und Nordpazifik. Vielleicht waren Boot und ich wie ein Lachs, fähig, Hunderte von Kilometern zielgerecht zurückzulegen. Mir fiel wieder ein: Schiffe, riesige Frachter, Oceanliner können sinken – nicht aber ein Korkenstöpsel!

Lachs und Korkenstöpsel wurden für mich Zauberwörter.

Paradox schien das, aber es widersprach nicht einer Erfahrung: Auch wenn einem die Wellen am Strand entgegenkommen, es ist leichter hinauszuschwimmen als zurückzukehren.

Begeistert fing ich an, olivgrüne Hügel hinaufzuklettern, um dann flugs hinabzurutschen. Dies dynamische Auf und Ab beflügelte mich, bis mir einfiel, daß ich durch Schwitzen Feuchtigkeit verlor. Ich hatte bloß fünf Liter Trinkwasser dabei und eine Thermoskanne Tee.

Den Fehler vermied ich rechtzeitig. Allein der Gedanke, die bloße Vorstellung von schwitzen, erweckte ungute Durstgefühle. Ich begann mich besser in das Gewoge einzufühlen, dann einzufügen – irgendwann tat ich automatisch das jeweils Angemessene: das Richtige. War ich auf bestem Wege, ein Lachs zu werden?

Einen Schrecken besonderer Art bereitete mir die Dunkelheit: Ich fluchte, weil der Bootskompaß nicht leuchtete – das hatte ich als selbstverständlich vorausgesetzt und deswegen übersehen. Zum Glück funktionierte die Stirnlampe. Gelegentlich hantierte ich mit meinem alten Marschkompaß, der zwar nicht wasserdicht war, aber ganz vorzüglich nachts leuchtete. An frischen Batterien für die Stirnlampe mangelte es nicht, ein Satz dafür lag stets in Griffweite, jedoch vermied ich längere Brenndauer, denn ich fürchtete, mit dem Licht große Fische oder Wale anzulocken.

Das GPS leuchtete von allein, toll, was dieses Wunderwerk alles konnte. DTK 92°, BRG 84°, RNG 97 km. Zu weit nach ENE hatte es das »Yellow Submarine« verschlagen; dafür waren es aber nur noch 97 km nach Waypoint Buldir. Gelassen korrigierte ich die Abdrift, bei Tageslicht würde ich wieder auf richtigen Kurs gehen. Dieses Abdriften, besonders bei Wetterwechsel und damit Richtungsumkehr von Wind und Wellen, mußte ich einfach hinnehmen, denn das Kajak besaß nun mal keinen Autopiloten oder eine Selbststeueranlage.

30.6.94 morgens. Der Wind flaute gerade etwas ab, stetig, ohne plötzliches Anschwellen und tanzenden Richtungswechsel wehte er aus NNW. Längst hielt ich das Segel nicht mehr so verkrampft, aber ich konnte es einfach immer noch nicht begreifen, daß dieses bunte Stückchen Stoff zusammen mit etwas Wind mein Paddeln lächerlich machte.

Meine nervöse Spannung fiel für eine Weile ab, und so versuchte ich mich ein wenig zu entspannen. Nein, nicht ausstrecken, flachlegen oder was auch immer man unter entspannter Haltung versteht: Ich trat nur nicht ganz so fest in die Fußsteuerung, krampfte meine Hände nicht um das Paddel oder die Schnüre des Segels und – ja und verlagerte mein Gewicht zur Auslegerseite. Dies mag nicht bequem erscheinen, eher verdammt ungemütlich, aber es tat mir so gut, ich fühlte mich dabei ein bißchen glücklich.

Ein plötzliches Aufrauschen und Gurgeln ließ mich schlagartig wieder Paddlerhaltung annehmen. Ob ich ein wenig eingenickt war? Es geschah nichts Ungewöhnliches, alles so gut oder so schlimm wie seit Stunden. So schnell wie möglich kramte ich die Thermosflasche hervor, trank einen ordentlichen Schluck und spülte gleich eine Multivitamintablette, einen Schluck Speiseöl und zwei Kola-Kaffee-kapseln damit hinunter.

Bei Dunkelheit wollte ich mich nie wieder entspannen, schwor ich mir. Wenn ich ein wenig Ruhe benötigte, dann nur tagsüber.

Die zweite Nacht auf dem Meer zog sich länger als die erste, ich hatte hinzugelernt und so etwas wie beginnende Routine entwickelt.

Etwa gegen 2 Uhr morgens dunkelte es, langsam, kaum merklich schwand das Licht, aber stockfinster wurde es – zum Glück – nicht. Ob wohl vom hohen Norden Licht durch den Nebel-Wolkenschleier durchsickerte und die nasse Welt um mich erhellte, ähnlich einer gigantischen Milchglasbirne?

Beunruhigt kreisten die Blicke weg von der schutzversprechenden Bootspitze. Seltsam, an Land löst die Dunkelheit auf, verwischt – auf See fokussiert sie auf das Wesentliche. Oder irre ich mich, beruhige ich mich nur...?

Doch bald spielte mir die Situation einen üblen Streich. Hätte ich in den nächsten Minuten einen Bedienungsfehler gemacht, wäre wahrscheinlich alles aus gewesen:

Plötzlich begann das GPS zu piepen, »battery low« erschien auf dem Display. Waren die frischen Batterien leer? Das war unangenehm, doch ich hatte genügend Ersatzbatterien dabei – und in Reichweite. Aber mit klammen Händen in Wind und Wellen ging das nicht so einfach.

Dann, endlich: Aber es piepte weiterhin »battery low«.

Nun begannen die Gedanken zu jagen, zum ersten Mal kam Panik auf. Das Boot tanzte, wollte dauernd ausbrechen, entnervt fummelte ich weiter mit GPS und Batterien herum.

Nach Ewigkeiten, wie mir erschien, leuchtete das kleine Display auf, ich tippte ein: Go to Waypoint Buldir. BRG 100°, RNG 79 km erschien.

Ich beschloß, vorsichtiger zu sein, es nicht so oft und nur ganz kurz einzuschalten. Aber konnten die Batterien so schnell leer sein – war das Gerät angeschlagen? Der Wind frischte auf. Behutsam barg ich das GPS unter der Faserpelzjacke und setzte wieder das Segel.

Oft genug zischte und gurgelte es hinter meinem Rücken, und ab und zu brach sich eine Welle auf dem Heck des Boots, doch das klang nur recht dramatisch, bedeutete aber keinerlei Gefahr – wenn die Spritzdecke die Sitzluke verschloß. Übel konnte es ergehen, wenn ich nach irgend etwas kramte und die abschirmende Decke deshalb etwas offen war.

Irgendwann freute ich mich sogar, wenn die akustischen Boten einer sich brechenden Welle ankamen – dies versprach extra Schub, Stoß und Zug auf das Ziel zu.

Wenn ich steif und kalt zu werden drohte, paddelte ich, und mit den Füßen trat ich im Gegenrhythmus in die Pedale der Steuerung. Sicherlich, das war alles weit entfernt von Wohlsein: Eingeklemmt saß ich zwischen wichtiger Ausrüstung, Hände und Füße kalt, die Rückenlehne des Sitzes folterte gekonnt, die Beine drohten einzuschlafen, Müdigkeit kam auf, und ständig fühlte ich mich nervös gespannt, alarmiert.

Aber: Dies war alles zu ertragen. Es ging voran, und eine Art diebisches Vergnügen begann gelegentlich aufzukeimen – nämlich, mit so wenig Boot so viel Seestrecke bewältigen zu können. Dazu: Und das nicht gerade irgendwo auf dem Meer, sondern auf den Aleuten!

Es war wichtig, zu wissen, warum die neuen, sündhaft teuren Lithium-Batterien so schnell hinübergingen. An den Waden spürte ich Feuchtigkeit. Wie zum Teufel entstand die Pfütze am Boden?

»Die Kamera, das Radio, die Batterien, Schokolade und Kola-Kaffeekapseln!«

Gefährlich oder nicht, unpassender Augenblick oder Unfug, ich begann mit einer Hand die Lage zu sondieren, die Leica samt Objektiven stand in der kalten Brühe, der Boden der Fototasche fühlte sich wie ein Schwamm an, jeder Gegenstand, ob er am Boden stand oder an den Seiten steckte, triefte vor Nässe.

Das meiste der Ausrüstung steckte in wasserdichten Behältnissen oder in zipverschlossenen Plastikbeuteln – und trotzdem war so gut wie überall Seewasser eingedrungen. Was war falsch hier? Hatte ich am Ende ein Leck? Zu meiner gespannten Nervosität gesellten sich Frustration und ohnmächtige Wut. – Irgendwie mußte ich ein Ventil finden...

Daraufhin zog ich das Spinnaker-Segel so hoch, wie es nur ging, weitete das flatternde Gewebe nach unten, wie es die Breite des Bootes zuließ. Dann setzte ich mich besonders gerade auf, spreizte die Arme, um auch den Rücken als Segelfläche zu nützen, und um das Maß voll zu machen, hielt ich noch das Paddel in die Höhe.

Das »Yellow Submarine« beschleunigte und beschleunigte... Zum Glück tat ich das Richtige, denn endlich erkannte ich, wie seetüchtig, wie schnell mein Auslegerkajak sein konnte. Sicher, beim Absurfen eines Wellenrückens wollte das Boot viel stärker ausbrechen, und jede Welle schien dies fast boshaft unterstützen zu wollen. Auch klatschte der Bug des Gefährts vehementer in Wellentäler, und ich bekam dabei becherweise kaltes Salzwasser in die Augen gespritzt. Manchmal rissen seitlich fliehende Brecher dermaßen brutal am Auslegersystem, daß ich glaubte, es bräche mir aus den Befestigungen oder die Stangen würden bersten.

Die Nacht verstrich alles andere als schleppend und quälend – aber dies sollte ein andermal kommen.

Das Licht kam, um gleich wieder im Nebel zu verlöschen. Die Sonne schien, damit man hier den Nebel besser sehen konnte.

BRG 97°, RNG 24 km, 9 Uhr 35. Dies verbreitete nun wirklich gute Laune. Es lief bis jetzt alles recht gut; hoffentlich blieben die Ausfälle erträglich.

Eine Nebel- oder Wolkenzusammenballung in Fahrtrichtung fiel auf. Schnell befreite ich das superauflösende Zeiss-Marineglas aus der Bug-Gummiverschnürung. Ab und zu blinkten dunkle Flecken durch quirlendes, treibendes Weiß. Das Ganze löste sich auf oder besser: wurde wieder normales Nebel-Wolkengebräu. Nun erschien es nochmals, auch die dunklen Flecken. Dann ersoff die Fata Morgana im Wasserwolkennebelgebräu.

113

Schnell aktivierte ich das GPS: N 52° 28.100'/ E 175° 47.600' erschien auf dem kleinen Display. Ich steckte keine 12 km mehr in der Wasser-Nebelwelt vor Buldir. Freude und Schrecken zugleich überfielen mich. Ein Etappenziel lag hoffnungsvoll nahe, aber: Sofort mußte ich nach Süd, ja etwas nach SSW steuern, wenn ich nicht zum einen Buldir nördlich verfehlen, zum anderen im Klippen-Brecher-Chaos vor dem Northwest Point zerschellen wollte.

Mein Ziel war die Südwestküste Buldirs, wo ich Schutz vor den Winden aus Nord und Nordwest und den Wellen, die sie trieben, erhoffte. Kelp ist dort in der Seekarte eingezeichnet, beruhigend viel davon.

Batterien hin oder her, jetzt mußte genau manövriert werden – alle zehn Minuten aktivierte ich das Navigationssystem. Zum Glück blieben Wind- und Wellenrichtung konstant. Der Wind aus NW blies nicht böig – sollte ich Glück mit der Landung haben?

Dann: Obwohl gegen den Wind, was da knallte und krachte, wütete und donnerte, klang alles andere als ein Willkommensgruß. Dort, Portside, hinter Dunst – oder war das bereits Gischt? – mußte das Chaos aus Klippen und Brechern liegen. Aus lauter Nervosität steuerte ich zu weit nach SSW.

Ich konnte beinahe ausschließlich nach Gehör fahren – das Höllenkonzert dort wirkte wie die Bombardierung von Hafenanlagen.

Kevlar, Kohlefasern – verstärkte Böden und Kanten, der »Mercedes der Kleinboote«, alles nur Spielzeug, dort drüben wurde Fels zu Sand gemahlen.

Ich beruhigte mich, sah nach Lücken, nicht auf Prallzonen.

Ich fuhr näher an die eingenebelte Küste heran, schließlich wollte ich ja Buldir nicht verfehlen. Unwillig gab das Wolken-Nebelgebräu ein wenig Braun, Grün oder Schwarz frei, dunkle Zacken und Kanten durchspießten Schleier und Dunstknäuel, ganze Scharen von Möwen wirbelten daraus aufgeregt hervor, einige flogen zu mir, schrien, kreisten, verschwanden wieder im verschluckenden Weiß, Puffins und schwarze Kormorane flohen. Der modrige Geruch von zerhauenem Kelp hing über allem. Die ersten abgerissenen braunen Algenfahnen trieben mir entgegen, bald bog und wogte ein mehrere

Quadratkilometer großer Teppich zum Takt des Meeres. Dunkle Köpfe, Rücken und Pfoten guckten aus dem Geflecht.

Wie doch die Algen das Boot abbremsten. Hart mußte ich paddeln – so ungewohnt nach der Segelei. Immer wieder spähte ich durchs Fernglas – nichts, nur undeutliches Irgend etwas.

Dann sah ich Kies. Auf der Kiesschürze war genügend Platz für das Zelt, Treibholz lag auch herum. Und eine schmale Passage durch Untiefen und Felsen war auch vorhanden.

Keine Seelöwenkolonie in Sichtweite. Beine und Füße erwachten wieder, unbeholfen, tapsig kletterte ich auf einen Stein, hielt mich am Boot fest, stützte mich aufs Paddel. Es dauerte, bis ich endlich wieder soliden Boden unter den Füßen hatte.

Am liebsten hätte ich mich einfach auf den Kies gelegt, mit einer Plane zugedeckt und wäre eingeschlafen – alles egal sein lassen, nur ausstrecken, endlich ausstrecken und in erlösenden Schlaf entschwinden. – Wunsch.

Wirklichkeit: Landeplatz und Umgebung überprüfen: Bist du über der Flutmarke, der Sturm-Brecherzone, soll das Boot nicht höher die Kiesschürze hinaufgezogen werden, hält das Seil dort am Baumstamm, und soll ich nicht noch das andere Seil hervorholen, das Auslegerkajak doppelt sichern, sind auch wirklich keine scharfkantigen Steine unter dem Bootsboden auf dem Stück hinauf zur Kiesschürze? Horchen, spähen, durchs Fernglas sehen, riechst du Aas, Fäkalien von Seelöwenliegestellen – ist der Platz wirklich sicher vor ihnen? Ist dies eine Fährte, eine Schleifspur? Wo am besten das Zelt aufstellen, wie, in welche Richtung. Gibt es hier Trinkwasser, eine Quelle, wie steht's mit Driftholz fürs Feuer ...

Als gar nicht so schlecht entpuppte sich der Landeplatz, während ich auf einem zerschundenen, hell gebleichten, aber so wunderbar trockenen Baumstamm saß. Und nun versuche ich, Ihnen die Stimmung einer absolut menschenleeren Aleuten-Insel zu vermitteln: Draußen, einige hundert Meter hinter den schwarzen tangbedeckten Klippen, wogte ein unheimlicher, gigantischer Teppich. Nebel inszenierte ein Gespenster-Theater, eine unheimliche Bühne, aus der es rauschte und krachte, als wolle das Böse den schwimmenden

Teppich aufrollen, zerfetzen und auf die Klippen werfen. Ab und zu durchbrach eine Welle die Abschirmung, ließ das braune Geflecht tanzen, klatschte an eine scharfkantig zersägte Klippe, schäumte grün auf, hatte aber noch so viel Kraft, daß der dunkle Kies gequält aufklirrte. Die olivfarbenen Algenkrägen der Klippen und Felsen nickten, Fransen zerzausten, verknäuelten, bogen sich wieder zurück in den wieder sanft schaukelnden Spiegel.

Durch Löcher in den Nebelschwaden erschienen nur kurz bemooste Klippen, zerrissene Kanten, Rinnen und Grate und kleine Wasserfälle. Überall wuchsen Blumen. Nirgendwo hatte ich jemals mehr Blumen gesehen.

Gewalttätiges Donnern und Bersten, geheimnisvolles Murmeln, heiteres Glucksen, fröhliches Plätschern von Wasserfällen, Steinekollern auf treppenförmigen Kiesterrassen, Möwenschreie, Rabenrufe, Strandpfeifergeflöte und schrille Seeadlerschreie bildeten den musikalischen Hintergrund.

Muffig roch der Blasentang oder die vertrockneten Fasern anderer Algen; Seeanemonen sowie die federleichten, hand- oder nur fingerförmigen Schwämme rochen nach verdorbener Fischsuppe.

Plötzlich umschloß Nebel die Küstenwelt wie eine lautlose nasse Glocke, aus der, wie es schien, nur die zuvor eingefangenen Töne und Geräusche drangen.

Endlich erreichte ich die Stelle, die ich längst unter widrigeren Umständen vom Wasser aus gesehen hatte: Die fächerförmige Kiesschürze war terrassiert, gewöhnliche Ebbe- und Flut-Treppen wechselten mit Wintersturmterrassen, oben, bevor die Böschung der Steilküste anstieg, verbarrikadierte ein zyklopenartiger Verhau aus zentnerschwerem Blockwerk, ganzen Baumstämmen, armdicken Tauen, zertrümmerten Bojen und zerfetzten Netzen den Zutritt. Es lief mir kalt den Rücken hinunter, als ich auf die meterdicken, zerschlitzten Baumstämme und gigantischen Steinblöcke blickte, die Titanen dorthin geworfen haben mußten. »Tidal Waves, Tsunamis«, erinnerte ich mich, und es kroch eine Ahnung davon ins Bewußtsein, was hier los sein mußte, wenn ein Seebeben haushohe Mauern von Wasser gegen die Küste abschoß.

Ein gelboranges, grobmaschiges Schleppnetz holte ich mir als Unterboden für das Zelt. So rasch wie möglich baute ich das Ersatz-Zelt auf, das kleinere Polyesterkuppelzelt mit dem spinnenförmigen Patent-Außengestell und den zwei Tunnels; dann gönnte ich mir den längst überfälligen Schlaf.

5 Aufhören – mitten auf der Brücke?

Langte die zurückgelegte Strecke von über 200 km, oder sollte ich weiterfahren? Hatte gar das Boot ein Leck? Hier drohte ein Wendepunkt. Hinterher ist man immer schlauer, wenn ich gewußt hätte, was auf mich wartete, wäre ich auf Buldir geblieben und bei Gelegenheit nach Agattu zurückgefahren.

1.7.94, 6 Uhr 15 a.m., N 52° 21.200'/ E 175° 53.300', Wind aus NNW, Sichtweite 2–3 km, leichter, feuchter Nebel, Temperatur unter 10 °C – ohne Windchill Factor.

Schnell wurde ich munter, schnell klappten die ersten notwendigen Handgriffe. Wasser mußte ich aus dem Sitzraum des Kajaks mit dem Schwamm saugen. Lästig war das mit all den Bolzen, Nieten und Schrauben, Bohrungen und Befestigungen. Stirnrunzelnd zog ich Schrauben und Flügelmuttern an. »Es kommen nur ein paar Tropfen«, hatte Peter gesagt, also mußte Wasser durch die Spritzdecke zwischen Jacke und Decke gelaufen sein. Vielleicht war doch eine große Welle hineingeschwappt, genug davon gab es ja. Ein Leck fand ich zum Glück nicht.

Auch die Wasserschäden waren nicht weiter schlimm: die M 6-Leica vertrug das, aber das Radio wollte nicht mehr, Ende, kein Weltempfang mehr – jedoch auch keine weiträumigen Wettervorhersagen! Es würde schon irgendwie wieder trocknen, sicherlich nur die Batterien, die all die Feuchtigkeit nicht mehr vertrugen. Ein kurzer, aber gründlicher Ausrüstungs-Check folgte. Fazit: Schrammen, Kratzer, Beulen – nicht schlimm, auf einer Expedition wie dieser ganz normal, die Ausrüstung muß schließlich etwas aushalten können.

117

Das »Yellow Submarine« packen, daß hieß das Warenhaus auf engstem Raum unterbringen, erwies sich als weitaus schwieriger. Zum Glück konnte vieles in den großen wasserdichten Packsack gestopft werden, der hinter meinem Rücken auf dem Deck verzurrt wurde. Ersatzpaddel, Angelrute, Stativ und ähnliches kam auf das trampolinartige Netz zwischen den Auslegerstangen.

Zurück? Nein, go to next waypoint. Das Display des GPS zauberte Zahlen und Symbole. Anzeige: N 52° 06.100'/ E 177° 37.000', DTK 103, RNG 120 km. Ich wollte tatsächlich weiter – »Man bleibt nicht mitten auf der Brücke stehen«. Außerdem: Das hat doch bis jetzt alles gut geklappt, also – weiter.

Der Waypoint auf dem Display war ein kaum bekannter Berg, weitere 120 km entfernt zwischen Beringmeer und Nordpazifik versteckt, ein Vulkan – der höchste Gipfel von Kiska Island.

Für die Nebelspiele fand ich gar keine Zeit, Kanten, Abbrüche, Einschnitte und Rinnen waren eh gerade verschwunden, verdeckt durch eine weiße Haube. Nein, die höchsten Punkte Buldirs hatte ich nie gesehen – etwa fünfzig Meter hatte sich das Vulkanmassiv entschleiert, die restlichen 650 m – ja, wie sahen sie wohl aus?

Wieder auf See – ein bereits gewohntes Gefühl? Nein, es blieb fremd, die gesamte Situation hatte für einen Teil von mir etwas Unwirkliches, Unmögliches, ständig Alarmierendes. Was sich geändert hatte, waren meine Reaktionen – körperlich wie seelisch: Schneller reagierte ich auf Bedrohungen.

11 Uhr 17 zeigte der Chronometer, ich konnte heute noch weit kommen. – Etwas beklommen sah ich zurück in die Wolken-Nebelverdichtung, unter der Buldir stecken mußte. Hätte ich geahnt, was in wenigen Stunden auf mich wartete, wäre ich um nichts in der Welt weitergefahren. Lieber hätte ich eine jahrelange Robinsonade in Kauf genommen.

Nicht den geringsten Navigationsfehler durfte ich mir jetzt erlauben. An Daten aus der Seekarte erinnerte ich mich, es gab hier Riffe, Untiefen mit deutlich markierten Brecherzonen, mitten auf dem Kurs nach Kiska: das Buldir Reef. Eine Todeszone im Meer.

Das GPS bedeutete für mich: Auge, Ohr und Gleichgewichtssinn, dementsprechend behandelte ich das technische Wunderwerk.
Noch konnte ich den auffrischenden Wind nutzen. Die Wellen rollten weiter nach Starboard hin, noch ließen sie sich auf meinem momentanen Kurs gut schneiden. Längst flatterte mein Windfähnchen aber ziemlich genau nach Süd, bald folgten dieser Richtung auch die Wellen, bald auch das »Yellow Submarine«. Der 103er Kurs war nicht zu halten. Kein Problem – dachte ich noch, ich glaubte, noch genügend Strecke zu haben, um irgendwann zu korrigieren.
Paradox war die Situation: Ausgerechnet Teile der versunkenen Landbrücke konnten jetzt das Ende der Expedition bedeuten. Der momentane Kurs führte auf das Buldir Reef! Auf alle Fälle schnallte ich den Riemen des Wildwasserhelms fester.

6   Die Lücken der Landbrücke

Das Meer zwischen Buldir und Kiska Island, eine Lücke, die man sogar auf größeren Globen und in jedem Atlas erkennen kann, weist eine größte Tiefe von nur 122 m auf, oft sind es lediglich Untiefen von 25 bis 50 m, und in einer Zone ragen noch Felsen aus dem Wasser. Schmal zeigt sich östlich von Buldir die »Brücke nach Amerika« – lediglich 12 km breit. Doch war dies immer so?
Während einer Eiszeit, als der Meeresspiegel um 130 m fiel, war hier solides Land gewesen. Es genügt jedoch nicht, einfach die Riffe auftauchen zu lassen, um die Landverbindung zu rekonstruieren.
An großen Erosionsformen, wie Tälern, Fjorden, Buchten, und Resten wie Obsidiansand und Bimsstein hatte ich auf Attu, Agattu und Buldir bereits gesehen, daß heute fast nur die harten Vulkangesteine, also Basalte, übrig waren. Zum großen Teil bestand die Landbrücke jedoch aus Stratovulkanen. Stratovulkane sind aus Schichten von geflossener Lava und Auswurfmaterial wie Bimsstein, Schlackenbomben und Kristallsand aufgebaut, und durch diese Sandwichbauweise sehr erosionsanfällig. Als der Meeresspiegel wie-

119

der anstieg, wurde nicht nur das Terrain geflutet, sondern auch abgetragen.

Mit der Tiefenlinie allein ist es nicht getan, die Ausmaße der Landbrücke aufzuzeigen. Stratovulkane können Höhen von mehreren Kilometern erlangen. Wo heute Tiefen von einigen hundert Metern sind, konnten vor Jahrtausenden hohe Vulkane geraucht haben.

Bei der Maximalinterpretation der Kontinentalbrücken-Theorie durch tektonische Hebung (Verflachung des Subduktionswinkels der Pazifischen Platte oder Inhomogenitäten bei der Aufschmelzung) würde die Brücke nicht nur um Hunderte von Metern gehoben werden, sondern es würden auch Spannungsbrüche entstehen, Transversalstörungen – die zukünftigen Lücken, als »Straßen« oder »Pässe«.

Die Maximallösung bedeutete in meinem Fall, daß ich hier lediglich Fleißaufgaben erledigte, um jeglicher Kritik von vornherein den Boden wegzuziehen.

Die Seekarte hatte ich mir vor Wochen genau eingeprägt, und ich wußte, wie weit sich die Gefahrenzone ausdehnte.

Bloß weg hieß es, jeder Kurs war gut, nur einer nicht: in die Dutzende von Kilometern schreckende Buldir-Riffzone geraten!

Alles versuchte ich, um die nach Süden getriebenen Wellen doch mit einem Südostkurs zu schneiden: Gewicht verlagern, Stellung des Segels optimieren, sogar in Kauf nehmen, daß auf der Seite des Auslegers und der gegenüberliegenden das Boot immer wieder überflutet wurde.

Nichts half – gnadenlos ging es jetzt zum Buldir Reef, wo Tide Rips und Brecherzonen warteten.

Wind und Wellen drückten und zerrten so gewalttätig, als wollten sie das Kajak-Katamaran und mich schon vor den Untiefen erledigen, nur noch Treibgut durch die Riff-Brecher-Mühle schicken.

Es rauschte und zischte rings ums Boot, Wind heulte in den Schnüren, ja sogar in den Haaren pfiff er, die durch den Helm geraten sind und um die Augen flatterten.

Dann konnte ich es hören: Wummern, Donnern, Krachen und Bersten wie bei einem Seegefecht, die Riffzone kam erschreckend schnell näher. Mit dem Fernglas versuchte ich eine rettende Lücke zu erspähen, vielleicht gab es einen Weg, denn das war kein ununterbrochener Riffstreifen, in der Seekarte waren große Lücken eingezeichnet. Es klingt meist schlimmer, als es ist.

Den Blick durchs Fernglas werde ich nie wieder vergessen: Aus Grau und metallischem Oliv tobte und wütete infernalisches Weiß: Das rann an, sprang hoch, spritzte, schlug aufeinander ein, vernichtete sich gegenseitig. Dunkelgrüne Hügel schwellten an, richteten sich wie Seemonster auf, rissen die Rachen auf, bissen und zerrissen sich, zergingen zu Schaum und Gesprühe. Sprühfahnen stieben himmelhoch.

Aber das reichte dieser Hölle dort nicht: Haushohe Wogen erschienen plötzlich aus dem Nichts, da, wo gar keine Wellen auf Untiefen anlaufen. Was für eine satanische Falle!

Zum Glück – als ob ich es geahnt hätte – hatte ich heute doch wieder den Trockenanzug angezogen, da sind Schlaufen, ein Stück Seil und ein Karabinerhaken hängen daran. Ich binde mich rasch mit einem Seil am Boot fest. Ohne Boot war ich verloren, das Seil konnte ich immer noch kappen, falls mich das eigene Fahrzeug erschlagen könnte. Den Helmriemen zog ich an.

Micro-B und Marine Radio waren in Griffweite.

Ich wußte, daß ich dort nie durchkommen würde – höchstens als Hackfleisch. Es half nur ausweichen, weg. Ab nach Nordost und die verdammten Wellen schneiden. Doch der Höllentumult kam weiter näher. Ich arbeitete wie noch nie: trieb das kurze Paddel wie eine Turbinenschaufel in rauschendes und zerrendes Wasser.

Mittlerweile gingen die Brecher haushoch ums Boot. Krachen und Tosen umgaben mich. Das Boot verschwand in Gischt und Schaum. Ich konnte kaum atmen. Es ging auf und ab wie in einem verrückt gewordenen Fahrstuhl. War es aus?

Dann drehte ich auf Nord und fuhr den Wellen direkt entgegen. Für ein paar Minuten nur. Elektrisierend ist es, wenn das eigene Lebensspektrum, Hunderte und Tausende von leuchtenden Linien, zu einem Faden zusammenschrumpft, nur einem glühenden Faden: Paddeln.

Nach Minuten brutalstem Überlebenkampf dröhnte es dann wie weit entfernter Gefechtslärm von Süd, der Todeszone mitten im Ozean.

N 52° 11.748'/ E 176° 28.625' erschien auf dem kleinen Display, dann BRG 98°, RNG 78 km. Glückliche Augen lasen das ab. Kraftlose Hände verstauten ein kurzes Paddel, vertauschten dieses mit einem Doppelpaddel, weigerten sich aber, dieses zu benutzen. Lange focht ich kleine Scharmützel mit dem wild flatternden Segel aus, bis sich ein bunter Bauch prall füllte und das Kajak-Katamaran nach Osten zog. Endlich konnte ich mich entspannen, endlich.

Der Wind wehte längst wieder aus Richtungen um West. Ob er mir geholfen hat, dem Buldir Reef zu entkommen? Ich wußte es nicht, sicher war nur, daß ich, wenn es darauf ankam, lieber paddelte als segelte.

Kalt wurde mir dann, und ich begann Speiseöl, Schokolade und Tee zu schlucken, Vitaminpillen folgten und Kola-Kaffeekapseln. Trotz gutem, mehr Rücken- als Seitenwind, paddelte ich leicht mit, um Körperwärme zu erzeugen. 20 Uhr Hawaii/Aleuten-Zeit las ich vom Chronometer ab, das hieß, ich würde noch einige Stunden Licht haben; Zeit zum Erholen, um Energie zu sammeln für die Nachtfahrt.

Plötzlich schmerzten die Augen. Helligkeit verdrängte Grau und Milchweiß, vormals dunkelgrüne Wogen erschienen nun in hartem Stahlgrau, und oft zeigten sie schneeweiße Ränder und Säume. Die Geräusche des Meeres klangen nicht mehr so alarmierend, gefahrvoll und tückisch. Dafür sah ich jetzt, wie weit die Wellen liefen und wie schnell sie vorwärts stürmten. All das Schleiergehänge, Dunstgeknäuel und die vom Himmel gefallenen Wolken zergingen in pastellfarbenem Hellblau, dann erstarb der Rest in strahlendem Blau, das sich zu einer gigantischen Kuppel weitete: Endlich wieder Himmel. Endlich trennte wieder eine Linie Himmel und Wasser. Ein klares Oben und Unten für die Augen, eine Grenze für das Gemüt, das wieder dankbar und erleichtert aufatmete und eine Welt in Rand und Band begrüßte.

Linie? Falsch, das war ein Kreis. Ich drehte mich zu den Seiten um, blickte zurück. Sehr weit weg lief diese Kreislinie, und darin nichts als endlose Wellen. Meinen ganzen Mut erforderte dies, denn es strahlte nicht nur Grenzenlosigkeit aus – totale Freiheit, sondern Alleinsein, und die Freiheit bekam den Schatten des Verlorenseins.

Also ist der Grenzbereich zwischen Beringmeer und Nordpazifik gar kein dunkelgrüner oder olivfarbener Monsterspiegel, über den Orkane hinwegtoben und nicht enden wollender Regen in abgestürzte Wolken fällt.

7 20 000 Jahre zuvor – zerstörte Eis die Brücke?

Ein gemäßigter Sommer, auch wenn man ihn nicht mit Sommern während der Wisconsin-Eiszeit vergleichen kann, hat und hatte Konsequenzen: Die ersten Amerikaner, die Paläoindianer und später die Na-Dene-Sprachgruppen, konnten fünf Monate nutzen, um mit ihren damaligen Mitteln eine Insel nach der anderen zu entdecken. Eiszeit in den Breiten der Aleuten hieß nicht andauernde sibirische Kälte – auch in Europa hatte das Eis ein strenges Regiment geführt. Aber trotzdem gab es Tier- und Pflanzenarten, die den kurzen Sommer nutzten.

Mammutjäger waren den Tieren gefolgt, von Sibirien nach Alaska – die Landsituation. Warum nicht maritime Jäger von der asiatischen Ostküste den Ottern, Seehunden, Vögeln und Fischen? – Die Seesituation. War die Landbrücke Beringstraße eine typische Landratten-Idee? Um der Tatsache Rechnung zu tragen, daß 71 Prozent der Erdoberfläche von Meeren bedeckt sind und Menschen schon sehr früh anfingen, auch vom Meer zu leben, unternahm ich ja dieses Wagnis.

Der marinen nordischen Tierwelt ist es egal, ob Fels, Sand oder Eis die Küsten säumen. Entscheidend ist die Produktivität der Meeresbereiche, also der Gehalt an Mineralien und Plankton. Außerdem sind kalte Gewässer viel sauerstoffreicher als warme. Man soll sich das Beispiel Glacier Bay an der Westküste Alaskas vor Augen halten. Trotz dramatisch kalbender Gletscher wimmelt es dort von Walen und Seehunden. Sah es vor 20 000 Jahren auf der Nordpazifikseite der Aleuten teilweise so aus wie heute in Glacier Bay?

Irgendwann packte mich der Ehrgeiz, zu zeigen, daß man über die Aleuten auch in der heutigen Form übersetzen kann:

Deswegen war ich nun unterwegs nach Kiska Island, aufgerundet 350 Kilometer. Damit konnte ich zeigen, daß es möglich war, selbst zu heutigen Bedingungen, von den Komandorsky-Inseln, die zu Rußland gehören, nach Attu zu gelangen.

Lachend gestand ich mir ein, eine dreifache Naht zu machen, um sämtlichen Kritikern den Wind aus den Segeln zu nehmen: vulkanische Landbrücke, Eisbrücke und bezwingbarer Wasserweg.

Genügend Spuren ehemals gewaltigen Eises hatte ich bereits auf der Fahrt nach Unalaska an Bord der »Arctic Dawn« gesehen, dann auf Unalaska und rund um Dutch Harbor. Fast überall hatte Eis deutlich sichtbar erodiert, die Berggipfel zerstört, Zacken in ehemals so schön geformte Vulkankegel gesägt, große U-förmige Täler ausgehobelt, dasselbe auf Attu. Überall waren kräftige Gletscher am Werk gewesen.

Vielleicht glichen die Aleuten einmal einem riesigen Eiswall oder einer Eisgirlande? Wie hoch lag das Eis auf den Vulkanen? Aus dem Pazifik, der ja viel wärmer als das Beringmeer ist und war, kamen gewaltige Mengen an Feuchtigkeit wie Nebel und Regen – die Voraussetzungen für eine Eisdecke. Denn Kälte allein läßt noch lange keine Gletscher entstehen. Je mächtiger ein Gletscher wird, desto stärker erodiert er. Hat vielleicht gerade das Eis einen großen Teil der ehemaligen Landbrücke zerstört? Liegen heute nur noch traurige Reste?

Lockergestein oder wenig widerstandsfähige Schichten wurden von Gletschern – wie im Alpenvorland – ausgeräumt. Der Schutt wurde aber nicht wie auf dem Land in Form von Moränen oder Schotterebenen wie im Alpenvorland abgelagert, sondern vom Meer zu Sand verarbeitet und weggespült.

So erwog ich, ob nicht auch das Packeis große Stücke aus der

»Brücke nach Amerika« gerissen hatte. Warum gab es hier so flache Untiefen, aus denen ringförmige, untermeerische Bergstümpfe ragten? Die Berge an der Oberfläche boten das gleiche Tiefenlinienbild: Die kreisförmigen Untiefen und Bergstümpfe waren Vulkanförderschlote – die Ebenen darum die Gebiete, wo Asche aufgehäuft wurde und Lava ausfloß.

Die Vulkanschlote sind aus sehr hartem und zähem Gestein und bieten der Erosion, wie auch in anderen Gegenden sichtbar, Widerstand. Als das Packeis die Landbrücke bedrängte, konnten möglicherweise riesige Schollen sich bewegen und so die lockeren Gesteinsschichten völlig ausräumen. So könnten die weiträumigen Inselschelfe entstanden sein.

Durch die Südwanderung des Windes tanzten und schwappten die vormals nach Ost und Südost laufenden Wellen nun wieder richtungslos, kreuzten sich, sprangen empor, um nach neuen Richtungen auszulaufen. Mein Lieblingswetter, und ich lobte den Wettergott mit allen Kräften.

Wieder einmal hieß es, kaltblütig und berechnend zu bleiben und das bereits Erlernte anzuwenden. Ich reagierte längst nicht mehr auf jede lästige Querwelle, wollte auch nicht mehr um jeden Preis ein Wellensurfen in eine falsche Richtung verhindern, sondern ich versuchte in dem Wirrwarr einen akzeptablen Kurs zu halten.

Immer gelassener ertrug ich Situationen, wenn nur noch mein Oberkörper aus rauschendem weißen Wasser und Schaum ragte und der »Eskimo 17« zum »Yellow Submarine« umfunktioniert wurde. Hin und wieder gab man mir das echte U-Bootgefühl, wenn Wellen über den Kopf schwappten und ich die hiesigen Gewässer aus der Fischperspektive erlebte.

Trotz heftigem Gegenwind war der Zielkurs ziemlich leicht zu halten, nur die Zielannäherung ließ grob zu wünschen übrig. Dafür genoß ich erstklassige Sicht, stechende Sonne, blauen Himmel und damit eine Reflexion im Wasser, daß ich mich fragte, woher denn das Licht kam – schließlich war es bereits kurz vor Mitternacht.

Seevögel besuchten mich, Möwen kreisten, schrien und blieben auf

Abstand. Da gab es Arten – das war mir bereits an Bord der Schiffe aufgefallen –, die schienen selbst auf dem Wasser brüten zu können. Einzeln oder in kleinen Gruppen schwammen sie, flogen auf, kreisten lautlos und landeten wieder. So selbstverständlich schien das, als wäre es das Normalste auf der Welt, als kleiner Vogel mitten auf dem Ozean zu leben. Gelegentlich ließen sich große Exemplare blicken, wundervoll begabte Segler mit Spannweiten größer als Seeadler: Albatrosse.

RNG 65 km – nicht gerade begeistert reagierte ich auf die GPS-Anzeige, ich kroch momentan nur so dahin, obwohl ich wie ein Berserker arbeitete.

»Hoffentlich dreht sich der Wind, hoffentlich...«

Wie lange der Gegenwind dauerte und die anstrengende Paddelei? – Den Rest der Nacht vom 1.7. und den ganzen Morgen des 2.7.94 und während des Vormittags wußten Wind und Wellen wieder nicht wohin. Meine Laune, der Pegel des Gemüts, dümpelte so um 0,00 herum. Am späten Vormittag überfielen mich maßlose Enttäuschung und Müdigkeit, daß ich selbst das der Situation angebrachte Fluchen nicht mehr aufbringen konnte.

RNG 32 km. Diese lächerlichen 33 Kilometer waren höchstwahrscheinlich die härtesten in meinem Leben. Zu spät erkannte ich meinen Fehler, denn ich handelte immer noch aus der »Normal-Kajak-Perspektive« – ich hätte kreuzen müssen, einen Zickzackkurs versuchen sollen, schließlich besaß ich ja ein Segel. Als Entschuldigung rechnete ich mir die Situation zu: allein in den Gewässern der Aleuten zu sein, dann obendrein Müdigkeit, Müdigkeit...

Zähneknirschend, aber hoffnungsvoll fuhr ich später einen Zickzack-Kurs und genoß, wie beachtlich die Entfernung schrumpfte, obwohl ich mir laufend neue, aktuelle Kompaßrichtungen merken mußte. Und als so richtig erfolgsversprechend das Ziel näher rückte, wechselte der Wind abermals die Richtung: um Nord. Aus dieser Richtung ließ er sich nicht mehr ablenken, den ganzen Rest der Fahrt. Was war zu tun? Sollte ich versuchen, gegen Nord zu kreuzen? Paddeln, das wollte ich nicht mehr, schlimmer: *Das konnte ich bald nicht mehr!* Was tun?

Wozu hielt ich diesen Kurs? War denn Kiska Island nicht lang und breit genug, um an die Südspitze zu fahren? Anstatt dauernd einen bestimmten Vulkankegel dort anzupeilen, war es besser, einen Bogen gegen Süden zu machen. Mit unglaublicher Erleichterung ging ich auf neuen Kurs, nutzte den Nordwind und ließ mich auf das dunkle Gebilde mit den Wolken darauf hintreiben.

Der dunkle Fleck mit der weißen Kappe – das konnte nur eines heißen: Land, das muß Kiska sein.

Warum regnete es? Ein paar Wolken trieben sich am Himmel herum – doch woher kam der Regen? Es kam noch besser: Der feine Nieselregen ließ nach, aber dafür wurde es trüber und trüber, klamme Nässe sickerte von überall her. Es ging nun durch eine fahl leuchtende Mehlwolke. Bald begannen sich Formen abzuzeichnen, keine kontrastreichen zwar, aber immerhin so etwas wie Schleier, Knäuel, Bänder und Bänke. Die Küstenkonturen Kiskas verschwanden.

»Wie um Buldir«, fiel mir ein. War dies das typische Aleuten-Insel-Willkommen? Noch besser aufzupassen galt es wieder, das Gehör – mein Radar – mußte den Sichtverlust ausgleichen.

Dort links hörte ich Brandung. So früh? Dann fiel mir siedendheiß ein: Auch hier, besonders vor der oberen Westküste, gibt es Riffe – und in der Seekarte sind Tide Rips eingezeichnet.

Trotz allem, ich mußte einfach befreiend auflachen, etwas diebisch und hämisch klang das – diesmal hatten sich die Wetterverhältnisse und die See selbst ausgetrickst: Ich war auf optimalem, sicherem Landkurs. Den Ärger mit Ausweichen, den Weg durch Riffe und Tide Rips suchen, hätte ich bei einer Landung am Nordende Kiskas gehabt. Ich konzentrierte mich auf die Landung *irgendwo* entlang der Westküste, so wunderbar unverbindlich irgendwo Richtung Süden.

In einem spitzen Winkel – so hoffte ich, da mir das GPS nicht mehr helfen konnte – fuhr ich zur Küste, die sich mehr akustisch als optisch darbot. Längst lag das Spinnaker-Segel geborgen an Deck, unter der elastischen Seilverschnürung gesichert. Rasch galt es zu reagieren, wenn sich eine geeignete Landestelle zeigte; dies gelang mir mit dem Paddel besser.

Die üblichen Begrüßungsabordnungen der Front- und Rückenregionen der Kelpwälder tauchten auf. Sorry, keine Zeit und Interesse für Vögel und marine Säuger.

Seelöwenfreie Klippen erschienen – das Land dahinter ließ sich nur stellenweise blicken: Etwa 10 bis 15 m dunkles Braun mit Grün als Streifen, darüber hing scharf abgeschnitten, wie mit dem Messer abgetrennt, so weit wie ich sehen konnte, eine dichte Nebel-Wolkenbank. Der braungrüne Streifen wurde obendrein immer wieder von ziehenden Schleiern, Knäueln oder fallendem Gewölk verdeckt.

Endlich gab das ärgerliche Dunstgespinnst ein Stückchen Küste frei, das man als Bucht interpretieren konnte. Im Kelp wogte es nur sanft auf und ab, rasch griff ich zum Fernglas und fand eine Bucht. Etwas Kies gab es auch, es sah nach passablem Strand aus. Mit allen noch verfügbaren Kräften trieb ich das schwere Kajak-Katamaran darauf zu.

Wie lästig jetzt der Braunalgenteppich bremste, wie oft doch meterlange Algenschnüre sich um das Paddel wickelten, widerwillig abrutschten und mir dabei Wasser ins Gesicht spritzten, der Ausleger bremste nun zusätzlich.

Dann verlor ich die Bucht aus den Augen.

Fluchend kämpfte ich mich die gleiche Richtung weiter durch den meterdicken und dichten Algenfilz. Zum Glück hatte ich mir eine Kompaßpeilung gemerkt. Bevor eine Schimpfkanonade gegen die Küste prasselte, erinnerte ich mich, daß ohne den schützenden Kelpgürtel die wütenden Brecher eine Landung völlig unmöglich machten.

Dann: Die letzten Blöcke vor dem Kiesstreifen lagen hinter dem Boot. Endlich, ich konnte es kaum glauben – endlich steckte das »Yellow Submarine« fest und keine Welle konnte es mehr bewegen.

Wie mühsam war es auszusteigen. War ich unterhalb den Hüften taub, verkrampft – waren Beine und Füße eingeschlafen? Gequält schälte ich mich aus dem engen Boot, setzte mich auf die Kante und legte die Beine auf das Trampolinnetz des Auslegers und massierte sie.

Was tat noch weh? In abgekürzter Form: Alles! Mein Körper oder

3

4

5

6

7

8

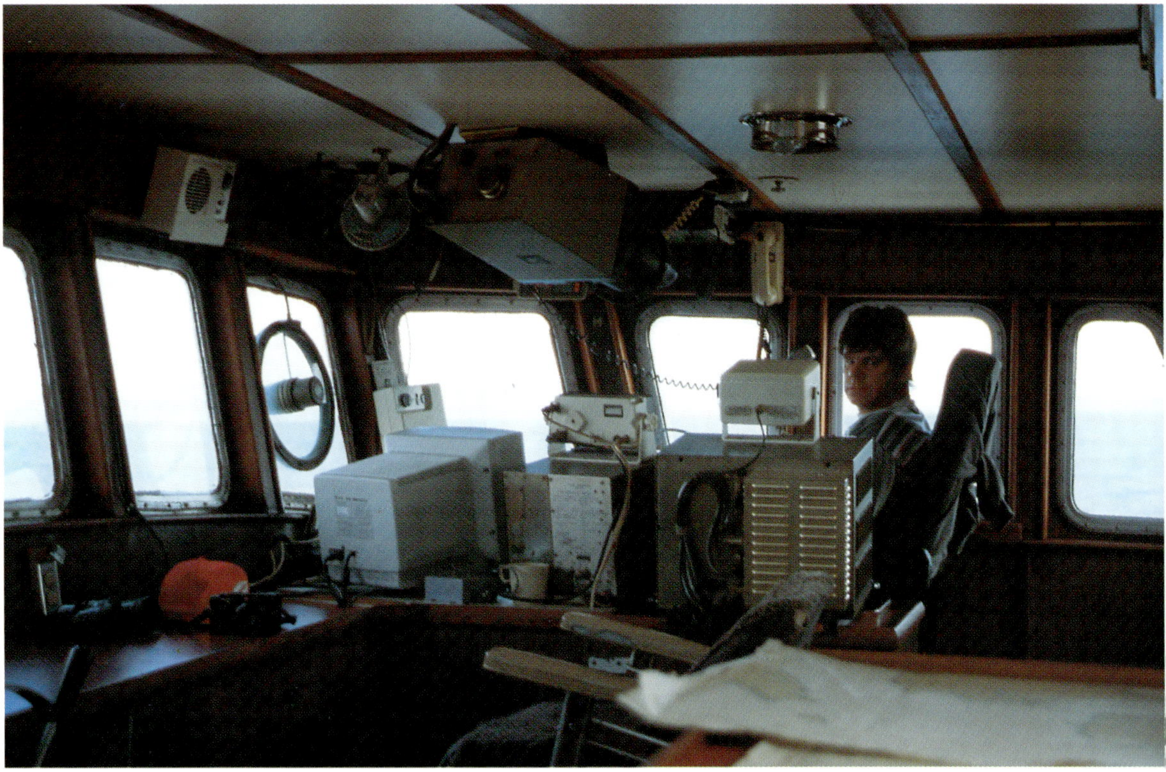

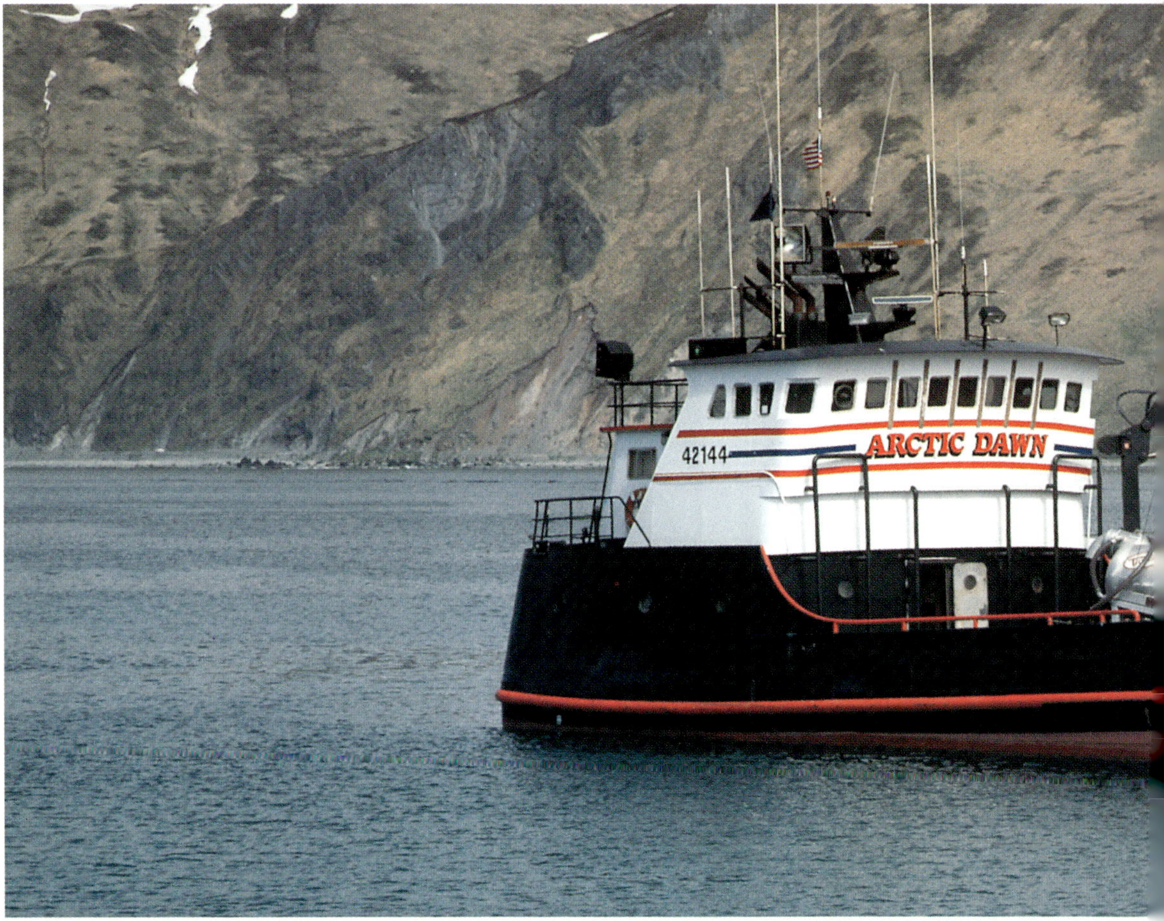

9

10

11

1 Training im Scirocco bei Windstärke 6–7.

2 Aufsteigender Seenebel im Unalga Pass.

3 Start in Seattle.

4 Fischerei-Hafen Seattle.

5 Crew der MV »Arctic Dawn«: Jim Foliart, Frank Speigel, Chris Lindemann, Robert Jones.

6 Wheelwatch, Robert steckt Kurs ab.

7 Deckhand, später Koch, Autor.

8 Captain Jim im Steuersitz

9 Vorderdeck als Wellenspielplatz.

10 MV »Arctic Dawn«.

11 Unheimliche Schönheiten: die Aleuten.

12

13

15

16

18

19

22

23

24

25

26

28

29

30

31

32

25 Crew der MV »Platonida«: Patrick, Ken, Jason, Autor, Eddy.

26 Der neue Arbeitsplatz, Deck der »Platonida«.

27 Dorsch-Fang, Köder für King Crabs.

28 Ken im Seilkasten.

29 Stapeln der Crab Pots.

30 Auslegen der Pots.

31 Patrick markiert Bojen.

32 Interessantes Bootshaus, »Platonida«.

33 Das Tor zum Beringmeer, Patrick, Bob, Juan.

34 Abgenabelt zur »500 Mile Nightmare«.

35

36

38

39

40

41

44

35 Abraham Bay im Visier.

36 Erste Landung auf einer Aleuteninsel, Attu.

37 Allein zwischen Nordpazifik und Beringmeer.

38 Agattu Island in Sicht.

39 Sicherheit im Kelp.

40 Sicht auf Buldir Island.

41 Buldir, Strand.

42 Kiska Island.

43 Lager auf Kiska.

44 Zurück nach Attu, 3 $^{1}/_{2}$ Tage nonstop auf See.

45

46

47

48

49

50

51

52

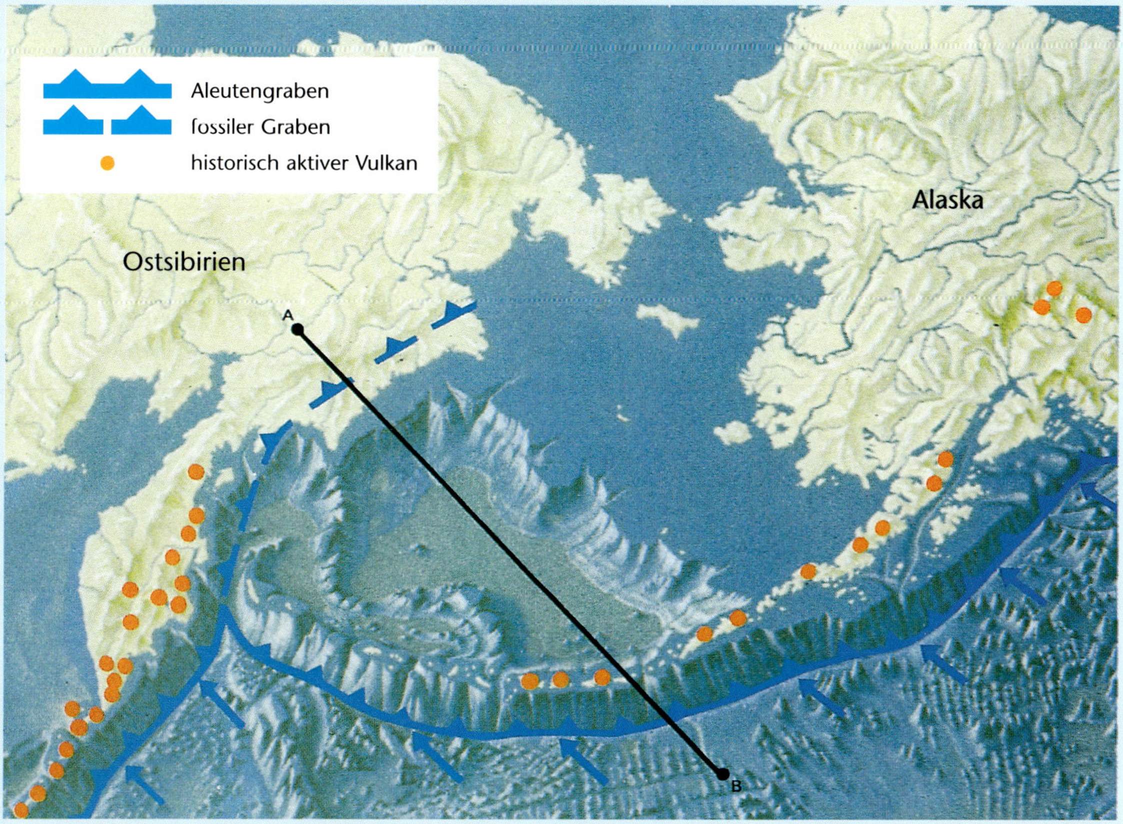

Aleutengraben
fossiler Graben
historisch aktiver Vulkan

Alaska

Ostsibirien

A

B

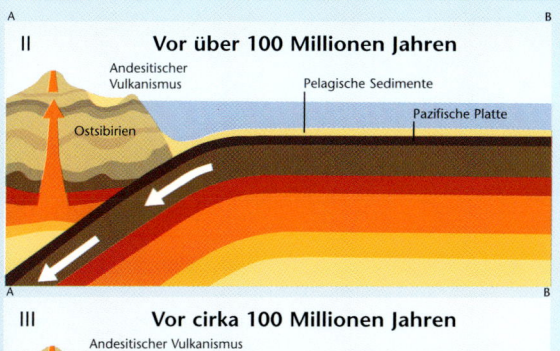

Vor über 100 Millionen Jahren
II
Andesitischer Vulkanismus
Pelagische Sedimente
Pazifische Platte
Ostsibirien

Vor cirka 100 Millionen Jahren
III
Andesitischer Vulkanismus erlischt in Sibirien
Abtauchen der Ozeanplatte verlangsamt sich und kommt zum Stillstand
Ozeanische Kruste senkt sich ein, ein neuer Tiefseegraben entsteht

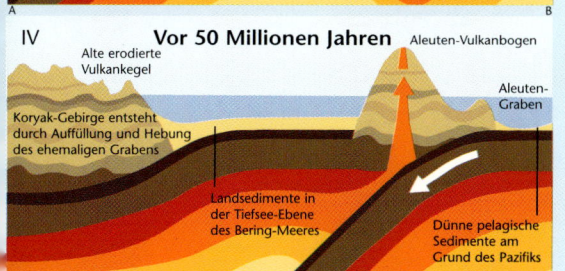

Vor 50 Millionen Jahren
IV
Alte erodierte Vulkankegel
Aleuten-Vulkanbogen
Aleuten-Graben
Koryak-Gebirge entsteht durch Auffüllung und Hebung des ehemaligen Grabens
Landsedimente in der Tiefsee-Ebene des Bering-Meeres
Dünne pelagische Sedimente am Grund des Pazifiks

I Profil durch die Küste Ostsibiriens, Beringmeer-Tiefseebecken, Aleuten-Inseln und Aleuten-Graben.

II Subduktionszone liegt vor Sibirien. Pazifische Platte untertaucht Küste Sibiriens (Eurasische Platte). Es herrscht aktiver andesitischer Vulkanismus in Ostsibirien.

III Subduktionsprozeß in Ostsibirien kommt zum Stillstand. Statt dessen senkt sich süd-östlich weit von der Küste entfernt die ozeanische Kruste der Pazifischen Platte ein. Ein neuer Tiefseegraben, eine neue Subduktionszone entsteht.

IV Während durch Faltung und Hebung des ursprünglichen Tiefseegrabens das Koryak-Gebirge entsteht, wird die neue Subduktionszone aktiver. Aufgeschmolzenes Material der Pazifischen Platte steigt auf und bildet den Aleuten-Vulkanbogen. Der Aleuten-Tiefseegraben senkt sich tiefer ein.

52a

54

45 Wieder gelandet auf Attu.

46 Restaurant at the End of the World.

47 Michael Churchouse, »Shantung«.

48 Judy Churchouse, »Shantung«.

49 David Churchouse, »Shantung«.

50 George, »Shantung«.

51 Flying Dutchman alias »Shantung«.

52 Wellen so weit weg!

52a Profil der Aleuten.

53 Atka, Aleuten-Siedlung.

54 Simeon Snigaroff, der Unangan.

55 Von seinen Vorfahren haben wir's gelernt, Simeon im Kajak

55

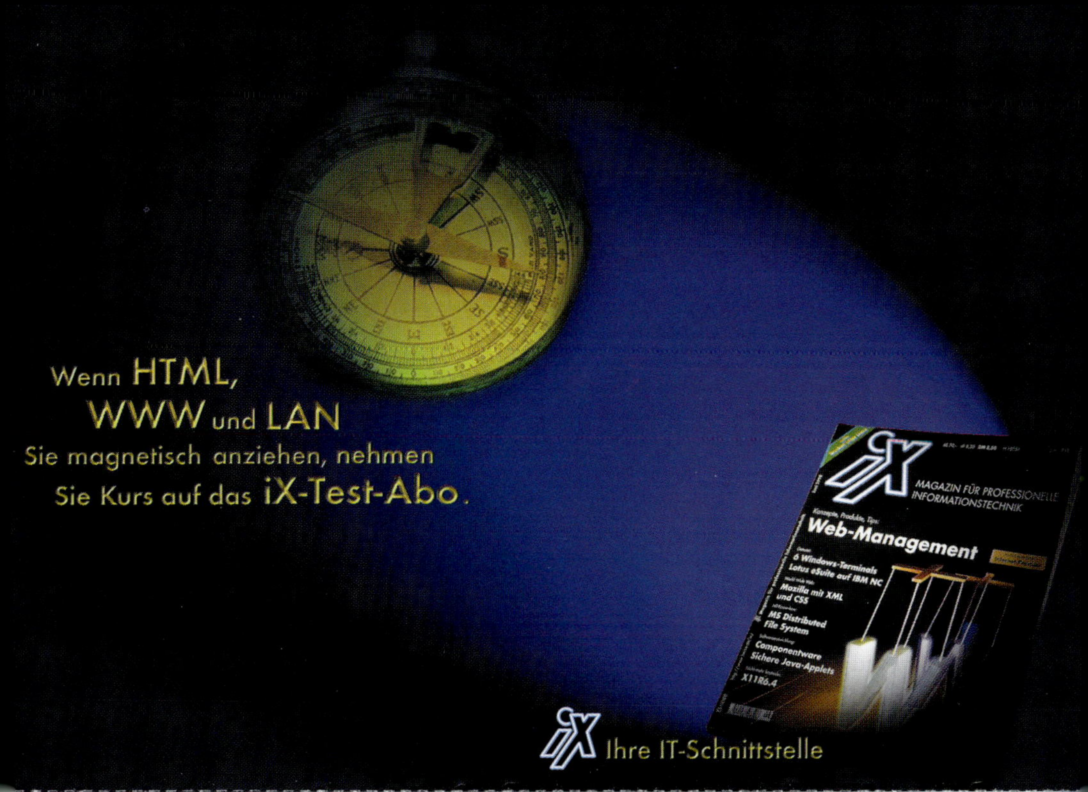
Wenn HTML,
WWW und LAN
Sie magnetisch anziehen, nehmen
Sie Kurs auf das iX-Test-Abo.
iX
MAGAZIN FÜR PROFESSIONELLE INFORMATIONSTECHNIK
Web-Management
6 Windows-Terminals
Lotus eSuite auf IBM NC
Mozilla mit XML und CSS
MS Distributed File System
Componentware
Sichere Java-Applets
X11R6.4
iX Ihre IT-Schnittstelle

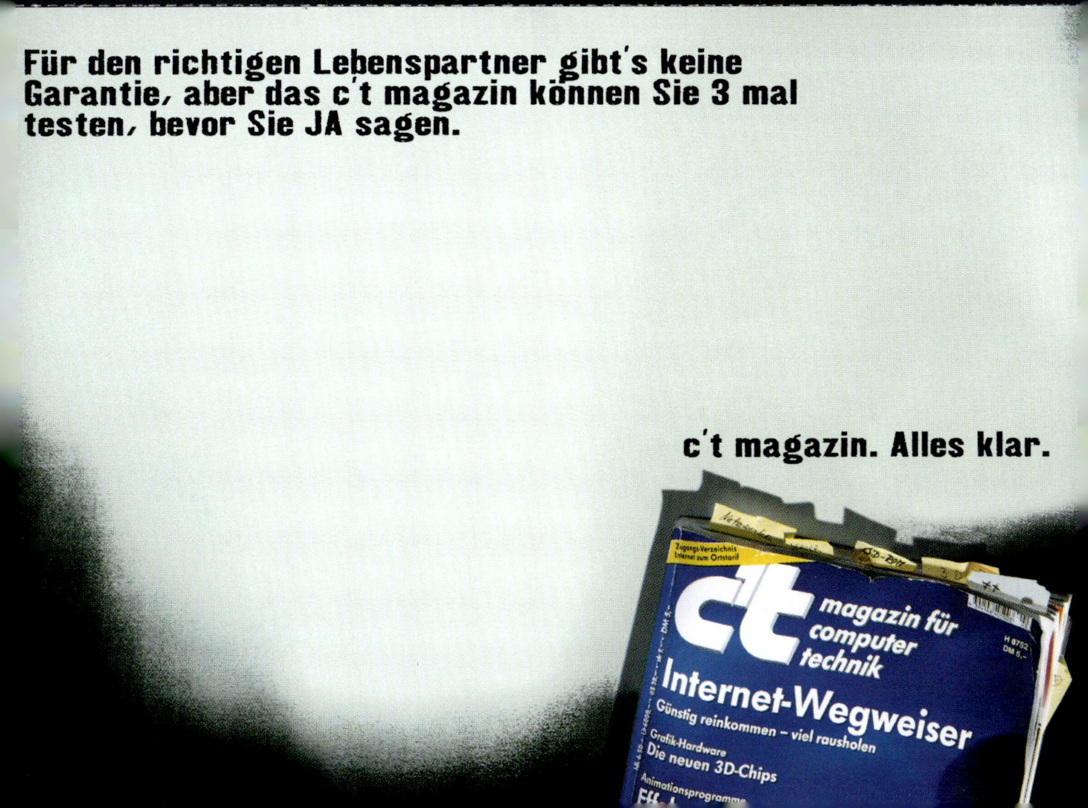
Für den richtigen Lebenspartner gibt's keine Garantie, aber das c't magazin können Sie 3 mal testen, bevor Sie JA sagen.
c't magazin. Alles klar.
c't magazin für computer technik
Internet-Wegweiser
Günstig reinkommen – viel rausholen
Grafik-Hardware
Die neuen 3D-Chips

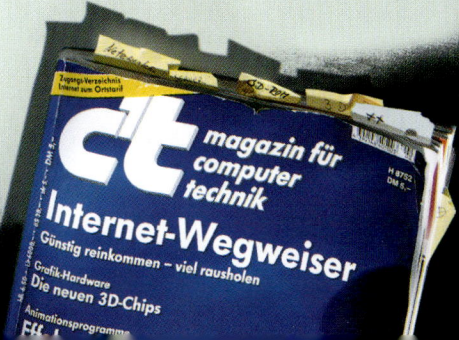

𝕏 – das Magazin für professionelle Informationstechnik.
3 Ausgaben für nur 20,– DM statt 25,50 DM im Einzelverkauf.
Wenn ich nicht spätestens 10 Tage nach Erhalt des zweiten Heftes das Test-Abo schriftlich
abbestelle, erhalte ich weiterhin jede Ausgabe per Post.

Nach Ablauf des Test-Abos gilt:

☐ **Ich möchte das iXabo+!**
Zusätzlich zu meinem iX-Abo erhalte ich die Jahres-Archiv-CD-ROM. Die erste CD, die ich im
Rahmen meines Abos erhalte, wird die des Jahres 99 sein (liegt der iX 1/2000 bei). Das Abo
läuft mind. ein Jahr und ist danach jederzeit mit Wirkung zur übernächsten Ausgabe kündbar.
Das Jahres-Abo kostet im Inland 104,90 DM und im Ausland 112,90 DM. Das Studenten-
Abo kostet im Inland 89,90 DM und im Ausland 96,90 DM (bitte Nachweis beifügen).

☐ **Ich möchte das iX-Standard-Abo!**
Das Abo ist jederzeit mit Wirkung zur übernächsten Ausgabe kündbar. Mit Geld-zurück-
Garantie! Das Jahres-Abo kostet im Inland 90,– DM und im Ausland 98,– DM. Das
Studenten-Abo kostet im Inland 75,– DM und im Ausland 82,– DM (bitte Nachweis beifügen).

✗

Datum   Unterschrift
Widerrufsrecht (gilt ab Vertragsabschluß): Mir ist bekannt, daß ich diese Bestellung innerhalb von 8 Tagen
beim Verlag Heinz Heise GmbH & Co KG, Helstorfer Str. 7, 30625 Hannover, widerrufen kann, und
bestätige dies durch meine zweite Unterschrift. Zur Wahrung der Frist genügt die rechtzeitige Absendung.

✗

Datum   Unterschrift   5327
Bitte beachten Sie, daß zur Bearbeitung beide Unterschriften nötig sind.

Name/Vorname

Straße/Postfach

PLZ/Ort

Bestellung auch über http://www.heise.de/abo oder Tel.: 0 51 37/88 20 00

Antwortkarte

Verlag Heinz Heise
Zeitschriften-Vertrieb
Postfach 61 04 07

D-30604 Hannover

---

c't–meistabonnierte Computerzeitschrift in Deutschland (lt. IVW III/98).
Schnupperangebot: 3 Ausgaben für nur 10,– DM statt 15,– DM im Einzelverkauf.
Wenn ich nicht spätestens 10 Tage nach Erhalt des zweiten Heftes das Test-Abo schriftlich
abbestelle, erhalte ich weiterhin jede Ausgabe per Post.

Nach Ablauf des Test-Abos gilt:

☐ **Ich möchte das c't-plus-Abo!**
Zusätzlich zu meinem c't-Abo erhalte ich die Jahres-Archiv-CD-ROM. Die erste CD, die ich im
Rahmen meines Abos erhalte, wird die des Jahres 99 sein (liegt der c't 2/2000 bei). Das Abo läuft
mindestens ein Jahr und ist danach jederzeit mit Wirkung zur übernächsten Ausgabe kündbar.
Das Jahres-Abo kostet im Inland 129,70 DM und im Ausland 145,70 DM. Das Studenten-Abo
kostet im Inland 112,20 DM und im Ausland 128,20 DM (bitte Nachweis beifügen).

☐ **Ich möchte das c't-Standard-Abo!**
Das Abo ist jederzeit mit Wirkung zur übernächsten Ausgabe kündbar. Mit Geld-zurück-Garantie!
Das Jahres-Abo kostet im Inland 117,– DM und im Ausland 133,– DM. Das Studenten-Abo kostet
im Inland 99,50 DM und im Ausland 115,50 DM (bitte Nachweis beifügen).

✗

Datum   Unterschrift
Widerrufsrecht (gilt ab Vertragsabschluß): Mir ist bekannt, daß ich diese Bestellung innerhalb von 8 Tagen beim
Verlag Heinz Heise GmbH & Co KG, Helstorfer Str. 7, 30625 Hannover, widerrufen kann, und bestätige dies durch
meine zweite Unterschrift. Zur Wahrung der Frist genügt die rechtzeitige Absendung.

✗

Datum   Unterschrift   5327
Bitte beachten Sie, daß zur Bearbeitung beide Unterschriften nötig sind.

Name/Vorname

Straße/Postfach

PLZ/Ort

Bestellung auch über http://www.heise.de/abo oder Tel.: 0 51 37/88 20 00

Antwortkarte

Verlag Heinz Heise
Zeitschriften-Vertrieb
Postfach 61 04 07

D-30604 Hannover

56

57

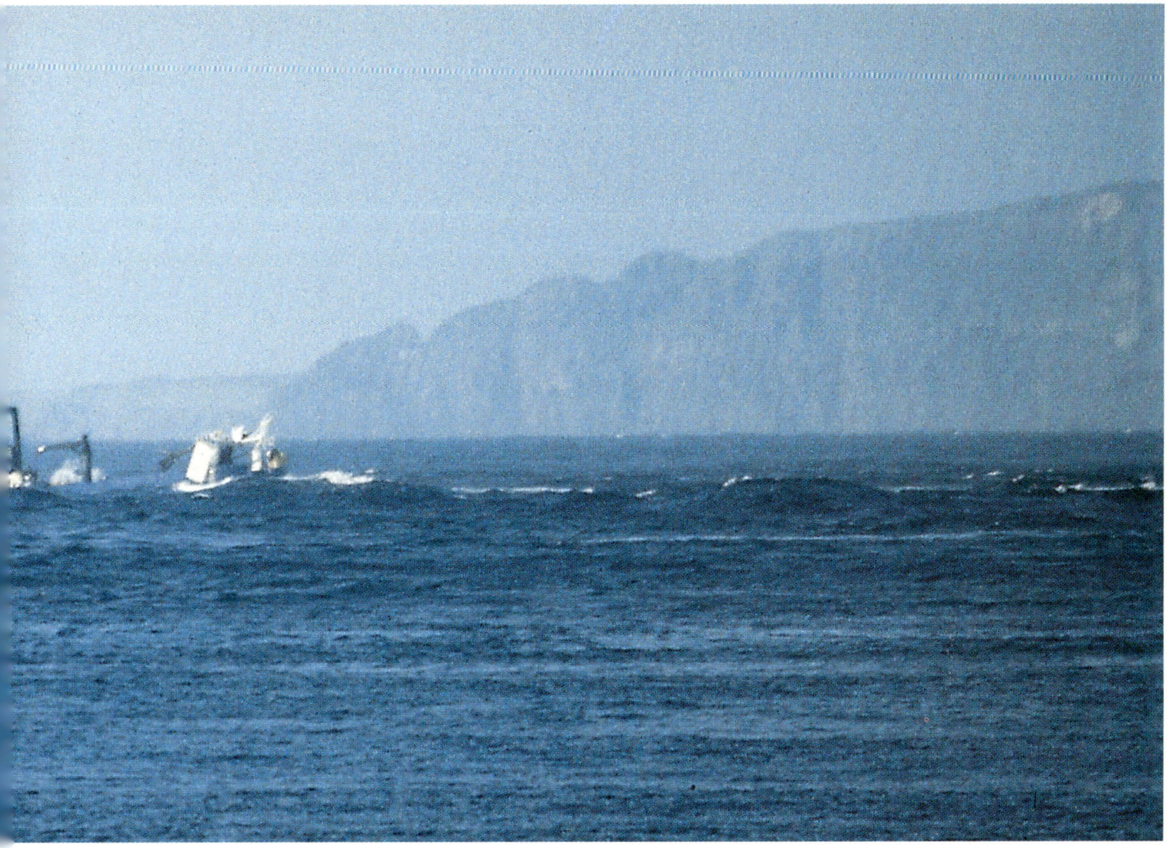

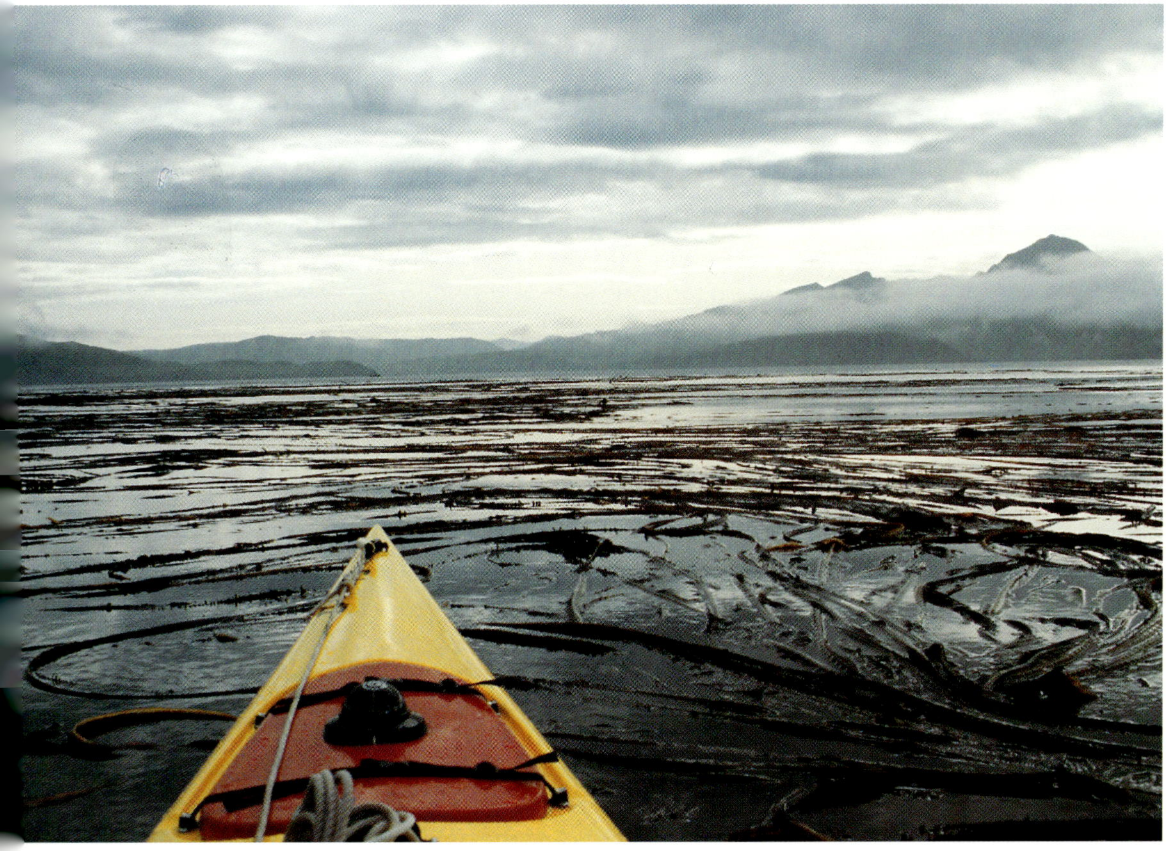

64

das, was davon noch übrig war, mußte so etwas wie ein Schmerz-bündel sein. Wie ein Rheumakrüppel, wie ein schwer angeschos-senes Tier krauchte ich auf allen vieren über die letzten Blöcke zum Kiesstreifen, blickte rasch um mich und legte mich dann einfach auf den Rücken. Wie unsagbar sympathisch doch bloße Steine im Kreuz sein können.

Nach einiger Zeit raffte ich mich, so gut es ging, auf, latschte tor-kelnd zum Boot, zerrte es stöhnend zur ersten Terrasse des Kiesstrei-fens hoch, band es an einem großen, länglichen Stein fest, legte noch andere Steine auf den Ankerstein.

Mit einem Rest von Neugierde griff ich nach dem GPS, versuchte mit gefühllosen, heillos klammen Fingern die Positionstaste zu drücken – nach mehreren Fehlversuchen: N 51° 57.250'/ E 177° 19.500'. Etwa 350 km offene See hatte ich bezwungen. Niemand vor den Aleuten-Jägern hatte dies geschafft – doch ich war zu erschöpft, um mich zu freuen.

Das Zelt aufzustellen war jetzt dringend notwendig, also kramte ich es aus der vorderen Ladeluke des Kajaks hervor. Jetzt aufstellen! – Ich konnte nicht mehr. Ein Haufen aus vertrockneten Algen, Schwämmen, Anemonen und ähnlichem fiel mir auf – darauf tapste ich zu. Ich entfaltete das Zelt, legte mich auf den Haufen und deck-te mich damit zu.

In einem Zelt erwachte ich. Vage Erinnerungen an ein Wesen, das mir irgendwie ähnelte, sickerten in ein nebeldünnes Bewußtsein, das eigentlich lieber im Nichtsein weilen wollte, das Kiska-Gefühl vom Morgen des 3.7.94. Dieses Wesen hatte es irgendwie fertigge-bracht, das Zelt aufzustellen, nachdem es ihm auf einem Strandgut-haufen zu ruhen nicht mehr gefiel.

Seewasser drang durch winzige Bohrungen der Befestigungsschrau-ben für Ausleger, Mast und Kammerteile, dies bedeutete für mich langsames Ausfrieren, Hypothermia. Der Benzinkocher leckte, stell-te eine potentielle Bombe dar, im kleinen Zelt wurde nichts trocken – das dafür vorgesehene Zelt stand als Ruine auf Attu; und ich hatte nichts Trockenes mehr zum Anziehen. Die nächsten Inseln östlich Kiskas waren unbewohnt. So wieder zurück nach Dutch Harbor? –

Es wäre Wahnsinn gewesen, ich beschloß, nach Attu zurückzukehren und mich endlich bei der Loran Station und Commander Baldwin zu melden.

Ich programmierte das GPS, aß und trank, was ich nur konnte, betrieb Gymnastik und Yoga studierte Wellenrichtungen und Wolkenformationen und suchte den Horizont nach eventuellen Sturmzeichen mit dem Fernglas ab.

Obendrein konnte ich auch noch einen neuen Rekord aufstellen, meinen eigenen brechen – 350 km offenes Meer in einem Stück auf den Aleuten im Seekajak.

Es galt, den um Ost pendelnden Wind zu nutzen, dorthin, jenem und diesem ausweichen, dies und das nützen, durch Schlupflöcher preschen, Segelfläche mit Nylon-Zeltplane vergrößern. Wie das losging, dahinjagte, ja raste.

Zeiten gab es, da jagte ich etwas langsamer dahin – dann wurde Teekonzentrat getrunken, Öl geschluckt, Schokolade eingeworfen, Kola-Kaffee-Einheiten nachgeschoben. Nein, gespart wurde nicht, aber auch nicht sinnlos gepraßt. Die Portionen und Einheiten waren großzügig, sogar die Multivitaminpillen mit Mineralien und Spurenelementen gingen wie Bonbons in den Magen.

Mein neu entfachter Wille ließ peilen, Kursrichtung von Seekompaß und Marschkompaß vergleichen oder ersetzen, ließ das GPS kaum zur Ruhe kommen, sorgte dafür, daß immer wieder frische Batterien eingelegt wurden. Sonnenbrille wechselte mit Fernglas, normale Brille und Stirnlampe mußten dienen, wenn es zu dunkel wurde.

Gehör, Sicht und Balancegefühl verbesserten sich – manchmal agierte da ein Sinn, der Gefahren ortete, ahnte und dies sofort meldete. Ich verwandelte mich in einen Automaten, programmiert auf ein Ziel: durch!

Stunden, tagelang ging es so weiter, ohne Unterbrechung, ohne Pause. Nie ließ dieser alles umgreifende, alles steuernde geistige Zustand nach. Wenig Erinnerungen habe ich daran, und diese Erinnerungen sind eher Bemühungen meiner Phantasie, um die Erinnerungslücken – modern ausgedrückt: Filmriß – zu erforschen, erhellen und aufzufüllen – dreieinhalb Tage in Trance.

Ich erwachte an der Südküste Attus. Die normale Welt schrieb den 6.7.94, es war 22 Uhr Hawaii/Aleuten-Zeit. Hell war es auf See. An einer majestätisch weiten Kreislinie trafen strahlendes Azur und gleißendes Silber zusammen, klar zu sehen, einfach zu verstehen; und doch war es nur eine Linie im Kopf: Es gibt sie – und es gibt sie nicht.

Urweltliche Feuerberge, schwarze, zerrissene Abgründe, Schluchten, aus denen weißes Wasser stürzt, zerrissene Klippen, zersägte Grate, zerrissene Kegelspitzen, zerrissene Tangfetzen im wogenden Wasser. Es erinnerte an Ultima Thule, das Ende der Welt, eine Nahtstelle zwischen Midgard und Udgard, der Vorhof der Aasenburg. Von dort, aus der Bucht mit den moosgrünen Klippen und Hängen, von dort müßte das letzte Drachenboot kommen, ein schwarzes Schiff mit blutroten Segeln, beladen mit toten Kriegern, es würde mich mitnehmen...

Das dort – das ist von einer anderen Welt: schreiende Felsen, brüllendes Wasser, umhergetriebene Tangfetzen, Vogelschwärme, die aus dem Grauweiß in strahlendes Hell auftauchen, um auch gleich wieder zu verschwinden. Pendeln sie zwischen unterschiedlichen Welten?

Schlagartig erwachte ich, überall tobte und wütete es. Ich war nicht in Abraham Bay. Es gab nur noch nebelverhangene, gischtumsprühte Klippen. Zu meinem Entsetzen erkannte ich, daß ich mit der Flut in die ausgedehnte Untiefenzone von »Massacre Bay« gelangt war. Was sagte das GPS? Noch 4,6 km zur Loran Station, 4600 m Hölle. War ich dreieinhalb Tage ununterbrochen gefahren, über 350 km, um hier zu enden?

Die Gischt der Brecher war so hoch und so stark, daß sich ein Regenbogen wie bei einem Wasserfall bildete. Vor einer messerscharfen Killerklippe lag eine tote Möwe im Wasser, drehte sich mit dem gehäckselten Kelp im Kreise. Plötzlich, nur wenige Meter hinter mir, tauchten Seelöwen auf und starrten mich an. Sie entschieden, wie nahe sie mir sein wollten.

»Da kann man nicht rauskommen, unmöglich. Das ist bei klarer Sicht schon schlimm genug. Die einzige Hoffnung: Los, ruf die Loran Station an: VHF, Channel 16!

Loran Station, Loran Station, Loran Station, this is kayak expedition!« Zweimal, dreimal – nichts, nur das übliche Rauschen dringt aus dem Lautsprecher des Marine Radio. Später erklärte man, daß sie Channel 16 gar nicht abhören, nur 22 ...

Ich umfuhr das Ärgste und steuerte wieder zurück zum vorgelagerten Gezeitenmahlwerk, ignorierte einfach die Brecher, drei Meter Abstand mußten genügen.

23 Uhr, eine Stunde nur Brecher, Klippen, Untiefen – ja hörte denn das gar nicht mehr auf?

Plötzlich sah ich einen Seeotter – er schwamm durch diesen Horrorkanal. Dann blieb er auf einem zusammengepreßten Wogenkamm. Es müßte genügend Spielraum sein – es könnte auch für das »Submarine« reichen. Aber für den Ausleger würde es knapp.

Ein häßliches Ächzen durchdrang die Brandungsgeräusche. Ich hörte mich brüllen: »Zieh den Arsch ein, der Boden fliegt jetzt raus!«, und ich fand mich damit ab, in einem Wrack zu landen. Aus, Expedition zu Ende.

VI Erwachen im Restaurant
am Ende der Welt

Auf Attu Island liegt es, der westlichsten Insel der Aleuten-Kette, dort, wo schon mit östlicher Länge gemessen wird. Hinter Attu, also im Westen, gibt es kein Land mehr, das zum Einflußbereich des Westens gehört, zu den USA, die von Attu aus gesehen, im Osten liegen. Noch schlimmer: Es liegt jenseits der Datumsgrenze.

Von den Komandorskiye Ostrova, den Komandorsky-Inseln und dort zur Mednyy-Insel, die im Westen von Attu liegt, sind es 179 Seemeilen, also 332 km weit.

Wir leben im Satelliten-Navigationszeitalter, daher für alle diejenigen, die es ganz genau wissen möchten: Das Restaurant am Ende der Welt liegt E:173° 09.500'/ N:52° 48.400'.

Es liegt an der Südostflanke eines erloschenen Vulkans, dessen Gipfel von Gletschereis stark mitgenommen wurde. Während die Süd- und Südwestflanke sanft, ähnlich einem Hawaii-Vulkan, zum Meer zieht, fällt der Südost-Teil in steilerem Winkel. Begrünt sind beide, voller Moose und Gräser, niedriger Büsche sowie liegender Zwergbäumchen, und im Sommer prunken dutzenderlei Blumen und Kräuter. Von der Rückseite des Lokals aus gesehen (nach Westen) stürzt ein Wildbach durch die langgezogene Schlucht. Schnee leuchtet noch im Sommer auf dem Gipfel, wie auch auf den Bergen der Südküste Attus, die man bei gutem Wetter bewundern kann.

Blickt ein von der Landschaft verzauberter Besucher vor dem Eintreten noch einmal zurück nach Osten, so verfolgt er die ruhig fließenden Linien der sich sanft zur Küste wölbenden Hänge. Die Küste aber ist alles andere als ruhig; Buchten mit Sand- oder Geröllstränden kerben sie ein, und diese werden wieder von Klippen und Felsen zerrissen. Nach Norden, gesäumt von einem eleganten, weiten Bogen, blinken die von einer niedrigen Landzunge abgetrennten Wasser der Cascoo Bay. Tritt man etwas weiter aus dem Eingang heraus und sieht in die gleiche Richtung, dann fällt einem eine große Bucht auf, aus der Masten ragen, Lichter blitzen und dumpfe Motorengeräusche durch die Stille Attus dringen. Dort betreibt die US Coast Guard die neue, so weltab einsam gelegene Loran Station.

Es blüht und wuchert nur so um das Gebäude, kniehoch lediglich, Bäume gibt es ja nicht. Wer noch mehr Blumen sehen will, verläßt den Eingang zur rechten Gebäudeseite – dort dehnen sich blütenübersäte Tundrenlandschaften, aus denen kleine Seen und Teiche blinken.

Der Südwesten wird von einer schmalen Hügelkette gebildet, diese verstellt auch die Aussicht zum Meer, wenn man geradeaus und etwas nach rechts blickt – schade, denn diese Küste ist die schönste der nahen Umgebung.

Gar nicht so selten erkennt man fast überhaupt nichts, es beschleicht einen das Gefühl, als stecke man in einer matten, sehr trüben Milchglasbirne oder es wäre eine große dichte Wolke vom Himmel gefallen. Aber dies ist nicht unbedingt negativ, denn: All der dahinrottende Krempel aus dem Zweiten Weltkrieg wird dann wenigstens zeitweise weggeräumt. Überall ragen angenagte Masten, Pfähle, hängen traurig Drähte, blockiert verrosteter Schrott, sperren überwucherte Fundamente von Halb- und Viertelruinen. Da vergammeln Generatoren, Fässer und Riesentanks, irgendwelche Behälter und Einrichtungsgegenstände. Vorsicht hier, Vorsicht dort, auf Schritt und Tritt behindert und gefährdet Rostzerfressenes, Kabel, Leitungen, morsches Gebälk und Glas. Überall? Leider ja, so weit das Auge reicht.

Doch zum Glück erhebt sich die Landschaft Attus so gewaltig, großartig und atemberaubend, daß die lästigen Spuren der Kriegsvergangenheit nur als ungeschickte, plumpe Schattierungen eines wenig begabten Malers bleiben.

Jedoch an einen T-förmig gebauten, einstöckigen, etwa dreißig Me-

134

ter langen Aufschrei in grauem, bröckelndem Beton, mit blinden Fenstern und unheilschwangeren Schrottinstallationen muß sich ein Besucher des Restaurants gewöhnen: die alte Loran Station.

Und das ist die Lokalität? – Nein, zum Glück nicht. Die liegt etwa 300 m davon entfernt, zur Flanke des Berges hinauf gelegen. Ein architektonisches Glanzstück ist es nicht, nur eine grüngrau gestrichene Baracke, so fünf mal zwanzig Meter messend, einstöckig mit Flachdach und überbautem Eingang.

Buchten, Berge, Hügel und Strände – fast gar kein richtiges Ende-der-Welt-Gefühl. Gewöhnt war ich wohl schon daran – der Blick nach Osten schreckt noch den Kleinbootfahrer: Aus dieser Richtung tobt das Beringmeer in die große Bucht, bricht sich dann wirklich sehr eindrucksvoll vor der Klippenzone der »Massacre Bay«, bevor es die kleineren Buchten und Strände heimsucht.

Jetzt wissen Sie, wie man ins Lokal gelangt – aber, vielleicht interessiert es Sie auch, wie ich hierher kam?

Nachdem ich wie im Traum gelandet war, muß es mir doch tatsächlich irgendwie gelungen sein, automatisch sozusagen, das Zelt auf trockenem Sand aufzustellen. Einige hübsch bemooste Klippen lagen im Meer, sonst war die flache und ruhige kleine Gezeitenbucht nur mit Algen und Steinen bestückt. Ein kleiner Traumhafen, ein Stückchen Himmel in der Hölle.

Quellen flossen über einen Sandstrand ins dahinplätschernde Meer. Kniehohes Schilf wucherte nur so auf der grünen Landterrasse, die etwa eineinhalb Meter über dem Sandstrand lag.

Auf diesem wundervoll flachen Sandstrand, bedeckt mit Muschel- und Schneckenschalen, bunten Steinchen, ein paar Seeanemonen, lag das gelbrote Auslegerkajak, fertig gepackt, außer dem roten Packsack, der auf die Heckluke sollte, aber mit montiertem Segelmast, auf dem ein Piratenfähnchen flatterte.

Schön war es hier – nur der Besitzer des merkwürdigen Bootes hatte Probleme mit »Filmrissen«, merkwürdigen Erinnerungen, die er lieber noch nicht hochkommen ließ.

Das Inselspringen von Attu, Abraham Bay nach Agattu, Buldir und Kiska hatte das Äußerste gefordert, doch die Strecke zurück – in ei-

135

nem Stück und fast vier Tage nonstop hatten das Äußerste über-
schritten. Postschockpsychosen, die er nun in die Zukunft projizier-
te. Zustände also, bei denen man besser nicht allein ist...
Ich sah Masten. Schnell erreichte ich die Uferkante. Da – ein Weg
und: frische Reifenspuren. Ich lief den Weg entlang, und das Boot
blieb doppelt fest angebunden zurück. Dort: geknickte Lupinen.
Lange Strecken schlängelte sich der Weg durch grüne Hügel-
landschaften. Ich begann zu laufen. Der Weg zog sich – ich lief
schneller. Vorbei ging es an Ruinen aus dem Zweiten Weltkrieg.
Egal, dort mußten Leute sein – die Reifenspuren waren frisch.
Endlich: Die Loran Station tauchte in der Ferne auf. Noch schneller
lief ich. Wie viele Stunden war ich wohl im Kajak gewesen, hatte
vergeblich das Marine VHF Radio benutzt – und jetzt war ich da, wo
ich sein wollte, nein, mußte.
Ein Holzgebäude tauchte auf, aus Fensterreihen drang Licht, ein
Geländemotorrad und zwei Fahrräder standen im Hof.
Dann öffnete ich die Tür. Wetteranzüge hingen im Flur. Noch eine
Tür, ich klopfte an.
Eine Frau und zwei Männer wollten ihren Augen nicht trauen. Auf
der entlegendsten Insel, Zutritt nur mit Sondererlaubnis, da stand
einer plötzlich in einem merkwürdigen blauen Kombianzug, bunte
Mütze auf dem Kopf und grinste: »Hi, man from the moon.«
Wir stellten uns einander vor. Ich konnte schon noch in mensch-
liche Augen sehen – doch etwas bannte meinen Blick.
»Nimm dir, so viel du willst – das alles ist übrig, wir haben schon ge-
gessen, wirklich.«

Jetzt wissen Sie, wie ich das welteinmalige Lokal gefunden habe.
Wer meint, das sei aber kein richtiges Lokal, weil man nicht einfach hinreisen kann, hat eigentlich recht. Aber es ist ein Lokal, sagen wir ein von den US-Behörden gesponserter Treff für wissenschaftliche Extremstabenteurer, solchen, denen Point Barrow in den
Arctic Plains an der Nordküste Alaskas mittlerweile zu überlaufen
ist...
Eigentlich war es eine sehr gut erhaltene Militärbaracke mit sparta-

nischer Einrichtung, eine Mischung aus Ausrüstungslager, Büro, Bibliothek, Werkstatt und Großküche.

Linda Brown, Ken Vicknair und Brad Colvin betrieben das Lokal, zu dem ich eine Zeitlang auch gehörte. In Wirklichkeit war es der extremste Außenposten der University of California, Department Marine Biology.

Es war eine Forschungstaucherstation, das Team betrieb Studien über Seesterne. Tauchen bedeutete hier nicht nur Arbeit in ca. 8 °C kaltem Wasser, sondern auch Bewältigung der hiesigen Wetterverhältnisse. Zwei bis drei Tauchgänge schafften sie an einem günstigen Tag.

Linda, groß, schlank, sportlich, lange blonde Mähne, blitzschnell, prächtig gelaunt, Tauchbootpilotin, begabte Lachsjägerin, Blumenfan, um die Dreißig, kochte ausgezeichnet. Ken war ihr ebenbürtig, und Brad konnte sehr wohl kochen – wenn er mal eine Lesepause einlegte. Brad las dauernd, wenn er nicht tauchte, Brad fraß Bücher (hoffentlich liest er dies einmal).

Ken, gedrungen, dunkelhaarig und bärtig, Ende dreißig, fast immer gut gelaunt und philosophisch veranlagt, war Leiter des Forschungsvorhabens.

Der dunkelblonde Endzwanziger mit dem kräftigen Kinn und der wuchtigen dicken Brille, Brad Colvin, war Stoiker, lakonisch, erst nach Minuten dämmerte es einem, daß er etwas Wichtiges, meist Ernstes zu sagen hatte. Eines aber stoppte ihn, etwas, wofür ja dieser Ort auch den Namen erhielt: Essen.

Der Zufall wollte es, daß sich vier begeistert kochende Naturwissenschaftler am äußersten Ende der westlichen Welt trafen.

Wir hatten Raum fürs Kochen und zum Genießen, in einer Welt, wo fast täglich die Wände bebten, Fenster klirrten, fauchend Windstöße in den Vorraum fegten, an der Tür rissen und Dauerregen aufs Dach trommelte.

Wellen tobten dort draußen, Wind drückte und riß, Strömungen zerrten und Brecher donnerten gegen Fels und Kies, gar nicht so weit weg, deutlich zu sehen, deutlich zu hören – doch hier waren wir unerreichbar.

1   *Attu, das Blumen- und Vogelparadies*

Waren die Küsten oft wild, öde und gefährlich, so zeigte sich das geschützte Landesinnere von der schönsten Seite: Jeden zweiten Tag erblühten neue Blumen, ich kam gar nicht mehr mit dem Bestimmen nach.

All die Wiesenblumen, die einmal bei uns heimisch waren, gediehen hier zu meiner völligen Überraschung: Butterblumen, Primeln, Glockenblumen, Hahnenfuß, Wiesenknöterich, Kuckuckslichtnelken, Veilchen, Anemonen, wilde Rosen, Vergißmeinnicht, Löwenzahn, Margeriten, auch das Gänseblümchen und einige mehr. Diese Blumen fühlten sich wohl zwischen den arktischen Arten von Lupinen, Fireweed, Lilien, Iris und Küchenschelle, nur um einige zu nennen. Meine Lieblingsblume wurde die »Chocolade Lily«, eine Lilie, die dunkelbraun, ja sogar schwarz hervorkam.

Auch Heilpflanzen wie die Achillea millefolium waren vertreten. Sämtliche Blumen der arktischen, subarktischen und die der gemäßigten Zonen waren in Hülle und Fülle vertreten. Sie ersetzten Büsche und Bäume, die wegen des starken Windes hier nur als winzige Kriechformen wuchsen.

Selbst im Spraybereich am Strand gediehen gut ein Dutzend salzliebende Pflanzen, Gräser und Blumen.

Das Landesinnere zieren bezaubernde Sumpf- und Moorlandschaften, was sehr stark an Irland erinnert. Dort gedeihen Wollgras, Seggen und Zwergschilf.

Wird der Boden felsig, schmücken ihn mannigfaltige Moosarten, auch silbernes Islandmoos, auf Felsen wachsen Flechten und verschiedene bunte Steinbrecharten.

Die Aleuten-Blume jedoch ist die blaue Lupine. Sie wächst als Einzelpflanze, in Rabatten und dominiert häufig Wiesen und Ödflächen, sie gedeiht am Strand bis hoch hinauf in die Vulkanhänge.

Jedes Frühjahr bekommt Attu Besuch vom Festland. Etwa zwei Dutzend Bird Watcher, Vogelbeobachter, nehmen den riskanten Flug auf sich, zahlen zwischen 6000–8000 Dollar, um für zwei Wochen die außergewöhnlich artenreichen Vogelpopulationen der Aleuten zu erleben. Militär und Coast Guard erteilen diesen Privilegierten eine Sondergenehmigung. Gelebt wird unter härtesten spartanischen Bedingungen bei den jetzt mittlerweile bekannten Wetterbedingungen. Gewohnt wird im Betonalptraum.

Aber Geld und Mühen lohnen sich, denn ein wahres Vogelparadies mit vielen Arten entschädigt mehr als reichlich.

An Wasservögeln kommen vor: verschiedene Arten von Möwen, Enten (auch die schöne Harlekin-Ente), Gänsen, Papageientauchern, Kormoranen. Selten fliegen sogar Sturmvögel und Albatrosse. Verschiedene Arten vom Loon, Haubentaucher, Shearwater, Merganser, Black Oystercatcher.

Am Strand: verschieden Arten von Sandpiper, Whimbrel, Tern, Kingfisher.

Der spektakulärste Vogel ist wohl der Bald Eagle, Amerikas Wappentier. Es gibt in der Welt nicht mehr viele Plätze, wo man Seeadler in freier Natur beobachten kann.

2 Warten!

Geduld, warten, noch eine Woche, Geduld, vielleicht auch zwei Wochen. Lange starrte ich dem Flugzeug der Coast Guard nach, enttäuscht, traurig, dann deprimiert.

»Bürokratie, Gernot«, tröstete mich Ken, »ich weiß schon, habe es bereits vom neuen Commander erfahren, militärische Vorschriften. Du gehörst zum Restaurant, aber du bist eben kein US-Bürger; wir hatten schon genug Schwierigkeiten, als Wissenschaftler nach Attu zu kommen, und in deinem Fall ist das alles noch viel komplizierter.« Seine konzentrierte, ernste Miene gab einem aufmunternden Lächeln Platz. »Nächste Woche, wenn kein Orkan dazwischenfunkt, kommt das Flugzeug wieder, vielleicht klappt's dann.« – »Vielleicht auch nicht«, kommentierte ich, »ich mache das Boot startklar.«

Kurz entschlossen demontierte ich den Ausleger vom Kajak und ließ ihn am Strand zurück. Auf die deutlich sichtbaren Untiefen hielt ich zu, direkt, ohne Rücksicht auf Wind, Wellenrichtung, direkt dorthin, wo es am eindrucksvollsten, wildesten und wütendsten tobte – zu den Riffen, die die »Massacre Bay« wie mit Reißzähnen abriegelten. Ich wollte den tiefsitzenden Schock neutralisieren, denn eines wußte ich: Wenn ich nicht zu den Brechern und Tide Rips hinfuhr, würde ich mich während dieser Expedition nie mehr ins Kajak setzen und aufs Meer fahren. Außerdem mußte ich für die Weiterfahrt nach Shemya Island trainieren. Den einen Monat hier zu warten und dann mit dem Coast Guard-Flugzeug nach Kodiak zu fliegen, dauerte mir zu lange.

Wie ich später erfuhr, beobachtete jemand von der Coast Guard mein extrem-marines Treiben aus der Ferne. Kein Wunder also, wenn sie dort alles versuchten, den »crazy kayaker« von der Fahrt nach Shemya Island abzuhalten.

Wie ich meine unbeobachtete Piratenlandung auf Attu erklären sollte, den Weltrekord-Ausflug nach Kiska und wieder zurück, verursachte mir schon einiges Kopfzerbrechen. So beschloß ich, meine Karten nach und nach aufzudecken.

»Commander Ashby, I have something to confess.«

Neugierig musterte mich der neue Kommandeur der Loran Station, nickte mir aufmunternd zu.

»I was in Buldir, by kayak.« Das ließ ich erst einmal einwirken, und ich hoffte, daß ich nicht für den Rest meines Aufenthalts auf Attu wegen ernstzunehmendem Selbstmordverdacht in Schutzhaft genommen wurde. Selten habe ich in solche erstaunten Augen gesehen. Nachdem nichts Dergleichen geschah, beeilte ich mich hinzuzufügen: »Aber ich habe genug, so etwas mache ich nie wieder. Ich will der Coast Guard keine Schwierigkeiten bereiten und werde Attu auf sicherem Wege verlassen, notfalls warte ich noch drei Wochen, wirklich.«

(»Auf sicherem Wege« – hoffentlich liest dies Michael Churchouse von der »Shantung«...)

140

Falls sich keine andere Möglichkeit böte, müsse ich noch drei Wochen aushalten, versicherte mir Commander Ashby, dann müßte der Flug Attu–Kodiak klappen, was der frühere Commander Baldwin bereits veranlaßt habe. Aber dann lachte er, als er meine enttäuschte Miene bemerkte. Es käme jedoch in den nächsten Tagen die jährliche Fuel Barge, die große Schleppfähre, welche die Militärbasen und die Coast Guard Station mit Brennstoff versorgt. Er wolle ein gutes Wort für mich beim Kapitän einlegen, und es müsse auf der Barge eigentlich Platz für mich und das Kajak sein.
Ob die große Schleppfähre sicher sei? – Nun, sie war bereits seit Tagen überfällig, sie mußte in Shemya Island ankern, weil Stürme und unberechenbarer Seegang die Weiterfahrt nach Attu verhinderten.
Zum Thema Sicherheit auf den Aleuten fielen mir wieder Informationen von Commander Baldwin ein: Monsterwellen, die großen Schiffen das Leben schwer machen, Crabber versenken und den Trawlern die Netze wegreißen. Ob ich die Metalltrümmer auf der Bergflanke jenseits der alten Loran Station gesehen habe? Ich nickte. Eine tragische Geschichte, dort zerschellte vor Jahren das Flugzeug der Coast Guard beim Landeanflug – Nebel, Wind … Niemand überlebte das Unglück – eines der zuverlässigsten Flugzeuge der Welt, geflogen von sturmerprobten, außergewöhnlich guten Piloten.

»Ein japanisches Segelschiff liegt vor Anker, ja, hier in Attu, ich habe die Meldung von der Coast Guard bekommen, die haben eine Notsituation: kein Trinkwasser und kein Diesel mehr für den Generator, zwei Männer, eine Frau, ein Zehnmeterschiff nur, aber die würden dich mitnehmen. Wäre das nicht toll, du könntest in deinem Abenteuerstil weitermachen, Gernot.« Ken war plötzlich so aufgeregt und meinte: »Mann, wenn ich diese Gelegenheit nützen könnte: in einem Segelboot durch die Aleuten!«
Als ich später mein Tagebuch weiterführte, entdeckte ich zu meiner allergrößten Überraschung, daß Linda, Ken und Brad mir ein paar Gedichte zum Abschied hineingeschrieben hatten. Ken hatte noch dick unterstrichen: »In memory The Restaurant at the End of the World«.

141

VII Ein Segelschiff auf den Aleuten –
»Shantung«

1 *Welcome on Board of the Flying Dutchman*

George, hast du alles an Bord, nichts vergessen?«
»Alles da... nur eins vermisse ich: das *Kajak*.«
»Jesus Christ!«
Alarm auf dem Segelschiff »Shantung«. Dunkel war es, Nieselregen
fiel, der vom Wind nach Süden getrieben wurde. Weiße Spitzen hat-
ten die kurzen Wellen der Cascoo Bay. Schnell das Fernglas. Dort auf
den Klippen, mehr als einen Kilometer entfernt, lag etwas Gelbes,
inmitten zackigem Schwarz und springendem Weiß – das Kajak.
»Was für ein Knoten, George, wie hattest du das Kajak angebunden?«
fragte Michael bereits zum xsten Mal. Es mußte für Michael verdammt wichtig sein. So knüpfte ich eben einen Knoten.
»Judy ... möge uns der Himmel beistehen. Sieh dir *das* an!«
Judy winkte heimlich ab, lachte. David grinste.
»George, this is exactly what we call an asshole knot.« Michael zog
dabei ein Gesicht, als würde uns gerade ein besonders großer weißer
Hai angreifen. »George, du wirst hier lernen... Wir fangen gleich
an. Sieh, *das* ist ein Knoten, mit dem man ein Boot festbindet.
Äh, kannst du rudern? Rudern meine ich, nicht paddeln?« Welch ein
erlösender Blick folgte auf mein bejahendes, etwas kleinlautes
Nicken.
Dann folgte ein sehr dramatisches Bergemanöver bei Nacht und Ne-
bel, im wahrsten Sinne, und bald hing der »Eskimo 17« wieder am
Heck der »Shantung«, sturmsicher, bebenfest – an einem »Anchor
Knot« der Vorzeigequalität.

»Das ist dein Schlafplatz, George. Wie Judy den Platz freibekommen hat, ist ein glattes Wunder. Wir...«

»Wir essen erst einmal, Michael, es ist schon spät. Morgen haben wir den ganzen Tag genug Zeit, denn ein Sturm wurde gemeldet, wir müssen hierbleiben.«

Nach einem Bankett, das man hier an Bord mit »kleinem bescheidenen Dinner« untertrieb, fand Michael noch immer keine Ruhe – er arbeitete hart, wie man am besten »George's Bombe«, einen Kanister mit hochexplosivem Naphta (wirklich geeignet für Kocher und Zeltheizung) möglichst sicher verstauen könne.

»Ich geh schlafen, morgen können wir ja George's Kajak verstauen und ihm ein paar Knoten beibringen, richtige Knoten.« Dave klopfte mir lachend auf die Schulter und verkroch sich in seiner Koje.

»Shantung«, klingt ja asiatisch, dann englische Namen, die ja eigentlich japanische sein sollten – was für ein überraschendes Durcheinander. Sie kennen sicherlich den Ausdruck »daneben«, »sich vollkommen daneben fühlen«. Nun, das reicht hier nicht, ich fühlte mich nicht bloß »daneben«, sondern eher »jenseits«, und zwar »jenseits von allem«.

Zunächst: Auf einem neuseeländischen Segelschiff war ich gelandet, und die Besatzung stammte auch nicht aus Japan, sondern sie kamen von Japan, nachdem sie zunächst in Rußland nicht landen durften und dann auch nicht mehr wollten.

Ich sollte hier auf der »Shantung« lernen, ein Intensivst-, nein, ein Super-Crash-Kurs wartete auf mich. Und – vielleicht verstehen Sie die Situation: Noch nie in meinem Leben war ich an Bord eines Segelschiffes!

Judy, Michael und Dave hatten Auckland auf Neuseeland vor etwa einem Jahr verlassen. Segeln war für sie das Selbstverständlichste auf der Welt, das hatten sie bereits im Blut – und dann bekamen sie einen blutigen Anfänger auf ihr Schiff – und das ausgerechnet in den gefährlichsten Wassern der Welt.

Weiter: Die »Shantung« ist ein Ocean Cruiser, jedoch ein kleiner: ein 31-Footer, knapp 9,50 m lang. Drei Personen auf einer Reise rund um den Pazifik – und daher mußten sie mehr als nur Zahnbürste und Handtuch an Bord haben. Aber nun bekamen sie nicht nur eine Person mehr, sondern obendrein noch ein 5,5 m langes Expeditionskajak plus Ausleger sowie gut einen Zentner Ausrüstung dazu.

Darf das gut gehen? Für ein paar Seemeilen standen die Chancen recht günstig. Auch für die Strecke Attu–Atka, immerhin ca. 900 km? Würden Sie wetten?

Zunächst kroch ich erst einmal in die Starboard Stern Bunk, versuchte das Karussell im Kopf abzustellen und das von Ächzen und Knarren begleitete Rollen des Schiffes zu genießen.

Judy, untersetzt, rundes, gutmütiges Gesicht, dunkle Locken, irische Abstammung, freundliches Wesen mit klarem, singendem Neuseeland-Englisch, so Mitte vierzig; Michael, Power-fünfziger, der jedoch kalendarisch mehr Jährchen zählt, untersetzt, normannisch-schottisches Kreuzrittergesicht, leicht cholerisch, blitzschnell und gesegnet mit trockenem britischen Humor; die beiden sind miteinander verheiratet; und David, ebenfalls untersetzt und athletisch kräftig, Anfang dreißig, dunkle Augen, ein wildes intelligentes Piratengesicht, mit langen zusammengebundenen Haaren, hat sich die letzten zehn Jahre als abenteuernder Weltenbummler betätigt, ist ein Sohn der beiden, der Familie Churchouse.

Eine Familie also, auf engstem Raum – und dazu ein Fremder, »ein etwas verrückter, aber gutmütiger seekajakfahrender deutscher Professor« (wie die Coast Guard meinte), der das knappe Platzangebot nochmals verkleinerte. Diese Situation werden wohl auch Nichtsegler einschätzen können.

»Ich kenne Yachten, bei denen die Besatzungsmitglieder lieber tausend Kilometer geschwommen als weiterhin zusammen gesegelt wären«, hatte sich Michael in der Coast Guard Station nicht verbeißen können. Er wurde aber von Judy gestoppt, die meinte, Michael sei immer so, ich solle mich nur nicht ärgern, denn dies sei typisch neuseeländisch. Ein Segel-Crash-Course wartete, aber ein neuseeländischer – wieder ein Abenteuer?

»Auf diese Klippe dort halten, George!«

»Okay! – »30, George, 30!« – »30, okay!« – »Say roger, not okay, George.« – »Roger.«

Meine Augen verkrallten sich am Kompaß der »Shantung« Jetzt, jetzt erst glaubte ich es: Es sollte wirklich so sein: Wir liefen von Attu aus. Wie innerlich aufgeregt ich war, meine Nerven und Adrenalindrüsen feierten ein Volksfest. Ich wog nur noch soviel, daß ich gerade noch das Steuerruder der »Shantung« halten konnte. Unglaublich, ich versuchte so ruhig wie nur möglich zu bleiben, ich steuerte ein Segelschiff auf den Aleuten: Wir manövrierten durch die tückischen Untiefen von »Massacre Bay«.

Alle hatten wir die Hände voll zu tun: Judy stand am Navigationstisch, überwachte Echolot, GPS und Radar, Michael und Dave sahen an Deck nach dem Rechten. Ausschau wurde gehalten, Schoten mal gelockert, mal angezogen. Dann mußte Judy an Deck helfen. Ich blieb am Steuerruder.

Noch ließen wir uns vom Schiffsdiesel helfen, da uns die Untiefen zu einem verrückt anmutenden Zickzackkurs zwangen und die wirbelnden Fallwinde vernünftiges Segeln verhinderten, noch...

»60, George, hold on, keep it!«

»60, roger, 60, whatever may happen!«

»Hast du das gehört, Judy, wann hast du das letztemal gebetet?«

»Hm, weiß nicht, aber ich kann dir sagen, wann ich dich zuletzt verflucht habe.«

Wir seien viel zu schwer an Deck, böten viel zu viel Angriffsfläche für Wind und Wellen – wahrscheinlich würden wir »Dingi« und Kajak und all den anderen Kram dort oben verlieren, hoffentlich nicht mehr, fügte Dave noch hinzu und blickte finster in eine nahende Wetterfront.

»Well, willkommen an Bord des ›Flying Dutchman‹, George.«

Aha, so sollte ich also Attu verlassen – auf sicherem Wege und mit Glückwünschen der Coast Guard...

Jetzt, endlich, nun geschah das, was das Segelschiff aus Auckland zur »Shantung« macht: Gebannt starrte ich nach oben, hielt dafür den Tiller des Ruders noch fester – ein riesiges, trapezförmiges Segel mit einer Serie paralleler Rippen entfaltet sich wie ein weißer Drachenflügel – was für eine uralte bewährte Form, das Segel einer chinesischen Dschunke in modernem Stil.

»Setz dich, George, du kannst auch sitzend steuern. Wir werden noch länger – so hoffe ich doch – unterwegs sein. Siehst du, Judy, er lernt, wir lassen ihn jetzt seine Hausaufgaben machen und gehen schlafen.«

»Nach dem Bier, Leute«, feixte Dave, »cheer's, auf eine gute Fahrt!« Dave verkroch sich dann auch wirklich in seiner Koje, bemerkte noch, seine Familie könne jetzt mit dem gewohnten Chaos beginnen, doch bevor wir sänken, sollten wir ihn wecken.

Länger noch hielt ich den nordostwärts stürmenden Drachen, der sich mehr und mehr nach Portside legte, nickte und dabei weißen Schaum ausspie. Wie willig, wie folgsam der doch gehorchte. Lauf Drache, lauf ... und jetzt flieg! Jemand hatte dazu eine Vivaldi-Kassette eingelegt.

Eine große dunkle Perle mit einer weißen Schale darüber wurde auf Portside kleiner und kleiner. Ob sie jetzt wohl ihre Ruhe hatten in der Loran Station? Und... was gab es wohl heute abend im Restaurant am Ende der Welt?

Neue Perlen tauchten in Starboard auf – und ich konnte sie in Ruhe anwachsen sehen, denn Michael hatte den Drachen an die Leine gelegt: mit der automatischen Steueranlage.

2 Wie spät ist es? Oder was ist eigentlich unsere Zeit?

Judy hatte zuvor den Wetterbericht aus Hawaii gehört, lebte daher in Hawaiian Time. Michael las das GPS ab, das auch eine Zeit angab: Weltzeit. Dave mochte keine Uhren, trug daher auch keine, blickte aber auf die Karte und meinte, wir hätten zwar längst die Datumslinie gekreuzt, dies ändere jedoch nicht die Stundenangabe, nur das Tagesdatum. Ob die hier eine Sommerzeit haben? Sicher, selbst auf Attu richte man sich nach einer »Alaska Daylight Saving

Time«. Überall auf den Aleuten? Ja, zumindest bis Unimak Island, das zwar zu den Aleuten gehört, aber keine »Hawaiian Aleutian Time Zone« zu beachten hat. Michael gestand, er fühle und lebe in der Neuseeland-Zeit. Interessanterweise liegen Auckland und Kiska Island, wo wir uns gerade herumtrieben, auf demselben Längengrad, E: 177, und weisen daher dieselbe natürliche Zeit auf. Die »Shantung« hatte Auckland aber im Winter der Südhalbkugel verlassen...

»Well, das haben wir gleich. Sieh, George, diese preisgünstige, japanische Uhr mit Minicomputer, was die alles kann – viel mehr als dein Rolex-Chronometer.« Michael tippte da und dort, dann einen Knopf dreimal, zwei Knöpfe einmal zusammen – dann warf er den elektronischen Tausendsassa in *einem* Bogen in seine Koje, sparte auch nicht mit passenden Kommentaren. »George, was zeigt die Ro?«

»M.E.Z. oder Hawaiian Aleutian Time?«

Michael starrte zum Deck und kaute an einem langen »George«.

»Weiß nicht, was ihr habt. Ich habe und brauche auch keine Uhr. Zeit, das fühlt man, und wenn erforderlich, ganz, ganz genau, dann erfährt man dies über das Radio.«

Zunächst starrten Michael und ich uns fragend an, dann fixierten wir gleichzeitig David, der bloß mit den Schultern zuckte, frech grinste und sich mit dem Finger an die Stirn tippte. Hatte nicht Albert Einstein bewiesen, Zeit ist relativ?

Judy hatte längst die richtige Zeit, 19.7.1994, 15 h p.m., ins Logbuch geschrieben, das GPS abgelesen, einen Funkspruch beantwortet und das Dinner vorbereitet...

Hawaiian Aleutian Time plus eine Stunde Daylight Saving Time scherte die »Shantung« wenig. Kraftvoll bauchte sich ihr weißer Drachenflügel, ragte weit über die Reling nach Portside, und die Kralle am unteren Flügelende schnappte spielend nach Wellenköpfen. Wildes, enthusiastisches Leben steckte in ihr – und... kränkte sie nicht noch weiter nach Backbord, so, als ob sie auch gern mal tauchen ginge, nickte und schäumte sie nicht noch ausgelassener, wenn man ihr begeistert zusah?

3 Lebensraum: Überlebensraum

Was dort auf Starboard sich formte, anwuchs und aneinander-
reihte, hieß Alaid-, Nicki- und Shemya Island, die südöstliche
Gruppe der Near Islands, jedoch immer noch die äußersten westlichen Inseln der Aleuten-Kette. Es war merkwürdig, die Sicht auf
die Eilande verkleinerte keineswegs den Raum, in dem wir segelten,
sondern erweiterte ihn, so, als habe ein zaubernder Maler mit einer
magischen Perspektive gearbeitet. Wichen wir mit unserem Nord-
ostkurs aus, oder flohen wir ins Beringmeer, wo uns ein gewohnter,
freundlicher Zauberkreis Schutz bot?

Oft genug bin ich aufgefordert worden, doch runter in die Galley,
den Navigationsplatz oder in den Saloon zu kommen, um ein wenig
auszuruhen, mich aufzuwärmen. Und wo hielt ich mich am liebsten
und am meisten auf? – Entweder im überdachten oder im offenen
Teil des Cockpits. Zwar hielt der überdachte Teil Regen und Zug-
wind ab, doch Feuchtigkeit, Nebel und momentan der Südwind gaben ihr Bestes, um einen abzuhärten.

Natürlich konnte ich als Segelneuling nicht genug vom Drachen-
flug-Gefühl bekommen, wäre auch ab und zu am liebsten auf den
Mast geklettert und hätte ein begeistertes Hurra über das Beringmeer gebrüllt. Doch so manches Mal hätte ich mich ganz gern im
Inneren des Schiffes verkrochen. Klaustrophobie, Dichtestreß, Ein-
ander-nicht-riechen-können? Nein, ich hätte es auch mit einem
Dutzend Churchouses ausgehalten (hoffentlich lesen sie das nie),
ich fühlte mich nur wie ein Papagei im Kanarienkäfig. Auch wenn
ich noch so gut balancierte, mich festhielt und aufpaßte, überall
rempelte und stieß ich an. Alles an Bord der »Shantung« war nun
einmal für kleinere Personen mit kürzeren Armen, Beinen und
Füßen ausgelegt. Außerdem war der »Kanarienkäfig« alles andere als
an einem ruhigen und stabilen Platz aufgehängt. Es ging da rauf
und runter, hinüber und herüber, nach vorn und nach hinten – und
gar nicht so selten alles irgendwie zusammen auf einmal.

Ganz genau erinnere ich mich noch, als ich in meiner Koje saß,
mich sechs Augen beobachteten, während Michael mehr orakelte

als warnte: »Überall darfst du dir den Kopf anschlagen (to ›bang the head‹), George, nur nicht am Radar.« Zum Glück war das magische Auge der »Shantung« ein richtiges, ein äußerst solides Drachenauge. So wurde der Bauch des Schiffes für mich zur Sorry-and-sleeping-area.

Nicht nur außen, sondern auch innen besitzt die »Shantung« einen unverwechselbaren, etwas wilden und urigen Charakter: Spätestens im Inneren erkannte man, daß dieses Schiff aus Holz gebaut war. Außen schimmerte und strahlte sie in Weiß, innen zeigte sie ihre urige Schönheit: klar lackiertes Holz, mittschiffs am Ende des Saloons prunkte ein kräftiger hölzerner Mast.

Ihren Spitznamen, »Headhunters«, bekamen sie aufgrund gewisser Dekorationen: Eine große teuflische Fratze grinste mir entgegen, und dann erkannte ich mehrere dieser »Tikis«, Kultschnitzereien aus Polynesien. Da lagen auch Keulen, Muscheln, Perlen, Obsidianklingen, Speere, Pfeile... »Headhunter«, murmelte ich einmal beim näheren Studium eines äußerst »verdächtigen« Kunstgegenstandes. Kamen sich da Michael und David nicht ertappt vor? Judy lachte. Wie auch immer, die Churchouses bekamen ihren Nickname. Doch die Headhunters tobten sich auch anderweitig aus: literarisch. Wo auch immer es möglich war, ein Regal oder Bord zu befestigen, dort standen Bücher. Selbst in meine Steuerbord-Heck-Koje, der Platz mit dem einzigartigen U-Boot-Gefühl, reichte ein prallvolles Bücherregal vom Navigationstisch bis weit in das Heck. Literatur im weitläufigeren Sinne flankierte auch die linke Seite meiner Koje: Karten, Atlanten. Und um das Maß voll zu machen, hingen über mir, dicht an dicht, in Rollen verpackte Seekarten.

Man warf hier auch mit Büchern, besonders nachts, wenn ich schlafen wollte. Die Headhunters, weil ich vielleicht schnarchte? Nein, dafür hatten sie ihre Keulen; es war ein weiteres Zeichen, daß dieses Schiff lebte.

»George, I need a hand!«

Bang! »Verdammt, schon wieder!« Dieser Headhunter-Drache trickste mich so gut wie jedesmal aus. Was ich auch immer versuchte, so gut ich auch achtgab, der Drache merkte ganz genau, wenn ich auf der Treppe von der Galley zum Cockpit war. Entweder ließ er sich in ein Wellental fallen, oder er sprang urplötzlich hoch.

Schon stand oder besser taumelte ich in die »Trapping Area«. Was da alles an Seilen, Tauen, Leinen und Schnüren lauerte. Selbst die rundum laufende Reling wirkte mehr wie eine Gelegenheit zum Straucheln als eine Sicherheitseinrichtung. Oft genug hing ich an einem kräftigen, soliden Tau, stemmte mich mit aller Kraft gegen etwas wirklich Festes, um nicht in hohem Bogen in das graugrüne Gewoge und Geschäume geschleudert zu werden. Doch dies war nur die Grundübung, das Allerselbstverständlichste, die eigentliche Aufgabe hieß: Schoten lösen, halten, etwas festbinden, einfädeln oder entwirren.

Dazu ein Vergleich einer Situation auf dem Festland: Stellen Sie sich vor, Sie wollten während eines Erdbebens am Dachboden oder auf dem Balkon ein Seil spannen und Wäsche aufhängen.

Ein peitschender Knall durchschlug plötzlich das vertraute Rauschen, Zischen, Gurgeln und Ächzen. Eine Hechtrolle von der Galley hinauf zum Cockpit, dann zwei Riesensätze zum Vorderdeck, ein der Situation angebrachter Fluch, und schon ging Michael dem Problem an den Kragen; begleitet von Dave, der einen ebenso rasanten Start nebst Landung vollführt hatte. Irgendwie unruhig gebärdete sich die »Shantung«, alle Bewegungen waren nun kantiger, heftiger. Das Mainsail hing schlaff, flatterte, schlug. Fieberhaft arbeiteten Michael und Dave zusammen. Ein neues Seil wurde aufgezogen, gespannt. Flüche, weitere Versuche. Judy kurbelte an der Starboard Winch, ich an der auf Portside. Sie wiederholte, übersetzte Michaels hastige Kommandos, half mir, wenn ich nicht klar kam.

Die »Shantung«, der Drache mit dem gebrochenen Flügel, rollte und stieß, nicht ausgelassen, sondern angeschlagen – etwa verzweifelt?

Der Wind drehte. Stoßartig trafen die Böen jetzt in Portside, zerrten, rissen am Hauptsegel – und dessen Großbaum hämmerte gegen das »Dingi«, sauste wie eine tückisch geschwungene Schwertklinge haarscharf über das Kajak.

»Fix the rope! Catch the boom of the mainsail, George!«

Das war lebensgefährlich, aber wenn es mir nicht gelungen wäre, wäre es für uns alle lebensgefährlich geworden.

Hustend sprang dann der Schiffsdiesel an, Judy saß am Tiller, versuchte einen stabilisierenden Kurs zu finden, dann bekam ich das Steuer mit der Bemerkung: »So um Nord, George, Hauptsache, die ›Shantung‹ läuft ruhig. Wenn Michael brüllt, liegst du falsch, viel Glück.«

Obwohl Michael das Repertoire seiner kräftigsten Flüche zum besten gab (z.B.»This paints my ass!«), klemmte das Seil, ließ sich kein Segel aufziehen – und David mußte wohl oder übel unter Schaukeln und Sturmböen auf den Mast klettern.

Wir schafften es, die Teamarbeit unter lebensgefährlichen Bedingungen schweißte uns noch näher zusammen – und in mir wuchs das Gefühl, daß der Drache mich mochte. Der Kapitän schöpfte Hoffnung, und eine lobende Bemerkung entfloh dem Zaun seiner Zähne: »Well, wir waren gar nicht mal so übel. Ich glaube, es besteht da der Anflug einer Chance, gemeinsam Atka zu erreichen.«

4   Das neunäugige, achtohrige Seewesen

Eine Fontäne spritzte aus dem Meer hoch – ein Wal !
Neun Augen, acht Ohren und ein paar Extrasinne richteten sich auf den dunklen Hügel auf Portside. Dem ostwärts strebenden Seedrachen entging wenig, denn einige Sinne schliefen nie. Ob dies das riesige Geschöpf erschreckte? Kam die plötzlich erklingende Musik zu spät, oder war es die falsche? Eine Sinneszelle der »Shantung« verwarf wieder die Idee, der Wal sei ja nur gekommen, um den Wetterbericht zu hören. Wir mußten oben bleiben, doch er konnte richtig reagieren: Er tauchte ab, sehr dramatisch und effektvoll. Die große Fluke des Buckelwals durfte auch nicht zu lange über Wasser bleiben, da sich sonst acht Augen einbrannten.

Michael kommentierte, ich sei zwar schnell mit der Kamera gewesen, aber das kennen sie schon: Die Wale kämen immer nur bei schlechter Sicht. Sie seien eben nicht so fotogen wie sie. Doch manchmal blieben sie. Michael deutete in die Galley, wohin Judy eilte, um die Musik lauter zu stellen. Musik habe schon mehrmals Wale zum Bleiben bewogen. Vergeblich, dieser neunäugige, achtohrige weiße Drache war wohl zu viel für einen normalen Humpback Whale.

War die »Shantung« auf Fahrt, gab es eine eiserne Regel: Zwei Augen und zwei Ohren durften nie schlafen. Konnte man wenig sehen, so leuchtete ein drittes, grünes Auge an der Treppe zum Innenraum – das eigentliche Drachenauge: der Radarschirm. Wheelwatch – auf den Aleuten manchmal eine recht aufregende Zeit.

Kampf oder Spiel, fragte ich mich oft anfangs. Jedenfalls gab keiner auf: weder die heranstürmenden, schnappenden, graugrünen Monster noch die weißen Planken. Was sich dort auch immer wieder neu formierte, wilder, höher und angriffslustiger anrannte, schob den Drachen nur vorwärts. Immer wieder dachte ich: »Jetzt gehen wir auf Tauchstation. Schnell die Luke zum Innenraum schließen und irgendwo verdammt gut festhalten!«

Dramatisch rannte dann eine unheilversprechende Wasserfront an, dramatisch begann es zu wogen, lecken und brechen – und völlig undramatisch hob sich das etwa zwei Meter breite Heck, schäumendes Weiß zäunte das zierliche Gitter der Reling ein, der Drache rollte ein wenig, nickte und ließ das rauschende Ungetüm nach irgendwo ins Leere stürmen. Ein weißer Drache, ein weiß gekleideter Tai-Chi-Meister beim Ausdauertraining mit starken, doch tumben Kräften.

Aber, wir sind doch im Beringmeer, weit und breit kein Land in Sicht, und die Wasser der Aleuten wollen es uns jetzt zeigen! Wie man sich rasch an diese Situation gewöhnt? Nun, ich blickte in Judys, Michaels und Daves Gesicht und versuchte dieses »Alles prima, aber manchmal etwas langweilig, dieser Dienst nach Vorschrift« anzunehmen und darauf zu vertrauen. Irgendwann konnte ich einem unausgesprochenen »Was hast du, George?« mit einem »Ist denn ir-

153

gendwas?« antworten. Ein tobendes Meer vorm Gartenhäuschen? – Hm, warum nicht?

So saß denn einer der Headhunter auf der linken oder rechten Ruderbank im Cockpit, und ich leistete Gesellschaft. Warm und winddicht waren wir angezogen, und der überdachte Teil verwöhnte uns mit Sitzkissen und Polstern. Ab und zu gab es heißen Tee oder Kaffee, ein paar Nüsse oder einen Keks. Ja, und dann lief öfter Davids Ghettoblaster mit wirklich ausgesuchten Musikkassetten. Sehr gemütlich, fast schon dekadent... Halt, nur so war die Ruderwache überhaupt auszuhalten. Es zog ständig, kalt, sehr kalt, und dann kroch die Feuchtigkeit über und in alles, wenn sie nicht schräg oder gar waagerecht in massiver oder geballter Form angriff.

Wenn wir gewußt hätten, was sehr bald auf uns warten würde, hätten wir zu viert ständig den Radarschirm beobachtet. Wir hätten auch kein Auge mehr zugedrückt.

Radar- und GPS-Anzeige nützen nur, wenn es jemand abliest, interpretiert und entsprechend reagiert. Wochen später sollte ich erfahren, daß auch bestens ausgerüstete Schiffe, zigmal größer und solider als die »Shantung«, mit laufendem GPS, Echolot und Radar in voller Fahrt auf den Strand oder in die Klippen rennen. Der verantwortliche Wheelwatcher und der Rest der Crew hatten dann ein sensationelles Erwachen.

Äußerst dramatisch können Begegnungen auf hoher See sein, besonders, wenn sich Kurse kreuzen. Zwar nicht den aktivsten, aber zweifellos den erlebnisreichsten Part haben dann die kleinen Schiffe. Nicht auszudenken, wenn unser Segler von einem Fischer, Prozessor oder gar Frachter gerammt werden würde. Die meisten Schiffe wählen die Route auf der Beringmeer-Seite, im Norden der Aleuten, und somit standen die Rendezvous-Chancen im Bereich des Möglichen. Michael empfahl daher einen viertelstündlichen Rundumblick, was jeder an Bord befolgte.

Rundumblick hieß raus aus dem geschützten Teil, auf die Bank steigen, festhalten und über »Dingi« und Kajak nach vorn zwischen Mast, Segel und Taue spähen. Dies half munter zu bleiben, nicht steif zu werden, jedoch erwärmen konnte es einen nicht. Gymnastik machen, ein paar Runden ums Schiff klettern? Auf diesem unruhigen, ja wilden Seedrachen? Ein Abwurf würde zwar Unmengen an Adrenalin einbringen, aber noch mehr Wärme verzehren, denn das Beringmeer ist selbst im Juli auch für sportliches Schwimmen völlig ungeeignet.

Wie dies die Headhunter ertrugen? Sie ließen sich wenig anmerken, erst als ich die Frage nach meinem Aleuten-Wetterempfinden mit »zugig, regnerisch und saukalt« beantwortete, tauten sie auf. Judy zeigte mir Bilder aus der Südsee (ihren Stammjagdgründen): Nicht mehr zu übertreffende Segelyachten in traumhaften, unverschämt schönen Lagunen, blumenbekränzte, einladend lächelnde Eingeborene, grüßende Palmenidylle unter einer ihre bevorzugte Welt küssenden Sonne, stimmungsvolle Deckparties, wo an durchgebogenen Tischen Flaschensammlungen und Früchteberge bereits beidseitig über Bord kippten...

Besonders während der Ruderwachen überwachte Michael meine Fortschritte in der Knotenkunst, dies unterhielt ihn und mich. Wir genossen schottische Folklore aus Daves Ghettoblaster und erzählten einander. Jedoch spätestens um Mitternacht befiel den Ober-Headhunter eine eigenartige Unruhe – anfangs wollte er dann allein sein. Zunächst vergewisserte er sich, daß auch wirklich alle schliefen, vornehmlich Dave. Dann hörte ich Schritte an Deck, Handwinden gingen, Seile polterten verhalten, meistens begleiteten dies halblaute Verwünschungen und Flüche – am Ende unterdrücktes Lachen. – »Flying Dutchman Feeling.« Es hatte sich etwas geändert, ich hegte einen Verdacht.

Nach der zweiten gemeinsamen Wheelwatch lüftete er das Geheimnis; ich wurde sein Komplize. Nach Mitternacht deutete er durch die offene Luke zum Navigationstisch: »George, look at the GPS. What is our speed?«

»5.3 knots.«

»Well, we are not sailing – we are creeping, you know: *creeping,* like seasnails!«

Dann legte er diebisch lächelnd den mahnenden Zeigefinger auf die Lippen, turnte vorsichtig aus dem Cockpit und griff in die Seile.

Teils flüsternd, teils mit Pantomime forderte er mich auf, mal hier zu kurbeln – ganz leise –, mal da zu lösen oder anzuziehen. Das Ergebnis seiner Bemühungen zeigte sich bereits nach wenigen Minuten: Die »Shantung« neigte sich stärker zur Seite, es rauschte, schwappte und gurgelte aggressiver, das Bocken, Nicken und Rollen wurde härter.

Sichtlich zufrieden kletterte Michael dann wieder ins Cockpit, nahm mir das Versprechen ab, nur ja nichts Dave zu erzählen. Wieder forderte er mich auf, das GPS abzulesen. 7.5 Knots war die höchste Angabe. Das war es also: Nachts ließ der alte Seefuchs den Drachen los.

Preßlufthammergetöse oder Maschinengewehrfeuer? Kein Zweifel, ich lag weder in einer Baustelle noch in einem Kriegsschauplatz. Michael hatte nur seinen »Heater«, Heizer, wie er den Schiffsdiesel nannte, angeworfen. Lediglich eine hölzerne Wand trennte den fleißigen Apparat von meiner Koje, und so beschloß ich, so schnell wie möglich, den Abstand Ohr–»Heater« zu erweitern. Erweitern sollte bleiben – für den Rest des Tages.

Flaute. Flaute im »Geburtsplatz der Winde«, Windstille in der »Wiege der Stürme«. Acht Augen sahen sich recht verdattert an, spähten nach Anzeichen von Wind, vier Paar Ohren lauschten, und die Flügel des Drachens flappten müde im hüstelnden Windchen. Anfangs duckten wir uns gespannt, wähnten wir uns doch im toten Auge eines lokalen Wetterwirbels, dem sehr bald wieder ordentlicher Durchzug folgen müsse. Bei jedem bißchen Gepüstel stürzten sich die Headhunter auf Schoten und Winden – vergebens, die Aleuten gefielen sich in bleierner Agonie, passend zur mausgrauen Decke und dem dümpelnden graugrünen Boden.

Michael kommentierte, manchmal ginge ihm dieser Affenzirkus von Aleuten-Wetter ein wenig auf die Nerven. Zum Beispiel: Damals, kurz bevor wir aufbrachen, habe Judy bei der Coast Guard nach dem neuesten Wetterbericht angefragt. »Äh, hem, well... wenn ich dem vertraut hätte, säßen wir immer noch auf Attu, würden uns gegenseitig anbrüllen und auf den Mast scheuchen.« Er schloß damit, ich bekäme jetzt ein wenig Einsicht in die Verantwortung von Kapitänen.

Wie kocht man an Bord eines Segelschiffes? Das Beispiel mit dem Wäscheaufhängen während eines Erdbebens hatten wir schon, darum ein neues: Sie sind jetzt in der Zwergenküche eines Wohnmobils. Die Mägen Ihrer Mitreisenden knurren lauter als die Geräusche des Motors. Unterwegs sind Sie auf einem endlosen Highway, kaum Kurven, kaum Steigungen, kaum Gegenverkehr (immer nach Westen) – alles bei amerikanischem Tempolimit. Kochen ist also möglich. Doch plötzlich bricht das Fahrzeug aus, es geht über Gelände, bergab und meilenweit – aber Sie beschließen weiterzukochen.

Nach dem Geschirrspülen – nur das – fühlte ich mich wie nach dem Besuch eines rüden Fitneß-Centers. Wie oft hörte ich ein besorgtes: »George, alles roger oder sinken wir schon?« Lachend mußte ich an die »jumping kitchen of a rolling ship« denken – aber das war im Vergleich zu hier nur Vorübung auf der »Arctic Dawn« gewesen.

Dann war es soweit, wir wurden einem knallharten Test unterzogen, ein Fehler, eine Fehlreaktion, und wir wären ins Jenseits gesegelt. – Sichtweite: keine 50 m, unruhiger Seegang, teilweise Kreuzwellen, Wind: sehr schwach und aus wechselnden Richtungen; Zeit: 24 h Hawaiian Aleutian Time; Kurs: Südost; Position: nahe Küste von Tanaga Island/Andreanof Islands, obwohl Außentemperatur ca. 7 °C fieberhafte, gespannte Atmosphäre.

Plötzlich fragte mich Michael, wie schnell meine Crabber fuhren. »Höchstens so 15 Knoten.«

»Well, deine Aufmerksamkeit bitte – es ist sehr, sehr wichtig.« Wenn uns einer entgegenkäme, seien das seine plus unsere Geschwindigkeit, also 15 + 5 Knoten, aufgerundet etwa 40 km/h. Er fragte, wie weit ich sehen könne. – »Keine 50 Meter.«

»Jetzt mach dir bitte klar: Wären wir drei Kilometer voneinander entfernt – wir würden uns in fünf Minuten treffen. Und da gibt es Schiffe, die sind noch viel schneller.«

Wenn nicht Michael den grünen Radarschirm beobachtete, ließ er mich in das Flimmern und Kreisen spähen – und wir spähten, schließlich wollten wir Judy und Dave ein eiskaltes Horrorerwachen ersparen.

Er erklärte mir, daß manchmal das Radar gestört würde, oder es zeige undeutlich an, wie bei dem momentanen Regenschauer. Das gesamte Radar könne aber auch ausfallen. Deswegen solle ich weiterhin alle fünf Minuten der Rundumblick gemacht werden, besonders nach Mastlichtern sehen, auf Löcher im Nebel achten – und lauschen, denn Motorengeräusche würden weit reisen in solch einer Milchsuppe.

Dichter wurde die naßkalte Tarnkappe, die sich die Aleuten hier übergezogen hatten, dichter und dichter; und wenn sie riß, flickten sie sofort kurzzeitige, aber heftige Regenschauer. Wie ein verlorenes Irrlicht tanzte unser Positionslämpchen oben auf der Mastspitze. Gab es noch andere? – Wo...?

Wenn wir uns ablösten, sich Blicke kreuzten, versuchte jeder unverzagt und zuversichtlich zu wirken – es gelang uns aber nicht immer.

Obwohl wir mit Energie sparen mußten, verpaßten wir der »Shantung« eine Festivalbeleuchtung. Irgendwie erinnerte mich unsere Situation an etwas aus einer Erzählung von Jack London, und ich fragte Michael, ob er den »Sea Wolf« kenne. Denn mit einer ähnlichen Situation begänne der Sea Wolf.

»You paint my ass – George, look, there is one, look at the radar!«
Tatsächlich, ein heller Fleck, ein Fleck mit geraden Konturen leuchtete auf dem Bildschirm.

»115. – 115 – George, das ist ein Kollisionskurs! Und das Ding da ist verdammt groß und verdammt schnell. Der Bastard... ja sieht der uns denn nicht? George, go to the helm – 60, go to 60!«
»60, Michael, roger. Geh auf Channel 16 – ruf den an!«
»Roger, George, a good idea. Motor Vessel, Motor Vessel, Motor Vessel, this is sailingship ›Shantung‹; did you coppy me?«
»Wir haben Sie auf dem Radar, roger. Aber wir können unseren Kurs nicht ändern. Sorry.«
»Jesus Christ, George, go to 0, north!«
Etwas unwillig reagierte die »Shantung«, doch wir wichen gerade noch rechtzeitig nach Norden aus. Lichter hatten wir keine gese-

hen, aber dumpfes, pulsierendes Wummern konnten wir hören –
die Motorengeräusche eines großen Frachters.

Während ich am Radarschirm klebte, wechselte Michael zum Gas-
herd, braute einen Kaffee. Schlafen? Nein, schlafen konnten wir beide noch nicht. Wir spähten und lauschten, verheizten unser über-
schüssiges Adrenalin, steuerten die »Shantung« durch die eisige,
nässetriefende Tarnkappe der Aleuten, unter der noch so manche
Überraschung warten konnte.

Zarter Nieselregen, Säuselwinde aus einer bunten Richtungspalette,
zahme Kreuzseen, hübsche Nebelbänke und ein für Sternen-
beobachtungen geeigneter Nachthimmel – was kam noch? Ruderwache bei hawaiianischem Vollmond. Was war mit den Aleuten los?
Rannten wir bereits nichtsahnend in einen Killersturm, oder lechzte
längst eine schiffefressende Riesenwelle nach uns? – Glück hatten
wir, denn während ein lokales Hoch unseren Drachen liebevoll kit-
zelte, ohrfeigte und prügelte auf der Nordpazifik-Seite ein rüdes Unwetter die weniger glücklichen Schiffe durch.
So etwas wie Vorfreude auf eine Geburtstagsüberraschung oder gar
Weihnachten vibrierte auf der und um die »Shantung«. Wie friedlich und freundlich doch das Beringmeer plätscherte, und dann
leuchtete der Nebel merkwürdig.
Dann – es verschlug uns allen den Atem: Eine riesige Jadeschatulle
öffnete sich in einer gigantischen azurfarbenen Grotte, weiße Seide
schimmerte im Inneren und auf dem Seidenpolster, etwas eingesun-
ken, erstrahlten kegelförmige Juwelen, die grün, schwarz, rot und
weiß irisierten. Vier Erstaunte hielten sich an einem weiß leuchtenden Drachen fest, der freudig nickend auf die Kleinode zustrebte.
Jetzt hatte es auch Michael schwer, überwältigende Begeisterung zu
verbergen, und er meinte: »Den Rest könnten wir schwimmen!«
Dave und ich tanzten längst auf der Mastspitze, Judy schloß sich an.
Acht organische und vier mechanische Augen blinzelten in eine
göttliche Landschaftsausstellung, die zu einem neuentdeckten, paradiesischen Planeten gehören mußte... Oder, waren wir doch vom
Kurs abgekommen? Waren wir in eine Art Bermudadreieck, ein un-

bekanntes magic aleutian hole, geraten? Gab es etwa doch diese sagenumwobene Insel – dieses Atlantis?

5 Die Aleuten und der »Ring of Fire« aus meeresgeologischer Sicht

Auf N: 52° 33'/ W: 174° 15' liegt die größte Zusammenballung an Vulkanen der Andreanof-Inselgruppe, in der Mitte der Aleuten-Kette, Atka Island. Die teilweise flachen Böschungen erinnern an Hawaii-Vulkane, aber dies ist auch nur eine der wenigen Gemeinsamkeiten.

Die Hawaii-Vulkane sind Schildvulkane, die inmitten des Pazifiks herauswachsen, eine gerade Reihe bilden, während die Aleuten-Vulkane einen Inselbogen formen. Warum die Hawaii-Inseln kaum oder gar nicht gebogen sind, die Aleuten aber so stark nach Süden »durchhängen«? Beides hat plattentektonische Ursachen.

Die Kruste der Erde hat Risse und Sprünge wie das Packeis auf den Polen unseres Planeten. So wie sich die riesigen Packeisschollen bewegen, verhalten sich auch die gigantischen Schollen der Erdkruste. Die Erdkrustenschollen nennen die Geowissenschaftler Platten. Den Bewegungen dieser Platten gab man die Bezeichnung Plattentektonik.

Die Erdkruste gliedert sich in sechs große Platten und mehrere kleinere. Nicht die Kontinente bewegen sich (Wegeners Kontinentaldrift), sondern die Platten, die sowohl einen Kontinent und Teile von Ozeanen beinhalten.

Packeisschollen schwimmen auf dem Meer – aber worauf schwimmen die Erdkrustenplatten?

Auf einem zähen Brei aus heißem Gestein und Metallen – so sieht unsere »feste« Erde ab etwa 150 km Tiefe aus. Diesen Bereich unseres Planeten nennt man Erdmantel (Oberen Mantel). Die Erdkrustenplatten sind auf den Kontinenten durchschnittlich 30–70 km dick und sind aus allen möglichen Gesteinen, häufig Granit und

Gneis, zusammengesetzt (kontinentale Krustenplatten). Dagegen bringen es die Plattenteile unter den Ozeanen nur auf 15–30 km Dicke und bestehen aus Basalt (ozeanische Krustenplatten).

Packeisschollen können übereinandergleiten und so mächtige Schollenstapel auftürmen – ähnliches geschieht mit den Erdkrustenplatten. So markieren die Aleuten den Bereich, wo die Platte des Pazifischen Ozeans unter die Platte Eurasiens gleitet. Deswegen fällt auch der Ozeanboden des Nordpazifiks (Nordrand der pazifischen Erdkrustenplatte) so tief im Süden der Aleuten ab: der Aleutian Trench, durchschnittlich 6000 m tief, 3400 km lang. Geologen nennen dies eine Subduktionszone. Die Bewegungen an den Plattenrändern verursachen Spannungen – daher die vielen Erdbeben und Seebeben.

Der gesamte Rand des Pazifiks, der »Ring of Fire« ist aktiv: Vulkane, Erd- und Seebeben. Überall stecken Subduktionszonen. Während auf der asiatischen Seite feuerflüssige, wiederaufgeschmolzene Erdkruste unter Meeresbedeckung wieder nach oben dringt und Vulkanreihen bildet – dies sind die Inselgirlanden (Japanische Inseln, Kurilen) –, taucht das aufgeschmolzene Erdkrustenmaterial auf der amerikanischen Seite im Festland auf. Dort durchdringt die Schmelze das Küstengebirge (Rocky Mountains und Anden) und errichtet Vulkane inmitten normaler Berge.

Jetzt zu den Vulkanen der Aleuten: Da der Nordrand der pazifischen Erdkrustenplatte Tiefen erreicht, in der Gesteine zu schmelzen beginnen (ca. 1200 °C), löst er sich auf. Diese Gesteinsschmelze, zusammen mit heißen Gasen, steigt auf, durchdringt in Förderschloten kilometerdicke Gesteinsschichten, erreicht die Erdoberfläche, das kann auch der Meeresboden sein, und bildet Vulkankegel – wie auf den Aleuten. Die 2500 km lange Inselkette der Aleuten-Vulkane markiert also einen Bereich, wo die Platte des pazifischen Ozeanbodens unter die Platte des nordamerikanischen Kontinents abtaucht.

Wenn aber Ozeanboden abtaucht, schmilzt und dabei verlorengeht, dann muß anderenorts neuer Ozeanboden gebildet werden. Diese Zonen nennt man einen Mittelozeanischen Rücken. Einen sehr schönen haben wir inmitten des Atlantischen Ozeans. Auf beiden Seiten dieses Rückens dringt Lava aus Hunderten von Kilometern langen Spalten, erstarrt zu Basalt und bildet so neuen Ozeanboden. Der Vorgang heißt bei Geowissenschaftlern »Sea Floor Spreading«. Diese untermeerischen Gebirgszüge sind insgesamt ca. 60 000 km lang, zwischen 2500 bis 3000 m hoch.

Ozeanboden wächst etwa mit 6 cm pro Jahr. Etwa so schnell wie menschliche Fingernägel wachsen. Genauso schnell oder langsam wird die Pazifische Platte nach Norden geschoben. Ozeanboden wird also ständig recycled. Er wird nicht alt, etwa 200–250 Millionen Jahre. Alte Gesteine dagegen findet man nur auf den Kontinentalplattenteilen, dort weisen sie Rekordalter von ca. 3 Milliarden Jahren auf.

Nun zum Ursprung der Hawaii-Vulkane: Es gibt Stellen unterhalb der Erdkruste, wo heiße Gesteinsschmelze, oder Lava genannt, in großen Magmenkammern vorliegt, nach oben dringt, dabei wie ein Schweißbrenner die Erdkruste durchschneidet und ausfließt. Dies heißt »Hot Spot«-Vulkanismus. Solch eine Stelle, der »Hot Spot«, bleibt, wo sie ist – sie liegt nämlich tief in den Gesteinen des Erdmantels; nur die Erdkrustenplatte ist in Bewegung, gleitet darüber. So sind die Hawaii-Vulkane entstanden – und entstehen noch. Unterhalb der aktiven Vulkane Mauna Loa und Kilauea liegt der »Hot Spot«. Die Vulkane der Inseln im Nordwesten, z.B. Kure, Midway oder Laysan, sind erloschen, da war einmal der »Hot Spot« gewesen. Die Platte bewegt sich nach Nordwest, auf Kamtschatka zu – der aktive »Hot Spot« bleibt so gesehen zurück. Es klingt verrückt, aber irgendwann könnten die Hawaii-Vulkane zu Sibirien gehören. – Aber, es wachsen ständig neue Hawaii-Vulkane nach.

Dünnflüssige Laven, Material der ozeanischen Kruste, bauten die Hawaii-Vulkane – Schildvulkane. Dagegen Material sowohl aus ozeanischer Kruste und kontinentaler Kruste, zähflüssige Laven (daher auch die Obsidianvorkommen!), Ascheschichten mehrfach, sandwichartig übereinander, bildeten und bilden die Schichtvulkane (Strato-Vulkane) der Aleuten-Kette.

All dies wird in einem anderen Zusammenhang noch wichtig – diese vulkanischen Inselgirlanden und das Geschehen bei dem

Aleuten-Tiefseegraben, dem Aleutian Trench, schafften die Voraussetzungen zur vorgeschichtlichen Besiedelung Amerikas, doch davon später.

Die Vulkane der Aleuten bestehen aus FeO/MgO-reichen, tholeiitischen Basalten mit geringen Anteilen von Andesiten und Daciten. Die Basalte haben einen hohen Aluminiumgehalt. Hier im zentralen Teil der Aleuten finden wir überwiegend ozeanische Kruste, das sind die tholeiitischen Basalte. Andesite und Dacite sind Teile von aufgeschmolzener und wieder erstarrter kontinentaler Erdkruste und enthalten viel Kalzium, der SiO_2-Anteil ist sehr hoch.« (Fe ist Eisen, FeO ist Eisenoxid, Mg ist Mangan, SiO_2 ist Material der Microchips, Siliziumdioxid.)

Die Vulkankegel sind erdgeschichtlich gesehen jung, sie stammen aus dem Quartär, Pleistozän bis heute, höchstens 1,8 Millionen Jahre alt. Der Sockel, aus dem sie herauswuchsen, ist dagegen ca. 30–50 Millionen Jahre alt und stammt aus der Tertiärzeit, der Erdformation, in der keine Saurierfunde mehr vorkommen.

Wie Sie jetzt vielleich bereits ahnen, hat der vulkanisch aktive Untergrund der Aleuten außerordentlich starke Auswirkung auf die Theorie der Brücke nach Amerika. Und damit bietet die Theorie die größte Sensation in der Geschichte der Archäologie:

Aus dem Mittelmeergebiet z. B. wissen Geologen, daß sich beträchtliche Landhebungen und -senkungen innerhalb weniger hundert Jahre ereignen können. Es ist somit nicht nur im Bereich des Möglichen, sondern zu fordern, daß die Brücke nach Amerika vollständig und lückenlos auftauchte und teilweise wieder überschwemmt wurde – ohne Fallen und Heben des Meeresspiegels während einer Eiszeit!

Meeresspiegelschwankungen während einer Eiszeit nennt man *eustatische* Schwankungen, die durch Landhebung bzw. -senkung hervorgerufenen *isostatische* Meeresspiegelschwankungen.

Wandernde Menschengruppen brauchten also keine Eiszeit abzuwarten, um von Asien nach Amerika zu wandern.

Verschiedene Archäologen weisen darauf hin, daß selbst in Kalifornien über 40 000 Jahre alte menschliche Spuren gefunden wurden.

Aber es gibt auch Wissenschaftler, die behaupten, über 200 000 Jahre alte Knochen entdeckt zu haben! Es handelt sich um die Funde bei Calico in der Mojave-Wüste, und der betreffende Archäologe ist sehr berühmt: L. Leakey.

Diese sensationellen Funde wurden, ja mußten sogar, verschwiegen oder unmöglich gemacht werden, denn man traute einem Wesen vor dem *Homo sapiens sapiens* nicht zu, in arktischen Tundren zu überleben, und dann gar noch über die Beringstraße zu ziehen.

Im Rahmen der Beringstraßen-Einwanderung sind diese Funde nicht zu erklären, jedoch mit der Kontinentalbrücken-Theorie. Der Vulkanismus steuert also nicht nur die Bewegung der Kontinente, sondern ermöglicht auch die großen Wanderungen des Menschen zu neuem Siedlungsland.

Atka, aus dem Feuer der Erde geborene Schönheit, ist wie eine steinerne Welle geformt: Im Westen wächst sie rasch auf etwa 500 m Höhe an, erreicht in der Mitte etwa 700 m und stürmt nach Osten fast 1500 m in den Himmel, um dann gleich jählings ins Meer zu stürzen. Doch keine 5 km weiter im Osten taucht diese steinerne Welle wieder auf – dann heißt sie Amlia Island. Etwa 90 km reicht dieses in Stein erstarrte Wogen und hat dem Meer eine Breite von ungefähr 5 bis 20 km an Platz abgerungen.

Atka trotzt nicht nur stoisch dem Ansturm von Beringmeer und Nordpazifik – in der Insel brodelt vulkanisches Leben, der Ostteil wächst.

Die Schönheiten der Insel hörten gar nicht mehr auf. Atka, in ihrer Mitte mit einem Gürtel aus hellem Nebel geschmückt, erwuchs schöner und schöner. Und um diese überragende Schönheit auch richtig herauszustellen, erstrahlten Meer und Land unter gleißendem Sonnenlicht. Keiner von uns konnte sich davon losreißen, alle blieben an Deck, obwohl Judy und Dave noch müde von der Morgen-Ruderwache waren. Die Headhunter bekamen wieder ihr Südsee-Feeling, Lachen umkreiste die »Shantung« – und: Wiegte sich der Drache nicht freudig im Takt klassischer Musik?

Ich hing gerade zwischen Seilen und Anker am Bug, um so viel

wie möglich von Atkas Schönheit mit der Kamera einzufangen.
»George, ich wünsche dir ja viel Glück, aber das da«, Michael umkreiste mit der rechten Hand den Ostteil Atkas, »das kann man
nicht fotografieren. Komm, setz dich zu uns, wir gravieren so etwas
in die Seele ein.«

Während der Seelengravur: »Seht doch, wie stark die Gipfelregion
eingeschnitten und eingekerbt ist – da müssen Gletscher gearbeitet
haben.«

Ich korrigierte, die Gletscher haben an dieser Stelle nur ein bißchen
herumgeschnitzt. Die gesamte Ostregion dort sei nur ein riesiger
Kessel, eine Chaldera, auf der die heutigen Vulkane, Korovin, Kliu-
chef, Konia und Sarichef aufsitzen. Der eigentliche, wirklich große,
der ursprüngliche Vulkan, der Atka-Vulkan, habe vor geraumer Zeit
seinen gesamten Gipfel in die Wolken geschickt.

»Äh, well, George, wann war hier der letzte Ausbruch?«

»1987, es war der Korovin. Aber, hm, da ist noch was erwäh-
nenswert: Der Krater des Korovin soll fast bis auf Meeresniveau reichen. Wenn da mal Wasser eindringt...«

»Roger, wir sind schneller. Wir handeln jetzt!« Michael meinte, er
wollte ja ursprünglich mit dem Bier bis zur Hafeneinfahrt warten.
Aber angesichts dieser heimtückisch lauernden, ja atombombenarti-
gen Bedrohung solle die Hurra-Ziel-erreicht-Party jetzt schon starten. Ob das auch die Delphine für richtig hielten, die aus dem
Nichts auftauchten, lange Zeit bei uns blieben, um mit dem weißen
Drachen zu spielen?

VIII Native Town Atka: zu Gast bei den Unangan

1 *Willkommen heute – und damals*

Heute: Weite Sicht, alles zum Greifen nahe – doch die Entfernungen wirkten wie magisch ins Unendliche gestreckt. Es wurde Nacht, als wir Atka, den Hafen der Native Town der Unangan erreichten. Nacht, kristallklare Nacht unter einem überirdischen Sternenhimmel – zunächst, bis ein Mond aufging, wobei hawaiianisch eigentlich untertrieben wäre. Die Sterne verblaßten nicht, der Mond schien nur wie ein riesiger, gutmütiger und besonders schöner Planet, die Sterne der Milchstraße, Nachbargalaxien und Sternennebel schienen näher zu rücken, ja zu grüßen.

Ein Boot hielt auf uns zu. Wir winkten, zwei Gestalten winkten zurück. Jetzt würde es sich zeigen, ob wir hier bleiben dürfen oder weiterfahren müssen. Wir befanden uns auf Stammesgebiet – die Aleuten oder Unangan, wie sie sich selbst nennen, haben hier Hoheitsrecht.

»Hallo, wir kommen von Attu, das ist ein neuseeländisches Schiff. Aber wir haben auch einen German an Bord, das ist sein Kajak und...«

»Oh, den haben wir im TV gesehen, etwa den Professor mit dem Seakayak, der die Inseln hinunterfahren will?«

»Dürfen wir hier ankern?«

»Das klären wir morgen beim Atka Tribal Council. Ihr kommt von Attu... Not bad, herzlich willkommen, wollt ihr Lachse?«

»Wollt ihr was zum Aufwärmen? Okay, kommt an Bord.«

Zufall? Egal, aber so lernten wir Simeon Snigaroff, den Sohn des Bürgermeisters von Atka, und seinen Verwandten Simon kennen.

Nächte mit solch einem wunderbaren Sternenhimmel und dazu auch noch dieser riesige Vollmond seien unglaublich selten auf Atka. Und wie warm es noch sei. (Relativ, wir trugen alle Pullover oder Jacken.) Es müsse ein Zeichen sein, wahrscheinlich sollten, ja mußten wir uns hier treffen, beurteilte Simeon die Situation.

Als wir einmal alle gemeinsam die Juwelenausstellung über unseren Köpfen bewunderten, bemerkte Dave: »Funny, wir blicken alle da hinauf und wie viele mit uns – ob auch Augen von dort oben auf uns sehen?«

»Ja, sehr wahrscheinlich sogar – manchmal bin ich mir fast sicher. Nichts ist leer und unerreichbar. Einige unserer Inseln sind auch sehr weit auseinander, und trotzdem haben meine Vorfahren sie alle mit Kajaks erreicht.«

Ruhe hatte ich nun, obwohl mein Lager am Strand recht nahe bei der Aleuten-Siedlung Atka lag, auf Tuchfühlung eigentlich. »Sehr neugierig oder gar kontaktfreudig sind die hier aber nicht«, war mein erster Eindruck. Der zweite: »Wie ruhig und gesetzt man sich hier verhält, Emotionen zu zeigen, ist hier wohl verpönt.« Ob sich ihre Historie im Verhalten widerspiegelte? – Das *älteste* Volk der Erde, das nach William S. Laughlin als kulturelle Gruppe ihren Siedlungsort nie verloren hat.

Die Ruhe sollte allerdings keine bleiben, denn sehr bald sollte ich lernen, lernen und wieder lernen – ein Ausflug in jahrtausendealte Jagd und Streifzüge in der Jetztzeit würden bald folgen. Damit erhielt ich meinen dritten Eindruck: »Wer denen nicht glaubt, aber trotzdem auf den Aleuten leben will, ist ein verdammter Idiot – und wird hier bald untergehen.«

Zunächst genoß ich die neue Situation: Ruhe, solider Boden unter den Füßen, Platz, enormer, schier unendlicher Platz, einen eigenen Wildbach, einen eigenen Strand – teilweise mit Sand, begrünte Hänge voller Wildblumen, Kajakanlegestelle, Lagerfeuerplatz mit genügend Feuerholz. All dies ruhte eingebettet in einer weiten, großartigen Bucht mit fesselnder Fernsicht auf einen tätigen Vulkan. Am linken Strandende wartete ein kleiner Hafen mit ein paar Fischer-

booten und darüber, die Anhöhen hinauf verstreut, die bunten Ark-
tikhäuser des alten Teiles der Aleuten-Siedlung. Rechts verlor sich
der Blick in Felsen, Klippen, dann grüne Hügel und Fjorde, Anhöhen und Fjorde... Und: Ich konnte endlich ausgiebig schlafen.
Schön, friedlich, ja romantisch, es sah so aus, als hätten die Headhunter und ich eine sehr günstige Zeit erwischt, um eine Zeitlang
bei den Unangan zu sein. Denn – das war nicht immer so.
Damals: Nach Ioann Veniaminov aus dem Jahr 1840 ächteten die
Leute von Atka, die Atkhans, alles, was an Fremdem an ihre Strände
gespült wurde. Und so verbrannten sie Wrackteile von japanischen,
chinesischen und russischen Schiffen und warfen Eisenteile unter
Verwünschungen zurück ins Meer – *bevor* die ersten Russen mit
Captain Vitus Bering 1741 Alaska »entdeckten«. Als die ersten Russen auf Atka landeten, wurden sie für Geister, ja böse Dämonen
gehalten.
Erinnern Sie sich an meine Landung auf Buldir? Trotz aller Härte –
einem Russen namens Lisenkov war es so ergangen: »Die erste Insel
der Aleuten-Inseln wird von ihnen Ib'ia genannt, die gleiche als
Buldyr' benannt. Auf ihr lebt ein sehr wildes und unfreundliches
Volk. Wenn es notwendig ist, wegen (Trink-) Wassers zu landen,
greifen sie sofort an und erlauben einem nicht, am Strand zu bleiben...«
Auf Kiska, einer Insel der Rat Islands, bin ich ja auch gelandet,
während meiner »500 Mile Nightmare«, und da gab es ehedem eine
weitere Variante des Willkommens für Fremde laut Lisenkov:
»Wenn es aussieht, daß ein Schiff nahe an einer dieser Inseln vor-
beisegelt, erscheinen diese Leute in ›baidarkas‹ (Doppelkajaks) und
geben vor, auf die Weise freundlich einzuladen, indem sie auf einen
geeigneten Hafen zeigen. Sie sehen Eisen auf den Schiffen, und dies
ist es, warum sie uns anregen, zu kommen. Sie kommen an Bord der
Schiffe, wie Freunde, und zählen, wie viele Leute die Russen an Bord
haben. Wenn man ans Ufer kommt, greifen sie so stark an, daß man
es schwer hat, sicher zu entkommen...«
Man schrieb inzwischen den 25.7.1994, übte man sich inzwischen
im Rollentausch? Langandauerndes Knattern veranlaßte eine offen-

bar recht müde, auffallend bunt gekleidete Gestalt mit langer wilder Haartracht, aus einem Zelt nahe dem Strand und der Mündung des Wildbaches hervorzukriechen. Da saß jemand auf einem Fourtrack, einem vierrädrigen Geländemotorrad, ein sehr beliebtes Modell unter den Unangan auf Atka, in Bluejeans, modernen Sportschuhen, dunklem Bluson, Sonnenbrille in die blauschwarzen halblangen Haare gesteckt, schwarzen Wollhandschuhen und grüßte verhalten. Die verwegene, an einsamer Meeresküste hausende Gestalt erinnerte sich ihrer europäischen Herkunft, wollte auf deutsch grüßen, kapierte jedoch, dies besser auf englisch zu tun – und erkannte schließlich in dem so modern Mobilen ihren neuen Unangan-Freund Simeon Snigaroff, den Sohn des Bürgermeisters, der früher Häuptling war.

Simeon meinte, nachdem die gestrige Strandparty so schön war, das Wetter heute keinen Regen verspräche, sollten wir es am Abend nochmals versuchen. Sein Adoptivverwandter, Simon, der Yupik-Eskimo, sei auch wieder dabei, dazu Panu, der finnische Sprachforscher, und von den Neuseeländern käme Dave auf alle Fälle, und der würde diesmal auch seine Gitarre mitbringen. Er dagegen käme wieder mit frisch gefangenem Lachs.

Die Suche nach Feuerholz könne ich mir sparen, denn er habe dort vorn schon besonders trockenes deponiert.

Nochmals verwöhnten uns Himmel und Wetter, nochmals zauberte der große rötliche Vollmond eigenartige Schatten, die von den Schein- und Schattenspielen rings um das Lagerfeuer geneckt wurden. Riesenhafte Gestalten tanzten auf plötzlich so klein wirkenden Klippen und Hängen, selbst die Brandung des Beringmeers schmolz zu Karpfenteichgeplätscher.

Mit Dave war eine eigenartige Verwandlung geschehen: vom einstigen Yachtpiraten zum singenden und Gitarre spielenden Musiktramp. Eine Pulle wirklich echter Jamaika-Rum, aus der Schatztruhe der »Shantung«, kreiste, und die Flaschengeister beschlossen, hier auf Atka zu bleiben.

Ob die Vorfahren der Unangan auch Alkohol gekannt hätten? Simeon grinste und deutete auf mannshohes Gras, das Getreide ähnelte:

170

Lyme oder »Beach Grass«. Frauen hätten vor langer Zeit daraus eine Art Met gebraut. Wie? Die Pflanzen wurden gekaut, dabei mit Speichel fermentiert, und in ein Gefäß gespuckt; man ließ das Zwischenprodukt gären und goß Wasser hinzu. Erhitzen und Lagern verwandelten die Stoffe der anmutigen, harmlosen Strandgräser in ein Getränk, das selbst starken Jägern und Kriegern gefährlich werden konnte.

»Kennt ihr Petrushky?«

»Frost killing Wodka, nette Frau?«

»No, da probiert mal.« Simeon pflückte ein paar Blätter, zerkleinerte sie und bot sie zusammen mit gegrilltem Lachs an. Nicht auf Tellern, sondern er wickelte Fischstücke in große, handförmige Blätter ein, die nicht mitgegessen wurden.

Michael hatte gelesen, die Aleutians hätten Fleisch und Fisch lediglich roh gegessen, und selbst im Winter wären sie in den Erdhäusern ohne Feuer ausgekommen. Simeon klärte auf, daß Kochen und Braten alte Tradition habe, doch unter harten, besonderen Umständen konnten seine Vorfahren direkt und ohne große Umstände vom Land leben.

Daß dies mir in ein paar Wochen auch blühen würde, konnte ich nicht ahnen – doch davon später.

»Wenn Jäger oder Krieger längere Zeit in Kajaks unterwegs waren, hatten sie außer Waffen und Jagdgeräten fast nichts dabei. Alle wollten so leicht wie möglich sein, es galt: wenig Gewicht – große Geschwindigkeit und Wendigkeit...«

»Simeon, wiederhole das bitte noch mal für den George, denn der hätte uns mit seinem Krempel beinahe zum Sinken gebracht. Wie der all das Gewicht allein per Kajak bewegen kann, bleibt mir ein Rätsel.«

»Hi, ich bin John, komme von der ›Midas‹, dem Fabrikschiff, habe euer Feuer gesehen, darf ich mich zu euch setzen?«

»Rum, Bier, Lachs und gebackene Kartoffeln – sit down please and help yourself.«

John war ebenfalls eine auffallende, wilde Erscheinung, etwa ein Pirat aus einem Erol-Flynn-Film, in derber, abgewetzter, ehemals

171

leuchtend orangeroter Arbeitskleidung der alaskanischen Fischer. Hoch gewachsen und gerade stand er da in seinen braunen Gummistiefeln, das typische rasiermesserscharfe Fischermesser im schwarzen Nylongürtel. Auffallend wache Augen tasteten uns ab, und ab und zu griff er entschuldigend zum Marine VHF Radio und beantwortete Rufe seines Schiffes, der MV »Midas«.

Die Neuseeländer und der German Professor sollen sich verwöhnen lassen – der Kapitän und die Offiziere des Processors »Midas« erwarteten uns am nächsten Tag zum Lunch, Schiffsbesichtigung und Dinner. Es gäbe auch an Bord für uns warme Duschen.

Mehr Beachparties folgten und mit wechselnden Teilnehmern. Wären nicht ab und zu ein Unwetterchen, Nebel mit Nieselregen oder zeitweilige Himmelseinstürze vorgekommen, hätten meine Tage auf Atka mit kurzem Frühstück beim Zelt begonnen und mit langem Dinner beim geselligen Lagerfeuer geendet.

Nicht gerade ein strenges Leben hier auf Atka... Man könnte doch viel mehr erreichen: Felduntersuchungen durchführen, Forschen, Schreiben und Fotografieren und und... Dies tat ich auch – nur anders: der Situation hier auf Atka gemäß.

Einer arbeitete da fast ständig und sehr intensiv: Panu Hallamaa, der Sprachforscher aus Finnland von der Universität Helsinki – den aber die hier lebenden Unangan für einen Missionar hielten.

Der große blonde, etwas schlaksige und immer freundliche Panu fand auch heraus, wo sich fast die gesamte und auch dort Aleut sprechende Gemeinde am Wochenende aufhielt: in der Gemeindehalle beim Bingo.

Panu war nicht so ganz glücklich mit seinen Interviews, bei denen er die Gespräche mitschnitt, denn ich sollte Tage darauf herausbekommen, daß die so verhalten reagierenden Atkaleute leidenschaftlich gern Bingo spielten und sich dann dabei von niemandem und nichts ablenken ließen.

Wie bewunderte ich Panu, daß er sich in dieser für mich vollkommen fremden Sprache unterhalten konnte. Doch dann fühlte und bemerkte ich: Man begann auf mich zu reagieren. Da war zunächst

172

mein Kajak, welches natürlich auf die Unangan, deren Vorfahren ja diese Art Boot erfanden, magnetisch wirkte.

Manche kamen da so völlig, so absolut »zufällig« beim Boot oder dem Lagerfeuerplatz vorbei, sahen, grüßten, nickten, blieben aber auf Distanz. Andere klopften mal prüfend auf die Bootshülle oder hoben den fremden, aber irgendwie vertrauten Apparat etwas an. Und dann versuchte man mir etwas beizubringen: »Schön, solide«, das begann ich bereits aus den pfiffigen Jägergesichtern zu lesen, bevor sie es mir auf englisch sagten. Doch dann betrübte, ja verzerrte ein »Oh, schwer, furchtbar schwer!« die Gesichter, färbte die Stimmen. In mir begann etwas zu dämmern.

Daß dann nachts selbst bei Nebel, Nieselregen und Wind jemand mit dem Sohn des Bürgermeisters am Lagerfeuer saß, war irgendwann auch nicht mehr zu übersehen. Diesen Brauch des Sommers 1994 pflegten wir beide weiter, auch nachdem Simon längst wieder in Anchorage weilte, Panu nach Dutch Harbor geflogen und die »Shantung« zum selbem Ziel unterwegs war.

Simeon erwies sich als wahrer Sohn seines Volkes, was ich ihn auch fragte, er gab mir erschöpfende Antwort, erklärte sachkundig oder erzählte fesselnd. Dabei erfuhr ich so manches Verblüffende.

»Heilkunde? Natürlich beherrschten dies meine Vorfahren, sie kannten Akupunktur und Chirurgie.«

»Mein Vater? Ja, heute ist er frei gewählter Bürgermeister, wir werden eben modern. Aber früher, da war er noch Chief!«

2 Simeon Snigaroff, der Unangan, reicht die Hand

Nach den wenigen glücklichen Tagen fing es zu regnen an – und das hielt an, bis ich Atka verließ.

»But the game never ends when your whole world depends on the turn of a friendly card...« Ich wollte meinen Ohren einfach nicht trauen, aber da erklang tatsächlich diese Musik, die für mich auf dieser Expedition schicksalhaft wurde – und in was für einer festivalartigen Lautstärke. Neugierig spähte ich aus dem Zelt in die graue kalte Regenhölle. Ein Fangschiff lag vor Anker, ließ einen Scheinwerfer aufblitzen. Kein Zweifel, vom Schiff her kamen die vertrauten Töne, von der »Gulf Maiden«.

Das war wie ein Lichtstrahl vom Himmel, und von diesem Augenblick an wußte ich, daß alles weitere gut ausgehen würde.

Knattern ertönte bald darauf, und Simeon überquerte mit seinem Fourtrack den angeschwollenen Wildbach. Er fragte mich, ob ich lernen wolle, Lachse zu fangen – im Unangan style.

Es ging nicht immer kraß bergauf oder jäh aufgähnende Schluchten hinunter, wie man dies auf einer Vulkaninsel erwarten könnte, aber dafür jagte Simeon um so rasanter die flachen schwarzen Sandstrände entlang. Beide genossen wir die Überquerungen von seichten Meeresarmen und Bächen.

Wie schutzsuchende bunte Zwergenhäuschen drängten sich die Gebäude der neuen Siedlung in der weiten welligen Hügellandschaft zusammen, in die, von den Bergflanken her kommend, Wolken und Nebelbänke hinabschwebten. Vielversprechend funkelten die großen Fenster der modernen Schule, und die Runway des Feldflughafens wirkte vor der weiten Bucht mit den wuchtigen Vulkankegeln gegen den grauen Himmel nur wie eine zufällig gezogene Spielzeugbahn, die Kinder etwas weiter weg vom Strand gebaut haben.

Moor auf Moor verknüpfte die schmale Geländepiste wie eine grobe Kordel die rostbraunen und grünen Steine der liegengelassenen Halskette eines Vulkanriesen, bis wir das Medaillon erreichten: ein schöner, mit Blumen und liegenden Tundrabäumchen umkränzter See.

»Warte, spare deinen Film, es kommt da noch besser.«

Einen tief ins Hochmoor eingeschnittenen Bach ging es entlang, den Abfluß des Lachssees. Nahe der kleinen Schlucht, die der Bach geschaffen hatte, lagen alte aber bewohnte Holzhäuser. Was die hier so weit weg im Moor suchen, wollte ich schon fragen, als Simeon einen steilen Hohlweg hinaufsauste und anhielt.

Die Frage schenkte ich mir – da vorn lag die Antwort: Eingerahmt von hohen, nebelverhangenen Bergflanken schnitt plötzlich eine

174

gerade noch überblickbare Bucht die Hochmoorlandschaft ab, dunkel schimmerten flache Sand- und Kiesstrände, die landwärts in langgestreckte Dünen übergingen. Linker Hand durchfloß der inzwischen recht kräftig strömende Bach sein flaches, aber weites Sanddelta. Am rechten Ende der Bucht wälzte ein von den Vulkanen her kommender Fluß trübe Fluten ins anrennende Beringmeer. Schroffe Kliffs und Klippen ragten weit in das tanzende und rollende Graugrün, umrahmten oben an deren zackigen Enden die gelblich leuchtende Kugel, die durch quirlende milchige Schleier und ruhig schwebende graue Wolkenbänkchen hindurchschien.

»Moment, warte noch, nur ein paar Minuten.« Simeon lächelte.

Wie von Geisterhand riß der verhangene Himmel auf, und eine grell aufflammende Sonne zauberte frische Pastellfarben auf Flächen, die zuvor ein schüchtern getarntes Dasein führten.

»Es sind noch keine Lachse da. Ich schlage vor, wir fahren erst einmal zum Fluß dort rechts, da solltest du fotografieren.«

Dort angekommen, suchte er kurz am Strand, bückte sich und zeigte mir gerundete, mürbe Steine, die von einem der Vulkanausbrüche stammten. Er erzählte mir, mit diesen Steinen habe man früher die bunten Hüte der Jäger bemalt, so leuchtend bunt wie die modernen Modelle seien die alten nicht gewesen.

Dann fragte er, ob ich dort vorn etwas in den Wellen gesehen habe. Ich sah gar nichts. Auf die Antwort, »Kringel, die Unruhe«, antwortete ich, dort sei alles unruhig, eher geknäuelt als gekringelt. Er meinte, ich müsse genauer hinsehen, ein Lachszug sei unterwegs, und die Lachse wollten nicht in den trüben Fluß hier schwimmen, und bald wären sie beim Bach auf der anderen Seite.

»Du verkohlst mich!«

»Schnell auf den Fourtrack, wir werden ja sehen, ich weiß es.«

Wir liefen zum Fahrzeug, sprangen auf, und ab ging es in Windeseile. Und mitten unter der Fahrt, während mir beinahe Mütze und Brille davongeflogen wären:

»Da, sieh, die ersten springen schon!«

»Aha, was du alles siehst... aber halt, dort, ja, ganz deutlich, jetzt habe ich's auch gesehen, du hattest recht!«

»Natürlich, ich weiß es.«

Wenn Simeon meiner Meinung nach bisher recht flott fuhr, dann befand er sich jetzt wirklich in Eile, ach was, jetzt packte ihn etwas, das seinen schnellen Fourtrack in ein Geschoß verwandelte, das nur noch ab und zu auf den Boden hüpfte. – Jagdfieber.

»Siehst du, dort die Kringel, Flossen, alles schön regelmäßig. Und jetzt, der tolle weite Sprung. Paß auf, der springt gleich noch mal. Mann, ich sage dir, das sind Silver, Silver Salmon.«

Simeon hielt. Wir sprangen ab. Schnell griff er seine kurze Wurfangel und schleuderte in elegantem weiten Bogen den großen Drillinghaken weit über den Brandungsbereich dahin, wo er den großen springenden Lachs vermutete, trieb den Haken mit peitschenden Bewegungen der Rute zurück, wobei er gekonnt schnell die Schnur aufrollte.

»Damn, hit but missed him!« Da sprang er wieder. Wieder flog der Drillinghaken. Wieder trieb er ihn peitschend zurück.

»Got him! Oh, das ist ein großer. Der wird kämpfen, ein großer Silver gibt nie auf!«

Ein gut einen Meter langes Torpedo katapultierte sich immer wieder aus dem Wasser, wechselte die Richtungen. Vergebens, Simeons Haken saß.

Ich solle mir gut merken, was ich gesehen hatte. Dann zeigte er mir die zweite Methode: Lachsfang in einer Bachmündung. Nach wirrem Zickzack ließ er den großen Lachs sich beruhigen. Behutsam warf er den Haken über den verharrenden Fisch, zog den Drilling ein wenig in Richtung Kopf, konzentrierte sich. Und mit einem Ruck riß er die Rute zurück, trieb den Haken genau in den Kopf des stehenden Lachses. Der sprang jetzt in alle nur möglichen Richtungen, und mit einem gewaltigen Satz landete er auf dem Trokkenen. Ohne zu zögern, zog Simeon Schuhe und Socken aus, krempelte die Hosen hoch und sprang auch schon zum hüpfenden Lachs ans andere Ufer.

»Merke dir diese Technik, Gernot, das ist kein Sport, nur eine Überlebenstechnik, ich habe das Gefühl, du wirst sie noch anwenden müssen.« Er sollte recht behalten.

3 Die Unangan-Kultur – früher und heute

Ich wurde zur Besichtigung der neuen Schule eingeladen. Alles steckte unter einem Dach, von der Elementary School bis zur High-School. Heute konnten die Kids in Atka bleiben, früher mußten sie wie Simeon noch nach Dutch Harbor.

Alles unter einem Dach konnte man wörtlich nehmen: Von der zentral gelegenen, domartigen Bibliothek führten Räume und Gänge in andere Räume und Gänge – ohne Türen oder Wände dazwischen.

Ob man hier an die uralte Bauweise der Unangan gedacht hatte? Bevor die Russen die Inseln eroberten, lebten die Aleuten in *Barabaras,* teilweise in den Boden gebaute und mit Erde abgedeckte Holzhäuser von 15 bis 70 m Länge und 10 m Breite. In größeren Winterquartieren waren manchmal bis zu sechs solcher Langhäuser zickzackartig aneinandergereiht. In jeder Hauseinheit lebten etwa 20 bis 30 verwandte Personen, junge Familien oder Frauen mit ihren Kindern in winzigen, nur wenige Meter großen Abteilen, die nur von Grasmatten getrennt wurden.

Es gab aber kein fürchterliches Durcheinander, gegenseitige Störungen ohne Ende, was Angehörige der Westkultur sofort bemerken könnten. Auch nicht die Hölle schlechthin, woran eingefleischte Singles dächten. Westlichen Lehrern würden solche tatsächlich offenen Schulen wohl nur in üblen Alpträumen erscheinen.

Umdenken war hier dringend erforderlich. Die Aleuten pflegten ein streng hierarchisch gegliedertes Gemeinwesen und liebten harte, aber trotzdem liebenswürdige Disziplin.

Es herrschte auch kein ständiges Gerede, denn obwohl die Aleuten Meister im Erzählen von Geschichten und Sagen waren, galt eine Grundregel: Wenn man momentan nichts Wichtiges, nichts wirklich Neues zu sagen hat, schweigt man.

Wie in einer alten Barabara sah es hier wirklich nicht aus, eher wie in einem supermodernen Konferenzzentrum mit Bibliothek, Computerterminal, Werkstatt und Turnhalle.

Hier war eine bemerkenswerte Synthese aus naturliebender Jägerkultur und ins Raumfahrtzeitalter führender Westkultur geglückt.

Zahlreiche folkloristische Dekorationen an Wänden, Fenstern, Regalen und Glaskästen nahmen jegliche kalte Strenge.

Auf kräftig bunten Wandmalereien schwammen Seeottern, Delphine oder Wale. Traditionell gekleidete Jäger ritten hohe Wellen in kunstvoll gebauten Kajaks ab. Vor majestätischen Vulkanen tummelten sich Seelöwen oder bunte Papageientaucher.

Über einem völlig neu eingerichteten Computerterminal hing das Riesenposter eines amerikanischen Space Shuttle. Die Aufnahme kannte ich, aber mich interessierte momentan viel mehr das Modell im gegenüberliegenden Raum – der Rahmen eines Aleuten-Kajaks.

Auf den ersten Blick glich es dem hölzernen Gerippe eines Faltbootes. Es gibt weder Bolzen noch Schrauben, Rahmenteile sind gesteckt oder mit Schnüren aneinandergepaßt. Ganz wie ein modernes Seekajak besitzt es eine ausgeklügelte Handsteuerung, die das Ruder im Heck bewegt. Besonders auffallend sind sowohl Heck als auch Bug des Rahmens. Das Heck verjüngt sich nicht allmählich spitz zulaufend wie bei modernen Seekajaks, sondern endet abgeschnitten, ähnlich modernen Segelbooten. Der Bug verläuft eingeschnitten, schnabelförmig geteilt, als sollte er als Rammsporn dienen.

Simeon meinte, der Bug gliche einem schwimmenden Seeotter und habe damit Tarnwirkung, während meiner Meinung nach der Bug seitlich auftreffenden Wellen weniger Widerstand bot. Wie dem auch sei, das Kajak der Unangan war das beste aller Kajakarten und stellte den technischen Gipfel der Aleuten-Kultur dar.

Jedes Kajak demonstrierte perfekte Maßarbeit, war genau auf die Proportionen des Jägers geschnitten, war federleicht, schnell, wendig und seetüchtig.

Auch wasserdichte Spritzdecken und Trockenanzüge besaßen Aleuten-Jäger. Wasserdichte Spritzdecken hatten die Eskimos auch schon benutzt. Aber die Unangan hatten bereits wirklich funktionierende Trockenanzüge aus gegerbten Därmen mariner Säugetiere. Funktionieren heißt hier, daß sie Materialien bearbeiteten, die die Nässe von außen fern hielten, aber die Körperfeuchtigkeit nach außen ableiteten wie es moderne Supermembranen zu können vorgeben.

Dies bedeutet, daß die sogenannte Steinzeitkultur längst eine wirklich funktionierende Textilmembran erfunden hatte.

Etwas mißtrauisch betrachtete ich das lange, nicht gedrehte Doppelpaddel, das an den Enden anstatt in Schaufeln in schmale »Klingen« ausläuft. Meine Haltung zu dieser Art Paddel sollte sich jedoch später in Unalaska ändern.

Abbildungen von wasserdichten Kleidungsstücken sah man noch mehr in der Bibliothek: regendichte Umhänge, Mäntel und Mützen, teils verziert, um Rangunterschiede zu zeigen oder für festliche Anlässe. Es gab auch Schlichtes für den Alltagsgebrauch. Simeon betonte immer wieder: »Völlig wasserdicht, haltbar und *federleicht*.«

Da war es wieder, dieses *federleicht*. Es zog sich wie ein roter Faden durch die Kultur der Aleuten. Schwere Gegenstände, besonders Ausrüstung und Kleidung, erschienen den Unangan suspekt.

Dann kam die für mich größte Überraschung: Das Bild des höchstentwickelten Kajaks der Geschichte: Segel in allen möglichen Formen gab es da, Spritzdecken, Steuerungen, Auftriebskörper, Stabilisationseinrichtungen, Treibanker und Festanker, einteilige Ersatzpaddel, Reparatursets, wasserdichte Packsäcke und Lebensmittelgefäße, ja sogar Bilge-Pumpen. Und das Kajak selbst konnte für zwei, drei und sogar mehr Personen gebaut werden. Die Russen nannten die Mehrpersonenboote »Baidarkas«.

In solchen Dreimann-Baidarkas transportierten häufig zwei Unangan einen russischen Missionar von Insel zu Insel im 18. Jahrhundert.

Zwar findet man noch gelegentlich funktionsfähige Gerippe von Kajaks, doch scheint heute leider niemand mehr die Gerbekunst für die Häute der Hülle zu beherrschen. Und das i-Tüpfchen des Bootsbaus haben die heutigen Frauen der Unangan wohl auch vergessen, eine Fähigkeit, die vielen modernen Outdoor-Artikeln nützen könnte: die wasserdichte Naht.

Dann zeigte man mir Zeichnungen von 9000 Jahre alten Steinklingen mit jeweils nur einer Schneide, die nach dem Anthropologen William S. Laughlin bewiesen, daß die Unangan vor 9000 Jahren die Aleuten erreicht hatten. Die Fundstelle liegt auf einer kleinen Insel namens *Anangula* nahe der großen Insel Umnak Island und der Unangan Native Siedlung Nikolski im Ostteil der Aleuten-Kette. Anangula, die älteste Fundstätte an den Küsten des Beringmeers, heißt übersetzt etwa: »Wo der Wal nach Norden schwimmt.«

Gegenüber auf der großen Insel Umnak entdeckte man auch die Weiterentwicklungen der Klingen aus Obsidian: 7000 bis 6000 Jahre alt und zweischneidig.

Ebenfalls auf Umnak nahe des alten Dorfes *Chaluka* fanden Anthropologen menschliche Kulturreste in einem riesigen Abfallhaufen (215 m x 61 m x 8 m). Nach William S. Laughlin stecken in diesem Haufen die Beweise, daß Aleuten hier die letzten 4000 Jahre ununterbrochen siedelten.

Simeon beobachtete mich aufmerksam, weil ich plötzlich so kritisch auf die Fundamente eines 4000 Jahre alten Hauses von Chaluka starrte. Ich wunderte mich, warum man dort vor 4000 Jahren solide und sorgfältig errichtete, kreisrunde oder ovale Grundmauern aus Steinen legte und später nach Jahrtausenden einfach nur Gruben aushob und diese mit Planken oder Walknochen befestigte. Dies hat große Konsequenzen!

Dies bestätigte meinen Verdacht, daß die Geschichte der Unangan etwas komplizierter ist, als dies die meisten Anthropologen meinen.

In Dutch Harbor habe ich etwas ganz Sensationelles in einem Buch gefunden: Die Unangan auf Attu berichteten von Resten alter Siedlungen – Siedlungen, die ihre Vorfahren nie gebaut hätten! Ioann Veniaminov, der russische Missionar, hatte dies aufgeschrieben.

Später zeigte mir Simeon das »Unangan-Alphabet« und ein umfassendes Wörterbuch, das Ioann Veniaminov entwickelt hatte, um die Dialekte der Aleuten-Sprache festzuhalten.

Hier das Beispiel des Anfangs einer Unangan-Erzählung vom Stamm der Niiˆguˆgis, die Mikhail Mershenin 1909 auf Atka amerikanischen Sprachforschern diktierte:

Ukalˆgan Tukuu

Wa(n) Ukalˆgan tukuu

umniin ayugiikaan igi(m) aagitik(uˆx) maasalix

ngaan iqyaˆxsiqalllˆg(an) amunaan hiˮxtal iˆganaˆgii.

Der Chief des Dorfes
Der Chief des Dorfes,
als sein Neffe (seiner Schwester Sohn) alt genug war, um in einem Boot
hinauszugehen,
fing an, eine Baidarka für ihn zu bauen – er sagte, so wird es erzählt.
Endlich fand ich die Quelle, woher Alaska eigentlich seinen Namen
hatte. Die Unangan nannten das Festland, die alaskanische Halbinsel, *Alaxsxa,* was die Russen wiedrum *Alyaska* nannten, und daraus
wurde das heute bekannte Alaska.
Bücher, Bücher und wieder Bücher... und dazu ein Arsenal moderner Computer; die Native School auf Atka bot wirklich alles, um
die Jugend der Unangan ins 21. Jahrhundert zu schicken, und auch
Simeon konnte mit einem Computer umgehen. Aber eines hielt er
für die größte Kunst, in der er sich und andere auch täglich übten –
vom Land leben und so zu überleben.

4 Der gute Rat der Häuptlinge und anderer Freunde

Zurück nach Dutch Harbor im Kajak? Immer noch spielte ich mit
diesem Gedanken, obwohl das längst nicht mehr notwendig
war, lediglich ein unkalkulierbares Risiko darstellte. Trotzdem suchte ich nach Informationen über vorherrschende Wetterverhältnisse,
besonders über Winde und Strömungen. Irgendwann kam ich auf
die Idee, die Reaktionen der Atka-Leute genau zu beobachten.
Simeon stellte den jungen Warum-nicht-Typ dar. Sein Vater, der
Bürgermeister, ein vierschrötiger, kräftiger Mann von sanftem,
freundlichem Wesen, meistens lächelte er, signalisierte da etwas, das
für mich wirkte wie »Ich kann dich nicht hindern, traue dir das
durchaus zu, aber überlege es dir nochmals sehr gut«, der Typ des
aufgeschlossenen Warners.
Dann kam ab und zu der »Ausgestoßene« an mein Lagerfeuer, einer,
von dem Simeon meinte, er schösse hier nur quer und brächte
nichts Rechtes zustande. Der sah mich unverhohlen direkt an und

181

meinte, ob ich denn wahnsinnig wäre und ob ich denn immer noch nicht genug hätte. Körpersprache und Worte stimmten überein und so betrachtete ich ihn als den Halt-stopp-Typ.

Da waren mir zwei markante Leute aufgefallen, die hier zwar wohnten, aber keine Unangan sein konnten. Nach einigen Einladungen zum Essen und wundervollen Gesprächen übermittelten mir Pat Holmes, ein echter Philosoph/Naturforscher, und Vincent Aderlezki, ein draufgängerischer Jäger und Buschpilot, beide von der Behörde Alaskan Department of Fish and Game, daß sie sich sehr um mich sorgten, die Typen Probiere-es-vernünftig-zu-sein. Pat zeigte mir beeindruckende Survival-Videos der US Coast Guard und lehrte mich, Eßbares zu finden: Pflanzen, Muscheln und Schnecken. Dann schrieb er mir einen Namen auf und riet mir, diesen Mann unbedingt zu fragen, einen Aleuten, der einen Ruf als ausgezeichneter Navigator genoß und alle Gewässer hier kannte.

Also holte ich die passenden Seekarten hervor und besuchte Nick Nevzoroff, den Navigator. Nick, ein drahtiger, energischer Fünfziger mit den Bewegungen eines flinken Teenagers, stürzte sich gleich auf die Karten, suchte von Anfang an meinen Blick und nagelte ihn förmlich fest. Der Mann übermittelte nicht nur eindeutige Botschaften durch Augenkontakt, sondern stanzte sie einem direkt ins Gehirn.

Von Strömungen erfuhr ich, die nach gewohnten Gesichtspunkten unkalkulierbar seien und selbst kräftigen Motorbooten das Leben schwer machten. Nick erzählte mir, wie er einmal mit seinem 200 PS starken Motorboot in eine Gezeitenströmung geraten war und einen halben Tag dagegen ankämpfen mußte. Dies alles erfordere blitzschnelles Reagieren und stundenlanges Durchhalten, aber dafür seien mein Kajak und die Ausrüstung zu schwer! Das Urteil und seinen Blick werde ich nie mehr vergessen.

Er schlug mir vor, doch ein Stück ohne Gepäck in den Paß hineinzufahren. Sein Finger tippte auf eine Stelle, wo auf der Seekarte stand: »*Very strong tidal currents and a narrow channel make Amlia Pass dangerous for strangers to navigate.*«

Dies brannte wie die feurige Schrift an der Wand.

Am nächsten Tag fuhr ich vorsichtig in Richtung dieses berüchtigten Passes. So kreiste ich ein wenig, legte mich auch probehalber mit der Strömung an, dann drehte ich bei. Eigentlich hätte eine Exkursion per Fernglas völlig genügt. Dieses infernalische Kochen, Springen, Reißen und Toben überläßt man am besten sich selbst.

5 Die Insel-Schelfe

Dafür untersuchte ich die Geologie der Gegend um Atka um so genauer. Wie bereits auf den anderen Inseln erwiesen sich die Gesteine um die Pässe, also die Meeresdurchbrüche, als tektonisch stark beanspruchtes Gesteinsmaterial. Viele Pässe sind das Ergebnis von Störungen, Brüchen und Blattverschiebungen. Ist das Gestein erst einmal tektonisch zerrüttet, dann bietet es der Erosion Angriffspunkte.

In größerer Entfernung vom Festland sind die unter Wasser liegenden Schelfgebiete besonders breit. Dagegen fällt der Unterwassersockel der kleineren Vulkaninseln, die oft nur aus einem Vulkanberg bestehen, sehr steil in die Tiefe.

Zum Bau der Aleuten-Inseln muß ich hier folgendes bemerken: Größere Inseln sind aus mehreren Vulkanen zusammengesetzt. Wo Lava ausfloß, sind die Gesteine zäh und witterungsbeständig. Aber wo Asche und Bimsstein ausgeworfen wurde, entstanden instabile Schichten. Diese Schichten konnte Gletschereis oder Packeis leicht ausräumen.

Nachdem der Meeresspiegel vor ca. 14 000 Jahren wieder anstieg, sorgte das ständig anstürmende Meer für weitere Erosion an den Küsten. Die eingeebneten Inselschelfe sind also nach dem Anstieg des Meeres nicht einfach nur untergegangen, sondern wurden weiterhin abgetragen.

Sowohl Gletscher- als auch Packeis hatten an den flacheren und »weicheren« Stellen der Inseln viel abtragen können. Der gefährliche Amlia Pass ist an der seichtesten Stelle nur ca. 6 m tief. Obwohl dieser Paß nur 2,8 km Weite aufweist, beträgt die Breite des flachen Inselschelfs dort 55 km und erreicht kaum eine Tiefe von 80 m. Während der letzten Eiszeit waren die Inseln Atka und Amlia mit Sicherheit verbunden gewesen.

Das gleiche gilt nach Westen hin zu den Andreanof Islands. Wenn auch der Schelf der Inseln, der Unterwasserteil also, gewöhnlich breiter als die sichtbare Insel ist, mußte ich allerdings mit Lücken in der »Brücke nach Amerika« rechnen. Größer als 45 km erwies sich jedoch keine Lücke nach Westen zu den Inseln Amchitka/Kiska. Entfernungen unter 50 km bedeuten jedoch Sichtverbindung – diese Lücken in der Landbrücke dürften den ersten Explorern keine Schwierigkeiten bereitet haben.

6 MV »Midas« – Verwöhnen auf einem Fabrikschiff mit MV »Pacific Breeze« II – die Warnung

Eine Einladung des Kapitäns der »Midas« zum Dinner an Bord rettete wieder einmal meine momentane Stimmung. Man wolle mich mit dem Motorboot abholen und zurück bringen.

Die »Midas« war Versorgungs- und Fabrikschiff für 12 bis 14 Crabber, die Fangschiffe, die oft Hunderte von Meilen vom Mutterschiff entfernt fischten. Stundenlang hatte ich schon zugesehen, wie korbweise erlesene und lebende Delikatessen aus den gefluteten Tanks der Crabber in die Ladeluken des Processors wanderten.

Ich erinnerte mich, wie mir beim ersten Besuch Seeleute der »Midas« zwei rote King Crabs ins Kajak abseilten – zwei Riesenviecher, lebend, jedes mit einem Durchmesser von gut einem Meter. Eine Krabbe umarmte mich um die Hüfte, der anderen gefiel die vordere Gepäckluke besser. Lachend entfernten dann die Headhunter bei der »Shantung« die Seemonster von Georges Kajak. Die King Crabs hatten einen Wert von zwei guten Champagnerpullen.

Das Stimmungsbarometer auf der »Midas« pendelte immer um »gut« und »sehr gut«, obwohl es sich hier um alles andere als ein Kreuz-

184

fahrtschiff handelte. Auf diesem Processor wurde nonstop Tag und Nacht Krabbenfleisch verarbeitet. Verblüffend für mich war zunächst die Anwesenheit von Frauen an Bord, aber es war deutlich, daß diese dem Schiff alles andere als Unglück brachten.

Daß hier Seeleute arbeiteten, die auch Gedichte schrieben, hätte ich zuvor nie geglaubt, aber davon konnte die Allgemeinstimmung doch nicht abhängen. Ein Rundumblick in der Galley brachte die Erklärung: Hier eichte ein vielseitiger Schiffskoch das Stimmungsbarometer.

»Was brauchst du, sag es, Vorräte, Wetterbericht, Batterien? Ja, komm, solange wir da sind. Die Saison heuer ist kurz, wir werden bald auslaufen – sobald dieser schon tagelange Sturm nachläßt.« So boten mir Kapitän, Offiziere und Mannschaft ihre Hilfe an.

Bob erschien, der Prototyp für die Rolle als »Captain Morgan«, aber ein stets freundlicher Fisherman von einem der Crabber, und meinte, ich solle unbedingt mit dem Captain seines Schiffes sprechen. Dieser habe jahrelang hier gefischt und kenne die Gewässer, mit denen ich mich anlegen wolle.

»The Islands of the four Mountains? Sorry, jahrelang habe ich in der Gegend gefischt – aber die Inseln habe ich nie gesehen. Nein, ich verkohle dich nicht, diese Inseln steckten immer im Nebel, ganz egal zu welcher Jahreszeit.« Captain Tim Gillman von der »Pacific Breeze«, diesem schönen Fangschiff, mit dem ich mich irgendwie verbunden fühlte, riet mir dringend ab, dorthin per Kajak zu fahren. Zwischen den Inseln herrsche ein konfuser Wirrwarr von Strömungen, und danach sei es auch nicht viel besser.

»Weißt du, wie schnell die Gezeitenströmungen dort sind? Paß auf, wir mußten einmal diesen Kanal da durchfahren«, er deutete gewichtig auf die Seekarte. »Die Flut kam, und der Nordpazifik drückte ins Beringmeer. Wir gaben Gas. Die Strömung riß stärker. Klar, wir gaben mehr Gas. Doch das Ergebnis war lächerlich. Ich ließ darauf die Maschinen auf volle Kraft laufen. Was glaubst du, was geschah?« Ich sah ihn an und zuckte mit den Schultern.

»Nichts! Mann, es geschah gar nichts. Das Schiff stand, es kam gar nicht vom Fleck weg. Wir dachten schon, die Instrumente seien gestört, gingen raus, und dann sahen wir es: der gleiche Felsen, der gleiche seit einer Stunde!«

»Das ist ja teuflisch.«

»Ich glaube, du kapierst allmählich. Weißt du, welches Bild ich von dir habe? Du magst der beste Kajaker der Welt sein und ein Wunderkajak paddeln, doch gegen die Maschinen unseres Crabbers kommst du nicht an. Mann, wenn du da hineingerätst, bist du wie ein *Teddy-Bär in einer Waschmaschine!*«

Es klopfte an die Tür von Pats und Vincents Haus, und der Captain der »Gulf Maiden« trat ein. Rinnsale liefen von seinem Ölzeug, und die Frage, ob denn der Dauerregen endlich nachließe, erübrigte sich. »Wir haben dein Kajak dort am Strand gesehen. Du bist doch der, der damit von Attu nach Kiska gefahren ist.«

Ich nickte und meinte, daß ich ihre Musik heute morgen gehört habe: »The turn of a friendly card.«

»Yeah, was for you. Und mit dem Boot da willst du jetzt zurück nach Dutch Harbor?«

Ich schüttelte den Kopf.

»Weißt du, wir feiern gerade Georges speziellen Geburtstag«, sagte Vincent bedächtig und in tiefem Baß, »er ist jetzt nämlich aus dem Alter von 18 heraus.«

»Darauf trinke ich!« sprach der Captain, schüttete sich den heißen Rumtee in den Hals, quetschte mir freundlich die Hand und hieb mir auf die Schulter. »The turn of a friendly card, zieh den Joker, Junge, yeah, du warst unser Hauptgesprächsthema die letzten Tage, wie auf allen Schiffen, alle finden, du hast schon mehr als Glück gehabt....«

Am nächsten Morgen standen einige von meinen neuen Freunden und Bekannten auf der Runway des kleinen Feldflughafens. Simeon half mir, das Kajak in seine drei Teile zu zerlegen. Auch er war froh, daß ich den vernünftigen Weg gewählt hatte. Sein Vater, »der Chief«, wie ich ihn für mich nannte, stutzte kurz, aber deutlich beim Abschied – er wußte, daß ich mich mit dem bisher Erreichten noch nicht zufriedengab, und sein »take care« war sehr ernst gemeint.

IX Unalaska/Dutch Harbor B

1 Wie warm und heimelig es hier ist

Sehr hoch war die kleine Maschine geflogen, hoch genug, um den Stürmen und Nebeln der Aleutian Islands zu entgehen. Während das Flugzeug von gleißendem Licht mehr beschossen als bestrahlt wurde, guckte von unten nicht die allergeringste Spur von Inseln oder Meer aus dem dichten Wolkenteppich. Um so überraschender war daher die Landung auf Unalaska, als urplötzlich ein blauer Trichter aufriß und das Flugzeug auf pastellfarbene Muster von Grün, Braun, etwas Gelb und Oliv zustürzte. Doch bevor Linien, Streifen und Rechtecke erschienen, blitzten Schneefelder auf, unter denen dunkle Schluchten und Hänge in die Tiefe stürzten. Beeindruckend genug, aber inmitten der grellweiß aufblendenden Kristallflächen ragte eine kleine, perfekt geformte Kuppe hervor, an deren Flanken der Schnee rötlich und braun schimmerte und aus einer ebenmäßig eingesenkten Öffnung Qualm und Rauch drangen – der tätige Vulkan Unalaskas, der Makushin.

Da war nur wenig Zeit für große Ohs und trotz der Helligkeit so weit geöffnete Augen, denn schon stürzte die Maschine unglaublich schnell auf die Unalaska Bay zu, raste zur lächerlich wie höchst gefährlich kurzen Runway, ein kurzes Aufbrüllen der Triebwerke, sehr kräftiges Abbremsen, und ich war wieder in Dutch.

Naßkalt und windig war es auf Atka gewesen, täglich hatte es ausgiebig geregnet, und so stand ich wetterfest bekleidet und völlig überrascht auf dem vor Wärme flimmernden Rollfeld und blinzelte in sonnenverwöhnte Hafenanlagen und auf staubende Gravelpisten.

187

»Wie warm und heimelig es hier ist.« Völlig spontan sagte ich dies – warm und heimelig zu wild Dutch! Dann half ich, die schweren Bootsteile ausladen, und ging ans Telefon.

»...komm du nur, warum hast du dich nicht laufend gemeldet? Übrigens, deine ›Kiwi Friends‹ von der ›Shantung‹ sind hier, liegen im Small Boat Harbor, du sollst dich bei ihnen auch rühren. Beeile dich, wir essen gerade!«

Eine schwarze japanische Limousine mit gebügelter Motorhaube, mit Draht befestigt, Stoßstange ebenso, »brandneuen« Reifen, gut erkennbarem Spinnennetzmuster in der Windschutzscheibe und mit unverkennbarem Sound kam mir entgegen. Das Auto kannte ich:

»Hey, Mister, Sir! Für 50 000 $ kaufe ich Ihnen dies wirklich selten schöne Dutch Harbor Car ab – na, wie wär's?«

Juan hatte mich nur an der Stimme erkannt – hatte ich mich denn so sehr verändert?

»No, 67 000 bucks...Man! Gernot, you are still alive – you look, äh ... no hang over? How many bottles? – No? Not a single drop? Man, Angel is waiting for you. Wir haben dich schon – also, nimm's mir nicht krumm, aber weißt du, ich habe schon viele Freunde an die Krabben dort unten verloren, Krabbenfutter, you know? Man, welcome to Dutch again, Gernot.«

Wiedersehensfreude – Standpauke!

Hurrameldungen und Entwarnungen nach Germany und Seattle. – Erstaunen, Erleichterung, Entspannung an den Enden der Tausende von Kilometern entfernten Telefone und Faxe.

Dann zog ich wieder ein in Standard Oil Hill #1 und mußte mit jemandem das Zimmer teilen, der mir glich, eigentlich auch ähnlich sah, aber nur ähnlich. Es gab zu tun, die Ähnlichkeit zu verstärken – so lange, bis zumindest zwischen gleich und später doch einmal wieder Identität herrschte.

Wiedersehensparties mit meinen Freunden aus Dutch folgten – wie freute ich mich, als auch Judy, Michael und Dave von der »Shantung« kamen, um zu überprüfen, ob ich auch die Knoten noch beherrschte – nach all der Mühe. »Gernot, wir haben alle für dich gebetet« – ja, es gibt diese Christian Fellowship of Unalaska wirklich, nicht nur auf Schildern und Papier.

Es tickte aber bereits eine Bombe in Standard Oil Hill #1, aber noch durfte eine Aleuten-Expeditions-Party bis zum 7. August dieses herrlich verrückten Sommers andauern.

2 Sichtung der Ausbeute

Alles Wichtige hatte sich während meiner Feldstudien für die Kontinentalbrücken-Theorie bestätigt. Ich überarbeitete und ergänzte meine Aufzeichnungen: Spuren starker Vereisungszeiten hatte ich überall beobachtet. Die U-förmigen Täler sind von gewaltigen Gletschern geschaffen worden, auch auf Attu, und all die Eingänge dieser U-Täler zum Meer sind »ertrunken«, das heißt, die Gletscher, die sie formten, sind damals weiter hinausgeflossen.

Das hat wichtige Konsequenzen: Die Inseln waren größer gewesen und viele von ihnen miteinander verbunden. Stark war die Vergletscherung, etwa so wie die Vereisung, die die Fjorde in Skandinavien schuf. Fjorde sah ich auf allen Inseln, die ich besuchte. Das ist aber noch lange nicht alles. Von Skandinavien und Norddeutschland wissen wir, daß sich das Land nach einer starken Eisbedeckung hebt.

Viele Vulkankegel, wie direkt vor der Haustür der Makushin, sind nur Relikte ihrer größeren Vorgänger – die ersten Einwanderer Amerikas verfolgten gewaltige Naturschauspiele, wenn diese ehemals riesigen und hohen Gipfel in die Luft flogen und so als Leuchtfeuer in die »Neue Welt« dienten.

Aber einer Eiszeit bedarf es nicht, um die Brückentheorie zu stützen. Auch wenn 130 m Meeresspiegelschwankung eine Rolle spielen, so sind doch Subduktionstiefe und -geschwindigkeit der Pazifischen Platte ausschlaggebend für die Begehbarkeit der Landverbindung. Eine winzige Änderung des Abtauchwinkels der subduzierten Platte von wenigen Zehntel Grad, eine Richtungsänderung, eine geringe

Störung des Vorgangs, und schon kann die Eurasische Platte ange-
hoben werden, auf der ja die Aleuten liegen – und die Brücke wird
um einige hundert Meter gehoben!

Die eventuellen Lücken in der Brücke waren früher unbedeutend.
Wenn die ersten Einwanderer dem späteren Kajak nur ähnliche
Boote besaßen – konnten sie es schaffen, wie ich, das Aleuten-
Greenhorn. Denn meinen Vorteil an guter – wenn auch schwerer –
Ausrüstung konnten die ersten Amerikaner durch Zeit und ihre Zahl
wettmachen.

Die Kontinentalbrücken-Theorie kann die Unterschiede der Ureinwohner Amerikas erklären und darüber hinaus die »unmöglich alten« Funde als seriös einstufen.

3 Die Pässe – Achillesferse der Beringstraßen-Lösung

Befürworter der Beringstraßen-Lösung sind sich keineswegs im
klaren, daß sie innerhalb ihrer Einwanderungstheorie Paradoxa
schaffen. Denn so, wie diese Theorie eine »Landratten-Idee« darstellt, haben sie auch die marine Seite ihrer Lösung übersehen:
Wenn die Aleuten über das Alaska-Festland zu den Inseln einwan-
derten, wie haben sie die schier unüberwindlichen Pässe zwischen
den Inseln bezwungen?

Mit Kajaks natürlich, hört man – doch laut ihren eigenen Argumen-
ten existierte vor 15 000 oder 9000 Jahren solch ein hochentwickel-
tes Boot noch gar nicht! Die Funde auf Anangula sind aber 9000
Jahre alt.

Und zu dieser Zeit war das Eis schon so stark abgetaut, daß die Pässe
längst wie der gesamte Beringmeer-Schelf geflutet waren. Kein Ethnologe hat sich bisher die Pässe näher angesehen. Sie sind von einer
Landkarten-Realität ausgegangen. Was aber die schmalen Land-
karten-Lücken verschweigen ist folgendes:

Die Pässe stellen die größte Wasserherausforderung dar, die man
sich denken kann: Wildwasserschwierigkeitsgrad, den man noch

gar nicht aufgestellt hat. Mit Flößen oder primitiven Rumpffahrzeu-
gen zu argumentieren, bedeutet lediglich, daß man die Verhältnisse
der Pässe nicht kennt, nie dort war.

Nach meinen Erfahrungen sage ich nun folgendes: Ich würde viel
lieber Hunderte Kilometer durch den Nordpazifik paddeln, als nochmals die Pässe von Unalga und Akutan zu bezwingen. Es verhält
sich wie beim Bergsteigen: Man kann kilometerweit Bergwandern,
dann kommt eine schier unüberwindbare Wand.

In einem riskanten Selbstexperiment habe ich versucht, das Geheimnis der Aleuten-Jäger zu entschlüsseln, wie man zwei der schwierig-
sten Pässe der Welt im Kajak bezwingen kann, eine Weltpremiere.

»Hi, das ist Ann, und ich bin Sören, Sören Wuerth vom Dutch Harbor Fisherman, wir haben von dieser Kajakexpedition gehört, da zir-
kulieren ja tolle Stories in Dutch, hätten Sie Zeit für ein Interview
und später ein Foto mit Ihnen im Kajak?«

Das war die Gelegenheit, die etwas verklemmten seelischen Schleu-
sen mit den eingeschlossenen Erinnerungssturmfluten dahinter bei
mir zu öffnen, und so kramte ich das Tagebuch mit den vielen Auf-
munterungen und Unterschriften sowie die wild bearbeiteten Seekarten hervor. Die Kajakteile, an denen ich gerade für die nächste
Herausforderung etwas ausbesserte, standen wie zur passenden De-
koration im Hauseingang, in Carmens Küche und selbst im Wohn-
zimmer der unglaublich lebendigen und geschäftigen #1 auf Standard Oil Hill. In meinem Zimmer sah es aus wie in einem Outdoor-
Laden, in dem jemand noch eine Seekartenausstellung eröffnete.

Ich rüstete bereits für eine weitere Fahrt: über die beiden engen Pässe bei Unalga und Akutan. Und wenn das Wetter noch mitspielte,
versuchte ich die Alaska Peninsula zu erreichen.

Die beiden jungen Reporter waren sehr neugierig, und so erklärte
ich ihnen auch die wissenschaftlichen Hintergründe und Ziele der
Expedition. Natürlich schilderte ich auch die Highlights meines wo-
chenlangen Selbstversuches, von dem Sören dann berichtete: »*The
500 Mile Nightmare*«.

4 MV »Pacific Breeze« III – die Beinahekatastrophe und Good bye at Sommer's Bay

Angel hatte mir von dem nächsten Vorhaben dringend abgeraten und statt dessen eine Umrundung Unalaskas vorgeschlagen. Den Unalga Pass und den nächsten hinüber nach Akutan zu queren, dann noch weiter in Richtung Alaska Peninsula zu paddeln, hielt er für viel zu gefährlich. Ich hielt dagegen, die »Pass-Erfahrung«, das Queren der engen und von starken Gezeitenströmungen durchzogenen Kanäle zwischen den Inseln sei sehr wichtig.

Hinterher ist es immer leicht zu sagen, ob einen der Teufel geritten oder der Affe gebissen hat, ich wollte, ja mußte es versuchen – und das auch noch ohne Ausleger. Angel drängte mich, es dann auch möglichst bald zu versuchen, da bereits die ersten Herbststürme anstünden und mir das Leben zur Hölle machen würden.

Sören hatte seine Fotos geschossen, und ich startete aus der südwestlichen Hafenecke nahe der Runway. Gepäck hatte ich schon abgespeckt und bei den Alarcons gelassen, trotzdem summierten sich die notwendigen Ausrüstungsgegenstände und Lebensmittel zu einer recht kritischen Zuladung für das jetzt pfeilschlanke und nur im Heck oben zusätzlich bepackte Seekajak.

Die Heckladung bewirkte eine kritische, ja labile Wasserlage, also mußte ich das Boot erst testen und bog zum westlichen und besser geschützten Teil des Hafens auf Magone Marine zu.

Der Wind blies von Nordwesten her, und so bekam ich es mit leichtem Seegang selbst im Hafen zu tun. Mir wurde bald klar, daß ich die Ladung im Boot am vereinbarten Abschiedsort in Sommer's Bay völlig neu umpacken mußte.

Plötzlich startete ein Crabber von den westlichen Anlegestellen und beschleunigte in Richtung Hafenausgang. Es war genügend Raum für mehrere Schiffe, und so rechnete ich lediglich mit etwas für mich ungemütlichem Heckwasser des Fangschiffes.

»Hey, are you blind or mad!« brüllte ich und wedelte mit dem Paddel. Doch mit unveränderter Geschwindigkeit raste der Crabber auf mich zu, wurde größer und größer. Ich glaubte, dieses Schiff zu kennen, war aber zu aufgeregt, um sicher zu sein. Ich wich nach Süden aus, auch auf die Gefahr hin, quer zu den Wellen des Heckwassers zu gelangen.

Dann raste auch schon ein hoher, elegant geschnittener Bug mit aufrauschendem Wasser auf mich zu – blaue Bordwände sausten nur wenige Meter am Kajak vorbei. Wie das dröhnte und röhrte. Die Schrift erkannte ich noch, es war die »Pacific Breeze«.

Nun galt es, nicht im aufwallenden Heckwasser umzukippen. Fluchend blickte ich einem Schiff nach, das schon in der Unalaska Bay mit hohen Drehzahlen dem Ausgang zum Beringmeer zujagte.

Daß auf ein paar Kilometer von Bergen umrahmter Bay ernstzunehmender Seegang herrschen konnte, war mir bekannt, und ich nahm dies gern in Kauf, mußte ich doch nach der so urplötzlich erfolgten Beinahekatastrophe überschüssige Mengen an Adrenalin abbauen.

Friedlich und müde erreichte ich den Strand von Sommer's Bay, wo meine Freunde der Christian Fellowship of Unalaska eine Open Air Party feierten. Sue und Carmen in einem Doppelkajak zu sehen, war nichts Ungewöhnliches – aber spielende und schwimmende Kinder im keine 10 °C kalten Wasser!

Hier wollten wir uns nun verabschieden, beim großen Lagerfeuer, Gitarrenmusik und Gesang, Grill und kaltem Buffet. Ein wirklich ungewöhnlicher Sommer war das, den wir gemeinsam erleben durften – a magic and crazy Aleutian summer. Die Sonne schien heute noch mal aus einem azurblauen Himmel, nur etwas kälter zog der Wind, kälter als damals, als ich vor Monaten in Seattle an der Waterfront saß und ich mich fragte, ob ich über Anchorage zu den Aleuten fliegen solle.

Ohne daß es einer von uns ahnte, bahnte sich eine neue Episode an: der heiße Herbst.

X Gefangen in den Nebeln von Akutan

1 *Nordnordweststurm, sorry, Bucht gesperrt*

Der Sturm in der Nacht hätte beinahe das Zelt zerrissen. Wieder einmal mußte ich mit dem Paddel das wild flatternde Gebilde stützen, das mich noch vor eisigem Wind und peitschendem Regen schützte. Wenn ich mich nicht mit meinem vollen Gewicht gegen den eingebrochenen Tunneleingang gelehnt oder mit den Füßen abgestützt hätte, wäre ich wohl nur in flappenden nassen Fetzen gesessen.

Als der orkanartige Sturm am Morgen genauso plötzlich aufhörte, wie er nachts gekommen war, ging ich raus, um mir die Bescherung anzusehen. Fast alle Spannschnüre waren herausgerissen, aber der Außenhülle des Tunnelzeltes fehlte zu meiner größten Überraschung gar nichts. Lediglich der Spannbogen des Tunneleingangs war gebrochen – konnte aber notdürftig repariert werden.

Nun, worauf warten? Es sollte endlich losgehen. Ab zum Unalga Pass!

Der Wind wehte immer noch aus Süd und trieb Wellen, Schaumkronen, Kelpfahnen und ein einsames Seekajak nach Norden in Richtung Cape Kalekta, die Nordspitze von Unalaska Island. Ich kam gut vorwärts, blieb der Küste und den vorgelagerten Klippen vorerst noch fern, da ich nicht auf ständigen Rückenwind hoffen durfte. Denn bei Winden oder gar Stürmen um West würde die Küste wohl unter nebelndem salzigem Spray und weißem Schaum verdeckt sein.

Die Wellen waren nur etwa ein bis zwei Meter hoch, und so drehte ich mich noch einmal um und grüßte mit dem Paddel nach Dutch Harbor, dessen Hafenanlagen wie Zwergenspielzeug noch aus Dunst und Nebel guckte, und nur ein paar Scheinwerfer ankernder Schiffe blinkten mir Grüße zu. Schnell lief das Boot, und ich freute mich über die neue und gelungene Gepäckverteilung.

Sicher, ein alter Unangan-Jäger wäre nie in das vergleichsweise zehnmal so schwere Seekajak gestiegen, aber mir gefiel die satte, stabile Lage, und so paddelte ich begeistert nach Norden. Vorbei ging es später an bizarren Felsgebilden wie schroffen Türmen, steil stehenden Felsmauern, Brücken und Pfeilern, auf denen Hunderte von Möwen, Puffins und Kormorane saßen. Auf kleine Sandbuchten oder Geröllstrände blickte ich, wo Dutzende von Steller Seelöwen lagen und in der Sonne dösten.

Das Kajak ließ sich erstaunlich gut manövrieren, daher näherte ich mich wieder der Küste, und bald schlüpfte ich durch enge Passagen zwischen umschäumten Untiefen oder Klippen, fuhr durch wirbelnde, laut protestierende Vogelschwärme oder verblüfft starrende Seelöwenrudel.

Nach drei Stunden erreichte ich das Nordkap, der Wind kam nun aus Nordwest, und ich beschloß, auf alle Fälle noch die Kalekta Bay zu durchqueren. Durchs Fernglas sah ich eine kleine Bucht im Südosten der Bay, genau der richtige Platz, um am nächsten Tag den Unalga Pass in Angriff zu nehmen – und ich lief zum ersten Mal bei guten Bedingungen und klarer Sicht in eine unüberwindbare Falle.

Vier Tage lang konnte ich vortrefflich beobachten, welche Energien das Beringmeer bei Sturm aus Nord an die Küsten Unalaskas schickte. Die zuvor heimelige, friedliche Bucht wurde von Brechern berannt und völlig abgeriegelt. Wochen später erfuhr ich, daß zu dieser Zeit weiter draußen einige Schiffe in Seenot geraten oder untergegangen waren.

Aber wieder einmal hatte das Schicksal Regie geführt – ich fand am Strand die lebensrettende Ergänzung für das Seekajak, da ich mich ja entschlossen hatte, ohne Ausleger zu fahren: Nr. 104. Ein neuwertiger, kräftig aufgeblasener, 75 cm langer, orangeroter Fender aus

Plastik mit zwei blauen Kappen und Seilösen an den Enden. Dieser Fund und die Idee, ihn als seitliche Stütze in Höhe der Einstiegsluke des Kajaks zu verwenden, waren so durchschlagend gut, daß ich die Fenderboje mit nach Deutschland nahm. Das Schiff, das ihn verlor, soll wissen: Sie hat einen Ehrenplatz bei mir.

2 Die Gezeitenfalle im Unalga Pass

Vier Tage dauerte die dramatische Darbietung des Beringmeers, dann konnte ich endlich die von Wellen und Brechern abgesperrte Bucht verlassen. Es half nichts, aber ich mußte bei Flut starten, um ein Stück Watt zu überwinden.

Bei Flut und Nordwestwind in den Unalga Pass, einer der gefährlichsten Pässe auf den Aleuten, einer der gefährlichsten der Welt – schöne Aussichten!

Der Unalga Pass ist nicht breit, nur etwa 4,5 km an der engsten Stelle zwischen dem Ostende von Unalaska Island und der kleinen Insel Unalga. Und gerade diese überschaubare Enge macht den Paß extrem gefährlich: Sowohl bei Ebbe als auch bei Flut tauschen sich in diesem schmalen Kanal die Wasser vom Nordpazifik im Süden und die des Beringmeers vom Norden her aus. Dies geschieht häufig alles andere als friedlich – schnelle, reißende Gezeitenströme fließen hier. Dann warten an einigen Stellen gefährliche Tide Rips, an denen das strömende Wasser plötzlich mehrere Meter hochgerissen wird, wie bei einer völlig überraschend entstehenden, verrückten und angriffslustigen Welle. Das ganze Spektakel wird aber noch kräftig durchgerührt und intensiviert, wenn Stürme und Gezeitenströmungen aufeinanderprallen. Gar nicht so selten entsteht dann etwas sehr Beeindruckendes, ein auf der Welt *einmaliges* Naturschauspiel: *eine zehn Meter hohe, stehende Welle!*

Eigentlich lächerlich kurze Strecken waren das auf der Seekarte, aber sie fraßen Stunde um Stunde, doch dann bog ich endlich ums Kap, sah weiter als bis Unalga, erkannte durch mächtige geschichtete Nebelbänke den schneebedeckten Vulkan der Insel Akutan. Ich fuhr langsam darauf zu.

Grau in Grau und mit harten schwarzen Schatten sowie weißen Säumen erschien mir die Insellandschaft – wie in einem Schwarz-weißfilm. Keine 20 km waren es bis dort drüben. Das Wetter versprach, noch ein paar Stunden zu halten. Ich wollte am besten sofort nach Akutan rüber und den Unalga Pass gleich zusammen mit dem Aktutan Pass hinter mich bringen. Zeit und Wind waren günstig, vielleicht kam die Gelegenheit nie mehr, beide Pässe am Nordrand zu durchqueren.

Plötzlich sah ich umschäumte Riffe, wovon nichts auf der Seekarte eingezeichnet war. Vielleicht hatten sich dort im Laufe der Zeit aus Sand und Schlick Untiefen gebildet. Ich paddelte sehr verhalten weiter.

Das Riffgebiet dort kam näher. Als ich nach etlichen Minuten immer noch mit einem Felsen auf gleicher Position lag, stoppte ich, stabilisierte nur das Boot und suchte das rechte Ufer im Westen ab. Plötzlich reichten die Untiefen fast bis an die Küste Unalaskas! Von dort war ich hergekommen, da war vorher nichts als Wasser. Ich lehnte mich zur Seite mit der angebundenen Fenderboje, blickte wieder nach Norden.

Dann sah ich, daß sich dort zwar keine neuen Untiefen gebildet hatten – aber dafür wuchs aus dem Meer eine giftig grüne Wand, an der es oben wie rasend weiß wirbelte: die berüchtigte 10 m hohe stehende Welle. Und die kam auf mich zu! Ich versuchte hinüber nach Unalga auszuweichen.

Doch so leicht wollte man es mir nicht machen – plötzlich sah ich, wie deutlich und kräftig vor Unalga eine Strömung floß, flankiert von gelegentlich hoch aufspritzenden chaotischen Wellen – Tide Rips.

Die Strömung hätte ich vielleicht bewältigen können, aber nie die Massierung von Tide Rips, denen mußte ich ausweichen – wenn ich *jetzt sofort* reagierte.

Eine innere Stimme, laut und eindringlich deutlich, mahnte, ich solle zurück nach Unalaska fahren, zuerst zurück nach rechts, dann nach Süden.

Der turmhohe olivgrüne Wall, der mittlerweile wie ein nach oben gerichteter Wasserfall aussah und an dessen Kopf kochende Wildwasserwalzen kreisten, kam näher. Eine Situation wie inmitten eines Taifuns! Inzwischen entstand auch auf der rechten Küstenseite eine Strömung. Auch hier begannen Tide Rips mit ihrem Todestanz. Saß ich nun in einer tödlichen Falle?

Nochmals warnte mich diese Stimme, nach rechts zurück zur Küste, dann nach Süden zu fahren. Merkwürdig, so völlig unpassend, aber plötzlich fielen mir die Worte wieder ein, die Sue Magone in mein Tagebuch geschrieben hatte.

Plötzlich sah ich im Süden ein Wolkenloch, Lichtstrahlen fielen daraus pyramidenartig auf die Küste. Grau war längst der Himmel, nur ein paar Meter hoch reichte der dunkle Saum der felsigen Küste von Unalaska, darüber hüllte alles undurchsichtiger Nebel ein.

Ich überprüfte nochmals kurz die Festigkeit der Fenderboje auf der linken Bootsseite, zog den Helmriemen fester und fuhr los. Die Strömung auf der rechten Seite war nicht mehr zu übersehen. Ich konnte es kaum glauben – sie zog und riß nach Süden. Wie lange treibende Zöpfe und knotige Schnüre zogen die Kelpfahnen nach.

Ich mußte zwischen zwei Tide Rips durch. Links und rechts von mir explodierte Wasser, riß es Kelpfahnen brutal empor, kochte und spritzte es meterhoch. Schwarze Untiefen gähnten auf, um gleich wieder in brodelndem Weiß zu verschwinden. Ruckartig hinauf wurde das Kajak gerissen, dann hinuntergezerrt. Häßlich kratzte es am Boden, ein kreischendes Geräusch durchsägte Krachen und Brechen, dann floß mir eimerweise Wasser über den Kopf. Und so plötzlich, wie der Aufruhr angefangen hatte, endet er auch wieder.

Es gab keine Zeit, die Schrecksekunden ausklingen zu lassen. Ich paddelte, als sei der Teufel hinter mir her. Es gab nur einen möglichen Kurs – dort auf die Einkerbung in der schroffen Steilküste zu, wo die Sonne wie freundliches Leuchtfeuer schien.

Ich konnte es kaum glauben, aber inmitten der nebelverhangenen Schwarzweißlandschaft schälte sich eine geschützte Bucht in leuchtenden Herbstfarben hervor, ein Strandparadies. Erst als ich wie ein

199

Betrunkener an Land torkelte, das Boot ein Stück zu den Dünen hinaufzerrte, merkte ich, daß mir entsetzlich kalt wurde.

Zitternd vor Kälte baute ich trotzdem in Rekordtempo das Zelt auf und zog mir trockene warme Kleider an. Das mit den Pässen fing ja gut an.

3 Das Paradies in der Wetterschlacht

Ungeduldig wurde ich nach zwei Tagen Erholungszeit, und ich begann zwischen ausgelegter Seekarte im Zelt und meinem Aussichtspunkt auf dem Dünenkamm zu pendeln. Dann begannen wieder meine Gedanken und Vorstellungen zu kreisen, wie ich am besten die beiden tückischen Gezeitenkanäle bezwingen könne. Doch völlig verwirrend, ja sogar aussichtslos zeichnete sich die Situation ab.

Auf der Seekarte fand ich einfach keinen passenden Kurs, um den Untiefen und damit den Kernzonen der Tide Rips zu entkommen. Für den Unalga Pass, dessen engste Stelle 4,5 km maß, konnte ich mir eine geeignete Route vorstellen, doch diese elegant geschwungene Linie verlor sich in einem heillosen Gekreuze und chaotischem Zickzack im Akutan Pass, der etwa 7,5 km an der engsten Stelle mißt. Die engste Stelle mußte ich von vorneherein meiden, da hier Tide Rips markiert sind.

Es galten hier die Rhythmen von Mond und Sonne, die Ebbe und Flut erzeugen. Daher wälzte ich ja auch stundenlang Tide-Kalender mit Mondphasen und Strömungstabellen. Ich rechnete und kombinierte, und meine Bemühungen hätten sicherlich eine glatte Überfahrt für ein größeres Motorboot oder einen kleinen Fischer ergeben, aber nie und nimmer für ein Kajak, das allein und ohne Hilfe fahren sollte.

Aus den Erfahrungen im Unalga Pass wußte ich, daß Strömungen nicht nur entstehen und vergehen und ihre Richtungen ändern, sondern daß sie auch wandern: Es schien, als ob sie von einem Ufer zum andern pendelten! Und die gefährlichen und abschreckenden Tide Rips blieben leider auch nicht an den Stellen, wo sie in der See- karte waren, wobei sowieso nur die schlimmsten Exemplare für die Schifffahrt eingetragen sind. Auf einen Kajakfahrer warteten dem- nach noch einige üble Überraschungen.

Diese üblen Überraschungen konnte ich prächtig vom Dünenkamm aus mit dem Fernglas studieren. Ich entdeckte so viele, daß ich sie gar nicht in die Seekarte eintragen konnte, ohne diese unleserlich zu verschmieren.

Von meinem so oft besuchten Ausguck lernte ich aber noch etwas sehr Entscheidendes – den Einfluß des Wetters, besonders der durch Wind und Stürme. Die dramatische Naturbühne Unalga Pass wech- selte dann vom Akt »Massenauflauf-kurz-vor-der-Revolution« zum finalen Akt »unseliger Kriegswirrwarr«!

Auf eine alles erläuternde Szene muß ich etwas näher eingehen:

An einem Nachmittag hatte ich mich zu einer Testfahrt durchge- rungen, da nach Tabellen und Wettervorhersage die Gelegenheit günstig erschien. Aber eine nervöse Unruhe ließ mich zögern, und ich verstand dies glücklicherweise als Warnung.

Plötzlich frischte der Wind von Süd auf, mit dem Fernglas stürmte ich zum Dünenkamm und stellte mir einen theoretischen Kurs vor. Als ich schon resignierend zurück zum Zelt gehen wollte, sah ich ei- nen großen Fischtrawler vom Südende des Passes kommen. Wieder drehte der Wind: Diesmal brauste er kraftvoll aus Nord.

Der Trawler, ein ca. 100 m langes Schiff, geriet in den anschwellen- den Wildwasserfluß, der aus dem Pazifik herauswuchs: die Gezeiten- strömung der Flut, gegen die der Sturm von Nord ankämpfte. Es verschwanden fast abwechselnd Bug und Heck. Es flogen Gischt- fontänen über das ganze Schiff.

Mir jagte es einen kalten Schauder nach dem anderen über den Rücken – die Strömung wäre für Kajaks tödlich.

Dann kam dieses höllische Monster wieder. Von meinem Ausguck bot sich ein wirklich schrecklich schönes Bild der stehenden Welle, der ich vor Tagen knapp entfliehen konnte. Aber die stehende Welle war keineswegs allein – hinter ihr im Norden auf der Seite des

Beringmeers schreckte ein infernalisches Chaos aus wirren Kreuzseen.

Warum wichen die dort nicht aus? Dann trieb es den Trawler herum
wie ein Raftingfloß in schlimmsten Wildwasser. Selbst die obersten
Aufbauten wie Antennen, Kranspitzen und Scheinwerfer verschwanden für mehrere Minuten.

Aufhören? Die Unangan konnten es eben und ich halt nicht. Warum solch ein Risiko eingehen, das gar nicht nötig war? Schließlich
mußten die Aleuten hier leben, während ich doch nur eine Theorie
stützen will, ohne die ich doch...

Mein erster direkter Kontakt mit dem Unalga Pass hatte meine kühnen Absichten gestutzt, meine Beobachtungen wirkten alles andere
als motivierend. Und trotzdem sah ich immer wieder nach Unalga
oder Akutan.

Essen kochte ich am Lagerfeuer, Strandspaziergänge unternahm ich,
fotografieren konnte ich rund um meine paradiesische Bucht –
während draußen – ich war schon so weit, daß ich zu allem, was
nicht zu diesem herrlichen Fleck gehörte, draußen sagte – Unwetter
einander ablösten. Wenn es draußen wie aus Eimern goß, fielen hier
nur ein paar Regentropfen, die man fast zählen konnte. Wenn dort
draußen Stürme das Meer zum Kochen brachten, fühlte man hier
drinnen nur einen lästig kalten Luftzug, und die Wellen klatschten
ein wenig erregt an den Sandstrand.

So beobachtete ich Tag und Nacht das Geschehen vor meiner Haus-
bucht und im Norden des Akutan Passes. Allein beim Beobachten
blieb es nicht – ich testete: Immer wieder sammelte und konzentrierte ich mich und fuhr ein Stück in den Unalga Pass oder untersuchte die Westküste, und dies ohne schweres Gepäck, nur mit
dem Überlebensnotwendigsten, wie die Unangan-Kajaker.

Während dramatischer Exkursionen lernte ich extremstes Wild-
wasser-Surfen – zuerst ohne, dann mit der Flut. Aufpassen mußte
ich, daß ich nicht auf Nimmerwiedersehen ins Beringmeer oder in
den Nordpazifik gerissen wurde. Fahren durch haushoch aufschäu-
mende Tide Rips wurde meine Lieblingsübung. Einmal schoß dabei

ein großer Seelöwe bis zum Bauch aus der Woge heraus und starrte mir auf gleicher Höhe in die Augen. Das war nicht mein Ende, sondern der Beginn einer netten Freundschaft: Der Seelöwe kam auch später öfter in meine Bucht auf Besuch.

Manchmal trieb der Wind lange Nebelstraßen in den Unalga Pass, zarten, aber wie Milch fließenden Nebel – und dieser Nebel stieg die Klippen empor, Hunderte Meter, höher und höher, ohne auszudünnen, nicht abreißend, unten wie ein ziehendes Tuch, oben gleich einem dichten Teppich aus Schnee, der zu den Berggipfeln Unalaskas hinaufschwebte. Wild romantisch sah das aus – doch wehe, wenn ich da hineingeriet!

4 Überleben lernen – von Tieren der Aleuten

Beobachtet wurde ich hier ständig, tagsüber von zwei Raben und nachts... das wußte ich nicht, konnte nur raten, hegte jedoch einen handfesten Verdacht. Einen Späher hatte ich während der ersten Woche unbeabsichtigt vertrieben, obwohl ich seine Gegenwart sehr schätzte: einen prächtigen großen Seeadler. Wie freute ich mich, als dieser Mitte der zweiten Woche wiederkehrte, sich auf den hohen steinernen Finger im Gezeitenbereich an der Südwestflanke der Bucht niederließ und geduldig das Delta des Baches absuchte, in dessen Nähe mein Zelt stand.

Oft eilte ich zu meinem Ausguck am Dünenkamm und verfolgte eine »neue« Ungeheuerlichkeit von Wetter oder Wasser im Unalga Pass. Ich brauchte gar nicht so lange zu warten, schon pfiff etwas durch die Luft, oder Glockentöne von einem Ende der Bucht zum anderen wurden ausgetauscht; und manchmal saß dann ein großer schwarzer Vogel betont »rein zufällig« ein paar Meter von mir entfernt, flog mäßig erschrocken auf, wenn ich ihn direkt musterte, um dann in weitem Bogen wiederzukehren. Ebenso »rein zufällig« warf ich dann später Fischabfälle weg, die einer der Raben zu schätzen wußte.

203

Tage, Wochen – wieviel Lebensmittel hat wohl ein Kajakfahrer dabei? Nun, nicht sehr viel, und daher lebte ich im lokalen Wetterparadies als Jäger und Sammler. Manchmal fragte ich mich, wer von wem lernte. Die beiden Raben suchten stets bei Ebbe die trocken gefallenen Steine und Untiefen an den Rändern der Bucht ab, denn sie mochten die Muscheln und Napfschnecken genauso gern wie ich.

Daß in diese Bucht Lachse kommen mußten, lernte ich von einem Polarfuchs, der mit einem Riesenkerl im Maul sich mühte und dabei unübersehbare Schleifspuren hinterließ. Ein Fuchs, der Salzwasserfische frißt? Ich sah aber nicht nur dies, sondern auch eine nicht gerade wählerische Kreatur, die auch große Sandflöhe, Muscheln und Schnecken verzehrte. Die beiden Raben ließ er in Frieden, die neckten und hänselten ihn sogar, aber mit unvorsichtigen Möwen kannte er keine Gnade.

Nachts fühlte ich die Nähe eines anderen Wesens, das immer wieder einmal nach dem brennenden Lagerfeuer sah, das Feuer in weitem Bogen umkreiste oder später dann über die Zeltschnüre stolperte.

Solange ich aktiv war, reagierte dieses zunächst unsichtbare Wesen scheu und verhalten, aber sobald ich im Zelt verschwand oder besonders, wenn ich schlief, entfaltete es eigenartige Aktivitäten. Kochtöpfe und Geschirr, obwohl im Tunnel des Zeltes, wurden verrückt, umgeworfen oder verschleppt. Plätze, an denen ich tagsüber saß, wie Baumstämme oder die Asche des Lagerfeuers, Steine und Abdrücke im Sand wurden dann markiert, kunstvoll, artistisch sogar – mit einem Kothäufchen. Dieses vorerst mir unbekannte Wesen, dem die Nacht des Schabernacks gehörte, nannte ich den Schleichkacker.

Haben Sie einmal in Ihrem Leben vor Hunger rohen Fisch gegessen? Gekochte Muscheln und Napfschnecken sättigten, solange ich noch Reis und Nudeln hatte – dann erinnerte ich mich der Jagdtechniken, die mir auf Atka beigebracht wurden: Ich fing an Lachse zu jagen.

Nie vergessen werde ich meine Überraschung, als ich in dem oft nur zwei bis drei Meter breiten Bach vor meinem Zelt die Umrisse und die aus dem Wasser ragenden Flossen eines großen Silver Salmon sah. Eine deutlich sichtbare Wunde trug er am Rücken – die Spuren, die die Klauen des Adlers hinterlassen hatten.

Seltsam, meine erste Reaktion war Mitleid mit dem gezeichneten Lachs, und ich ließ ihn in Ruhe, einen Tag lang. Dann machte der Lachs die Bekanntschaft mit dem gefährlichsten Wesen, das die Erde zu bieten hat: mit einem hungrigen Menschen.

Natürlich dachte ich gleich an ein Lagerfeuer, doch feuchtes Holz in leichtem Nieselregen brennt nicht so recht, und mit dem verschwindenden Brennstoff für den Kocher mußte ich haushalten. So aß ich große Stücke des Fisches roh und kochte vom Rest eine Fischsuppe. Verblüfft erkannte ich, daß roher Fisch kaum sättigt, aber trotzdem konnte ich nur nach und nach kleinere Portionen essen.

Als ich eines Morgens Gymnastik am Strand machte, fühlte ich mich besonders intensiv beobachtet. Der Seeadler, die beiden Raben und der Fuchs konnten es nicht sein, das spürte ich, etwas Stärkeres mußte...

Während ich bei einer Übung ruhig stehen blieb und den Kopf etwas zum Meer drehte, bemerkte ich die neuen Beobachter: vier Seelöwen, kaum zehn Meter von mir entfernt schwammen sie. Auf mich hatten sie es keineswegs abgesehen, aber alle Jäger hier, Adler und Raben, der Polarfuchs und ich bevorzugten gemeinsam eine begehrte Beute: Lachse.

Trieb die Gezeitenströmung vom Pazifik her kommend nicht so nahe an meiner Bucht vorbei? Und warf nicht die große Woge ihr Wasser direkt in die Bucht? Hatte ich denn nicht bereits auf Attu und dann später auf Atka gelernt, daß die Lachse immer mit der Flut und in einer starken Strömung kamen?

Und richtig, vor dem Delta des Baches sah ich Wirbel an der Wasseroberfläche, und wenn das Meer über die Sandschürze drang, ragten Flossen aus dem Wasser. Doch die Lachse des neu angekommenen Zuges waren überaus vorsichtig: Bei der geringsten Bewegung, sobald auch nur ein Schatten ins Wasser fiel, flohen sie blitzartig zurück ins Meer.

Stundenlang mühte sich auch der Fuchs vergeblich, und selbst der Seeadler übte seinen Beruf nicht souverän lässig und instanterfolgreich wie ein Fernsehserienheld aus. Oft genug waren der Lohn aller Schliche und Bemühungen lediglich nasse Federn oder triefendes Fell.

Wenn einer von uns erfolgreich war, bekamen das die anderen irgendwie mit: Der Adler wurde dann etwas unruhig, die Raben kreisten öfter, und der Fuchs schlich sich näher an. Einmal war ich doch glatt versucht, dem Fuchs die Beute abzujagen, die er auch tatsächlich fallen- und liegenlassen mußte. Doch ein Rest an Selbstrespekt und Jägerstolz ließen mich den Fisch nicht vom Sand aufklauben, und ich überließ ihm wieder seine Beute.

Längst hatte auch ich sämtliche Fesseln von Fairneß und Sportlichkeit abgestreift und jagte mit allen mir zur Verfügung stehenden Mitteln. Nie vergessen werde ich die Blicke eines großen Lachses und des mich beobachtenden Fuchses, als mir der Fisch vom festsitzenden Haken entwischte:

Der Lachs zischte wieder zurück zum Delta. Reflexartig warf ich die Angel weg und rannte dem Fliehenden am Rand des Baches nach. Dann ging es im gleichen Tempo durch das Delta, mit Schuhen und vollständig angezogen von Stein zu Stein springend die Kaskaden hinunter. Ich überholte den Fisch, griff nach einem Stein und stoppte ihn mit einem Wurf.

Und dieser komische Kerl da, dieser Schleichkacker? Ja, den erwischte ich eines Nachts, als ich den Baumstamm bewachte, auf dem ich Lachse zum Trocknen ausgelegt hatte. Heimlich, elegant, so still und leise schlich sich ein besonders großer Fuchs an, offenbar der Partner des kleineren struppigen Exemplars, das ich so gut kannte. Mucksmäuschenstill verhielt ich mich hinter der dichten Rosette schöner Lupinen gekauert. Doch bevor er seinem penetranten Markierverhalten nachgehen konnte, sprach ich ihn mit Grabesstimme an: »Na, du Kunstscheißer!«

Ich mußte laut auflachen, als der endlich ertappte Schleichkacker beinahe bäuchlings zu Boden fiel, mich sekundenlang entsetzt anstarrte und dann in panischer Flucht sein Heil in den Dünen suchte. Ob der wieder kam? Klar, sicher, denn das war hier die Regel – man gab nie auf!

5 *Fahr jetzt! Operation Unalga*

Es war die richtige Zeit, Tagebuch zu führen. Tee trank ich, und vom Zelt wollte ich keinesfalls weit weg sein, da sich im Nordosten dunkles Grau über Akutan zusammenballte. Auch über meine Schönwetterecke zogen schon ein paar Nebelschwaden, und auf Unalga würde wohl auch bald anderes als warmes Sonnenlicht fallen. Drei Uhr am Nachmittag zeigte die Uhr, ein weiterer Grund, dem Tagebuch den Rest des hellen Tages zu widmen.

»Fahr jetzt!«

Ich hielt die Stimme für eine üble Einspielung meines Unterbewußtseins, das einfach nicht ruhen konnte und sich ständig mit dem Unalga Pass beschäftigte.

Irritiert lief ich zum Zelt und suchte die Tabelle mit den Tidenständen hervor: Tatsächlich, »Dutch Harbor, 15.8.94 Montag, Neumond, Flut: 3:12 Uhr, 3,0 ft. (etwa 1 m) / Ebbe 7:14 Uhr, 2,3 ft. (etwa 0,75 cm).« Das sah wirklich gut aus, der Tidenunterschied betrug lediglich einen Viertelmeter, die Ausgleichsströmung konnte eigentlich nur sehr schwach sein, wenn... Ja, wenn es aus dem dunklen Gebräu dort über Akutan nicht boshaft dazwischenfunkte!

Schnell bereitete ich den Start rüber nach Unalga vor: Den Faserpelz-Overall trug ich, dann zwängte ich mich in den Trockenanzug, zog die Neoprenfüßlinge an, und über den Kopf setzte ich mir die bunte High-Liner-Faserpelzmütze, die auch Ohren und Kinn schützte. Dann mußte über den Trockenanzug die Kajak-Spritzdecke getragen werden, und um noch sicherer zu fahren, kam dann darüber die grellorange Rettungsweste, in der Signalraketen, Trillerpfeife, Micro-B (Notrufgerät) und kleinere Überlebensutensilien steckten. Ins Kajak legte ich das GPS, Marine Radio, Thermoskanne mit heißem Tee, Rettungsseil, Messer, die »Laserlampe«, Notverpflegung und die Kamera, nachdem ich mich überzeugte, daß die Geräte auch wirklich funktionierten und die Batterien stark genug waren, notfalls mehrere Stunden Dauerbetrieb auszuhalten. Von der bewährten Fenderboje wollte ich mich auf gar keinen Fall trennen.

Ruhig und zügig startete ich vom Sandstrand aus, paddelte mich

warm bis zum Kelpstreifen und den letzten Felsen. Dann fahre ich
mit flauem Gefühl im Magen in den Paß ein.

Das dunkle Gebräu über Akutan bleibt, wo es ist, und aus Süden
weht nur schwacher Wind, also fahre ich weiter. Von Wellen konnte
man gar nicht reden, Seeleute würden von glatter See sprechen. Zügig trieb ich das Kajak weiter in den Paß.

Ich blicke rund herum, spähe nach den geringsten Anzeichen von
Sturm oder einsetzenden Strömungen. Nichts, und gerade das, diese
völlig ungewohnte Situation in dem Pass, den ich seit Tagen beobachtet habe, den ich von den schlimmsten Seiten her kenne, dieser
tückische Kanal sollte für Stunden einfach abgeschaltet sein? Noch
konnte ich umkehren und einsetzenden Gefahren einfach davon-
fahren.

Hell erstrahlte die Küste Unalgas, und zum ersten Mal erkannte ich
deutlich ohne Fernglas das Wrack des gestrandeten Schiffes, eines
Crabbers. Jetzt gebe ich mir einen Ruck und fahre los, paddle mich
in meinen Langstreckenrhythmus ein.

Ein Fischer kommt mir seitlich entgegen – wir winken uns zu.
Während sie drüben rasch ihre Bojen auslegen, präge ich mir den
Namen des Schiffes ein: »Not Perry«. Sie fahren nach Süden weiter,
ich habe Ostkurs, halte genau auf das Wrack zu.

Träge wirbelte und plätscherte graugrünes Wasser, das einfach nur
da war, das existierte wie eine Füllung, die eine Meerenge eben so
hatte. Weit und breit kein Anzeichen, ob dieses Salzwasser da zum
Nordpazifik oder dem Beringmeer gehörte. Hier, wo gewöhnlich ein
Krieg zwischen zwei Meeren tobte.

Kopfschüttelnd durchquerte ich gerade den Bereich, in dem ich den
Wildwassertanz des Trawlers Tage zuvor beobachtet hatte. Wohl nie-
mals zuvor habe ich eindringlicher erfahren, was »zur rechten Zeit«
bedeutet.

Kelpfahnen wirbeln richtungslos umher, die Spitze des Kajaks fährt
einfach darüber. Nein, hier war keine feindliche Antiwelt aus höllisch gefährlicher Unalga-Antimaterie, die sich bei der geringsten
Berührung mit Dingen vom Westen drüben, von der anderen Seite
dort in einem vernichtenden Lichtblitz auflöst.

»Mein Gott, ich faß es nicht – ich bin drüben! Hey, ich bin drüben!«
Dann paddelte ich zum Wrack, das hinter Klippen auf der schmalen
Kiesschürze lag. Das ernüchterte: Den Crabber, die »Mary Jane« hatte es über die Felsen und Untiefen an den Kiesstrand hinauf geworfen. Geworfen!

Hinüber war ich gekommen. Aber jetzt lag zwischen mir und dem
Zelt im kleinen Wetterparadies ein verdammt tückischer Kanal, so
4,5 km gefährlichstes Wasser, 450 000 cm mörderischstes Wildwasser, das die Aleuten zu bieten haben. Nun wartete des Kunst-
stücks zweiter Teil: den Unalga Pass nochmals queren.

Kein Zweifel, bereits beim Kelpstreifen zog die Ebbströmung, doch
die würde ja laut Tiden-Tabelle kaum wirksam werden – wenn der
irgendwo eingeschlafene Wind auch weiterhin schlafen würde.

Das bißchen Schaukeln war wirklich harmlos, nur der große Ziel-
punkt in den Bergen war verschwunden, Wolken quirlten darüber.
Nun peilte ich über den Bootskompaß hin zu den verwaschenen
Strukturen, hinter denen mein Camp lag.

Leichte Wellen warf der kalte Nordwestwind auf, das bremste, kostete Zeit, doch die Wellen waren lächerlich. Nichts zu sehen, nicht die
geringste Spur eines tanzenden Positionslichts oder eines Scheinwer-
fers: Ich war allein im Unalga Pass.

Im Norden des Passes, um das Kap von Unalaska, Erskine Point, entstanden weiße Säume, dort, wo ich etwas weiter in den Paß hinein
der stehenden Welle begegnet war.

Als ich den Kelpstreifen und die Untiefen vor der Bucht durchfuhr,
drehte ich mich um, gleich darauf das Boot und blickte zum Norden
des Passes. Dort wurde das Meer brutal umgepflügt, aber weit draußen
im Norden. Nun wußte ich, daß sich kein Kajakjäger den Unalga Pass
einfach sparen konnte und versuchen durfte, statt dessen weiträu-
mig im Norden auszuweichen.

Die Information aus dem Tiden-Kalender für den 15.8.94, die ich
zuvor gegeben habe, ist nicht vollständig. Hier die Ergänzung: HIGH
TIDES A.M. 0:15, FT. 4.0 / LOW TIDES A.M. 07:50, FT. –0,7. Zehn
Minuten vor acht Uhr vormittags bei Ebbe-Tiefstand wäre gegenüber dem letzten Flut-Hochstand eine Differenz von 4,7 ft., also et-

wa 1,5 m gewesen. Beringmeer und Nordpazifik *hatten* sich zu dieser Zeit bereits deutlich spürbar ausgetauscht. Morgenstund hatte hier nicht Gold im Mund. Ich hatte aber nicht zuvor die Tabelle studiert – ich war der Stimme gefolgt.

6 Wichtiges zu Ebbe und Flut

Tidenverhältnisse sind jeden Tag anders. Wie hatten das die Unangan herausbekommen, bewältigt und die Information weitergegeben? Gab es vor Tausenden von Jahren bereits so etwas wie Tiden-Kalender? Sicherlich brachten die Vorfahren der Aleuten die Ursachen von Mondwechsel und Sonnenstand mit den Gezeitenströmungen in Verbindung.

Aber selbst Tiden-Kalender bieten nur gute Anhaltspunkte, denn Windrichtungen und Luftdruckverhältnisse verändern diese Grundwerte. So sind die Wasserstände bei tiefem Barometerstand oder anlandigem Wind grundsätzlich höher und während eines Hochs oder bei ablandigem Wind generell tiefer.

Hoch- und Tiefstand des Wasser an einer Steilküste bemerkt man häufig gar nicht, an einer Flachküste dagegen kann das Überleben davon abhängen.

Dramatische Verhältnisse herrschen in Fjorden oder Buchten, die trichterförmig zum Meer verlaufen. Während anderenorts Tidenhübe von einem bis zwei Metern üblich sind, multiplizieren sich die Verhältnisse in den Trichterbuchten!

Jedoch am schlimmsten sind die Verhältnisse in den Pässen, wo zwei Meere gigantische Wassermassen über eine nur wenige Meter tiefe Rinne austauschen. Außerdem stauen sich noch im Ostteil der Aleuten Ozean und Meer an der Alaska-Halbinsel.

Bei allem Respekt vor dem Wissen der Unangan, ich konnte mir kaum vorstellen, daß Kajakjäger dieses komplizierte Beziehungsgeflecht täglich berechneten – es mußte da demnach eine andere Methode geben, die Pässe zwischen den Inseln zu bewältigen.

210

Es waren keine leichten Tage, die folgten. Die Lebensmittel rationierte ich mittlerweile sehr hart. Laufend Lachse fangen, war längst zur bitteren Notwendigkeit geworden, und zum Glück ließ der Lachszug in die Bucht und damit in den kleinen Bach nicht nach.

Sollte ich mich mit dem erfolgreichen Queren des Unalga Passes begnügen?

»Die Pässe sind sehr eng, die Strömungen daher sehr schnell, aber du kannst dies nutzen: Passe den richtigen Moment ab und laß dich von ihnen dahin treiben, wo du hin willst.« Der Tip von Dan Magone fiel mir plötzlich wieder ein. Das war es. Damit hatte ich den Stil der Aleuten-Jäger wiederentdeckt.

Kleinere Testfahrten hatten ergeben, daß ich die Strömungen zum Umschwingen in andere Richtungen nutzen konnte. Seltsame, ja kuriose Linien zeichnete ich dabei in die Wasser von Beringmeer und Nordpazifik, wie Skifahrer oder Snowboarder an steilen engen Hängen – nur muß man sich vorstellen, die Fahrer wollten oder müßten die Energie von abgehenden Lawinen nutzen.

Ich wählte den 25. August, da die Wasserstände zwischen Ebbe und Flut nicht weit auseinanderliegen sollten, um nicht durch immer mögliche Fehler in eine ausweglose Lage zu geraten. Dennoch versprachen die ausgleichenden Gezeitenströmungen doch so kräftig zu sein, um sie zu nützen.

7   Operation Akutan

Längst war es für mich nicht mehr etwas Verbotenes oder Unerhörtes, in die Flutströmung des Unalga Passes einzufahren und mich mit ihr nach Norden ziehen zu lassen. Vor zehn Uhr vormittags war es, und die Flut würde erst in eineinhalb Stunden ihren Höchststand erreichen, also genug Zeit, um dann beim Nordende der Seite Unalgas zu sein.

Wechselhaft und launisch gab sich heute das Wetter, ziemlich normal also. Über Akutan hing wieder einmal dichtes apokalyptisches

Grau – nie wäre ich irgendwo anders ins Kajak gegangen, doch in dieser verrückten Weltenecke bedeutete dies ein gutes Vorzeichen. Über Unalga zogen kilometerlange Nebelbänke – wie sicherlich auch im Akutan Pass.

Am Nordkap bog ich nach rechts. Umschäumte Untiefen, von Weiß berannte Felsen, schwarze schroffe Klippen, umschäumte Untiefen... immer und immer wieder das gleiche Bild. Das waren wenigstens Anhaltspunkte, doch im Osten wartete äußerst gefährliches Wasser, über das außerdem ein nicht abreißender, nicht mit Blicken zu durchdringender, nicht überblickbarer fahlweißer Strom nach Norden treibt: die Nebelbarriere von Akutan.

Sollte ich mich auf den zu erwartenden Blindflug hier einlassen? Das war bei Nordwind eine Falle, für Tage. Bestürzt und alarmiert hielt ich das Kajak und starrte auf die Nebelstraße, die wie eine feste, ständig nachwachsende Schicht aus der Richtung des Pazifiks drang.

Ich wartete ein paar Minuten. Seltsam, mir schlug kein eiskalter Luftzug entgegen, es riß und heulte nirgendwo, weder erwachendes Rauschen noch donnerndes Brechen klang auf.

Ich sammelte meine Kräfte, zwang mich, aufs Meer vor mir zu blicken, statt in die unheimliche Seenebelerscheinung. Zu meiner Überraschung konnte ich nun mehrere hundert Meter weit sehen, allerdings nur einen klaren Streifen über dem Wasser. Das versprach genug Sichtraum, um auf Tide Rips oder Untiefen reagieren zu können.

Um 45° drehte sich der Bootskompaß, mein Kurs zum nächsten Anlaufpunkt von Akutan, einem Kap, das ausgerechnet noch dazu einen sehr berühmt-berüchtigten Namen trug: Cape Morgan.

Etwa 7,5 km waren es, die ich jetzt unter der nach Norden treibenden Dunstdecke zurücklegen wollte. Das Gehör mußte jetzt ein biologisches Radar werden.

Brandungsgeräusche ertönten ganz schwach von vorn. Ich halte nicht an, paddle nur etwas verhaltener, sauberer, geräuschloser. Eine riesige dunkle Schürze glaubte ich im Nebel zu erkennen. War es die schüsselförmige Westflanke des Vulkans? Es waren die Umrisse dieses Tales, das ich so oft mit dem Kompaß angepeilt und mit dem Fernglas betrachtet hatte – wenn die Sicht gut gewesen war, wenn das endlos ziehende Nebelband einmal kurz riß.

Durch die Zone, die in der Seekarte mit Tide Rips gekennzeichnet ist, war ich also schon durch. Weiter, weiter...

Als ich Felsen erkannte, wußte ich, daß ich tatsächlich so etwas wie den Styx überquert hatte, und außerdem im Nebel. Ich war in Akutan Island.

Und nun zurück durch den Akutan Pass, einer gefürchteten und gemiedenen Meeresenge, noch gefährlicher als der Unalga Pass, nochmals durchtauchen unter den Nebeln von Akutan.

Wie ich die Ausgangsstelle auf Unalga Island fast bis auf den Meter genau wieder erreichte, konnte ich mir in diesem Zustand nicht klar machen. Dies kam fast einem Navigationswunder gleich, doch die Freude darüber drohte in anwachsender Erschöpfung und eindringender Kälte zu zergehen.

Längst war es so weit, daß ich kaltblütig durch haushoch aufstiebende Brecher oder Tide Rips fuhr, oft sogar mutwillig, ich hatte den Bezug zum Normalen längst verloren. Ich habe mich sogar auf den Ebbstrom im Unalga Pass gefreut, weil ich dabei schneller zurückkam.

Trotzdem kostete es Überwindung, für einige Minuten nur hinaus ins Beringmeer zu sehen, dort, wo das Wellenmonster zu entstehen pflegt.

Die stehende Welle blieb noch aus – doch diesmal brauste ein Nordweststurm heran. Nichts wie weg hieß es jetzt, oder der Nordweststurm warf mich wie ein Bündel Tang auf die Klippen.

Schon bog ich nach Süden ab, wieder hinein in den Unalga Pass: diesmal mit Rückenwind und Ebbströmung. Ich wußte ganz genau, was bald hinter meinem Rücken los sein würde...

Wie ein flach abgeschossenes Torpedo raste das schnittige Seekajak durch den kochenden Strom, sprang mehrere Meter weit, bäumte sich im Heck auf, stürzte, daß Fontänen meterweit zu den Seiten spritzten, die sofort vom Wind gepackt und ebenfalls nach Süden getrieben wurden.

213

Gleichgewicht halten? Steuern? Auf einzelne Empfindungen reagieren? Techniken und Manöver gleichschalten? – Alles vergessen! Es schossen nur noch Kräfte nach vorn, verhakten und verschweißten sich irgendwie, beschleunigten und beschleunigten. Das war mehr als Trance – das war totales Verschmelzen; ich war ein Teil des Ebbstroms.

Alles gipfelte in einem reißenden, wütend entfesselten Wasserschwall, der wie nach einem Dammbruch katastrophenartig anschwoll und unaufhaltsam nach Süden zum Nordpazifik stürzte.

Nur für den Bruchteil einer Sekunde verlor ich meine Konzentration – als ich nicht glauben wollte, daß wütende Brecher jetzt auch in meine Bucht tobten.

So mußte es Jagdfliegern ergangen sein, wenn sie nach knapp überlebtem Einsatz feststellten, daß auch ihr Flughafen bombardiert wurde.

Es dauerte lange, bis ich mich aus der Waschmaschine für Zirkuszelte befreite und das Kajak die Düne hinaufzog, dorthin, wo das große ausgeblichene Skelett eines Seelöwen lag. Ob der nur weniger Glück als ich gehabt hatte?

Nun hatte ich als erster Europäer oder erster Nicht-Aleute die Grenzen des Kajakfahrens kennengelernt – und gleichzeitig entdeckt, warum und wozu die Aleuten das Kajak entwickelt hatten. Aber ich hätte nie geglaubt, daß es in der Kinderstube des Kajaks so übermütig zuging.

XI Alaskanisches Mosaik –
mit Unalaska/Dutch Harbor C

1 *Zurück im Nordweststurm, dem Vorboten eines Orkans*

Natürlich hatte mich die »Operation Akutan« etwas mitgenommen, daher empfand ich es gar nicht so bedrückend, daß meine paradiesische Bucht tagelang durch eindringenden Seegang abgeriegelt war.

Tag und Nacht brachen sich wütend heranrollende Wellen, daß es nur so knallte und krachte. Nur wenn gerade besonders große Geschütze während der Dauerkanonade abgefeuert wurden, eilte ich auf den Dünenkamm, um mich zu motivieren, doch besser mit Hungerrationen hier aushalten, als mit dem hoffnungslos überpackten Boot in dieses Inferno starten.

Nun hatte ich wieder echtes Beringmeer tagelang gleich vor der Haustür – und was sich im Unalga Pass oder dessen Nordkap tat, ließe sich eigentlich nur mit grellbunten Reihen von Superlativen schildern.

Was war der Grund für den plötzlichen Wandel? Nun, es zog und windete hier gnadenlos kalt, und ab und zu setzten Regenschauer ein, die merkwürdigerweise nachts aufhörten, um nach spektakulären Sonnenuntergängen und bei kristallklarem Himmel den ersten Frostheimsuchungen wie Rauhreif und gefrierendem Nebel zu weichen. Der Grund? – Nordwind, einfach nur Nordwind.

Wie stand es mit den Gezeiten? Etwa so: Bei Ebbe dachte ich, es würde mich sicherlich bei den ersten Untiefen und Felsen meiner Bucht aus dem Boot werfen – und bei Flut gleich am Strand.

Auch der schöne halbmondförmige Sandstrand veränderte sich laufend, nicht gerade zum Vorteil, wie ich empfand. Aus dem Unalga Pass riß es tonnenweise Blasentang, Brecher knäuelten ihn zusammen und warfen wirr verflochtene Tangbündel und brutal abgerissene, armdicke Kelpstengel an den Strand.

Zum Glück kamen mit der unerwarteten marinen Invasion auch Lachse an, doch selbst großzügig bemessene Portionen rohen Fisches wollten meinen zunehmenden Hunger nicht stillen. Feuchtigkeit und Mangel an Brennstoff für meinen Benzinkocher ließen es einfach nicht mehr zu, genügend warme Mahlzeiten einzunehmen. Kaffee, Zucker und Reis, Haferflocken und Nudeln waren längst ausgegangen. Ob ich ohne die Vitamintabletten überlebt hätte? Tee, Speiseöl und Fertigsuppen mußten aber noch für die Rückfahrt aufgehoben werden.

Was ich nicht wissen konnte, war, daß mittlerweile mein Freund Angel Alarm gegeben hatte, Schiffe suchten bereits nach den Überresten eines gelben und roten Seekajaks, dessen Fahrer man wenig Überlebenschancen einräumte. Die US Coast Guard bereitete schon eine Suchaktion vor.

Warum ich nicht über das Marine Radio um Hilfe rief? Dutch Harbor lag zu weit weg, und ich steckte außerdem in einem Tal. Dann sah ich nicht viele Schiffe im Unalga Pass. Aber das Ausschlaggebende war wohl: Ich hatte mich schon lange mit dem »von allem abgeschlossen zu sein« abgefunden und glaubte, mich nur aus eigener Kraft retten zu können.

Aber immer noch schützte mich »meine« Bucht, zumindest eine Vorstellung, wie es mir anderswo außerhalb der vertrauten Umgebung ergehen könnte, vermittelte mir das Fernglas. Die Qualität des Glases erhöhte die Intensität der Vorstellung – und skizzierte die Zukunft...

Einfach tolle Bocksprünge hatte das Wetter hier gemacht, und ich erinnerte mich an Tage, als ich mich im eisigen Wasser des Baches waschen konnte, mich kurz abrubbelte und im Windschatten und in der Sonne wieder rasch erwärmte. Es gab da Tage mit besonders hoher Luftfeuchtigkeit, und daher fing es im Zelt zu schimmeln an, so stark, daß einige Gegenstände wie das Gewehr sogar zu leuchten

anfingen! Was tun? Als nur für wenige Minuten der Himmel auf-
klarte, die Sonne so stark herabbrannte, riß ich mir die Kleider vom
Leibe und ließ mich von härtester UV-Strahlung absengen. Gut eine
halbe Stunde ging ich barfuß und konnte zusehen, wie bereits die
Haut reagierte.

Capriolen nach oben gab es längst nicht mehr, dafür zunehmend
viele nach unten. Was sollte ich auch Anfang September anderes auf
den Aleuten erwarten?

»Sobald sich der Wind dreht oder der Nordwind nachläßt, fahre ich
weiter!« Dies kreiste mehrmals täglich in meinem Kopf, während ich
zu packen begann. Wohin weiter? Nach Akutan und dann zur Peninsula? Nach Dutch Harbor? Aber kamen denn nicht in letzter Zeit nur
Stürme um Nord? Zurück nach Dutch Harbor bei Gegensturm...?
Haarsträubendes hatte ich doch mit diesem Boot vor Tagen erlebt,
und fast schon vergessen war, daß ich dies ohne Gepäck schaffte.
Kein Wunder also, wenn ich mit anwachsenden Mißtrauensattacken
diese Aufbauten da im Heck hinter meinem Sitz anstarrte. – Aber,
ich bekam realistische Testbedingungen, denn die Aleuten-Jäger haben diese Gewässer mit Frauen und Kindern, Sack und Pack bezwungen.

»Eine Beförderung oder die Degradierung? – Vom U-Boot zum Zer-
störer – bloß die Maschine ist gleich geblieben! Mit dem Lastkahn
wieder in den Unalga Pass...« So und in diesem Sinne bewegte ich
das abfahrbereite Kajak zum Wasser, bewegtem Wasser!

Trotz allem, ich konnte es kaum glauben, daß ich hier zum letzten-
mal aus der Bucht fuhr und nicht zum ständig lockenden Erkunden
und elektrisierenden Probieren im Unalga Pass; doch zwei Bewoh-
nern dieses unglaublich schönen Fleckchens Unalaska sollte ich
wieder begegnen.

Es warfen sich mir keine Killerwellen oder Eisnadeln verschießende
Sturmböjen entgegen, nur Wellen und Wind – doch dies pausenlos,
als ob beides aus einem unerschöpflichen Reservoir käme. Und aus
diesem gigantischen Reservoir quollen Ströme von Kälte, alle Stufen
von Grau, Schwarz, ein wenig Weiß und unvorstellbar viel schmut-
ziges metallisches Graugrün. Schwer wirkte dies alles, ja, selbst die

Kälte, so furchtbar schwer, als wolle diese düstere Welt allein durch ihre drückende Schwere im nächsten Augenblick in sich zusammenstürzen.

Und immer wieder schmolz und tropfte etwas aus dem Abweisenden, Schreckenden, wuchs aus zu einem anmutigen Felsenbogen oder wurde plötzlich zu einem bunten Papageientaucher, ein neugieriger Seelöwe entsteht genauso selbstverständlich wie ein schöner Wasserfall oder eine unheimliche Untiefe.

Jede noch im Gedächtnis verbliebene Klippe signalisierte ein: »Halt aus, so weit bist du schon!«, aber jedes erkennbare Kap oder eine undeutlich zu sehende Bucht wehrte mit einem: »Mein Gott, so weit noch!« Lächerlich und grauenvoll, daran zu denken, was aus einem: »Ich kann nicht mehr!« würde.

Von allem, was hier angst und bange macht, Wärme und Kraft frißt, wird großzügig ausgeteilt; es gibt kein »Nein, danke« oder »Bitte, nicht mehr, ich habe genug«, hier wird generell Nachschlag befohlen. Befohlen!

Obwohl alles Wasser der Welt mir entgegenzukommen schien, fuhr ich nicht die Kalekta Bay aus, sondern schnitt sie weit außen, was dann auch das marine Erlebnis kräftig steigerte: Etwa so, daß aus den 6 km nicht nur 6000 m, sondern 600 000 000 mm wurden. Auch die Wellen konnten sich sehen lassen, und es dauerte einige bange Minuten, bis ich auch wirklich den direkten und kürzesten Kurs behielt.

Fachleute denken jetzt an dieser Stelle sicher ans Eskimotieren, an die Eskimorolle, die man im Fall eines Umschlagens dynamisch und kraftvoll ausführen kann. Mit einem zwar schnittig gebauten, aber voll bepackten Kajak – und den Aufbauten im Heck? Wenn jede zehnte Welle das Boot beinahe umwirft? Und wenn es eine Unmenge von solchen »Jede-zehnte-Welle« gibt?

Die große Flosse dort! Eigenartig, immer in großen Buchten oder Fjorden begegne ich etwas Großem. Gehört sie jetzt einem großen Delphin oder einem kleinen Orka? Herdenjäger schicken gern einen Explorer, einen Melder los, der mal nach dem Rechten sehen soll. Wann kam der Besuch?

Beide Arten, Delphine und Orkas, gehören derselben Familie an, *Delphinidae,* sind extrem neugierig und spielen gern. Kajaks sind seit geraumer Zeit in diesen Gewässern äußerst selten geworden. Also Edelspielzeug, das man nie links liegen läßt?

Mir fiel ein, daß weibliche Orkas höchstens 4,5 m lang werden, mein Kajak dagegen mißt 5,5 m – was aber wieder für ein männliches Exemplar durchaus interessant sein könnte, da diese es auf immerhin 9 m bringen.

Momentan machte ich einen ordentlichen Krach, das Boot klatschte immer wieder heftig in die Wellentäler, und für einen eleganten marinen Säuger mußte das Paddel ebenfalls einen Mordsradau verursachen.

Vielleicht hatte ich einen »ungeheuren« Eindruck auf den einsamen Schwimmer gemacht, denn er drehte wieder bei und hielt auf das Innere der Bay zu. Ich tippte auf einsamen Kleinwal, denn Orkas greifen selbst die größten noch verbliebenen Wale an, Wale, gegen die das Kajak wie eine abgemagerte Makrele wirkt.

Von ungemütlich kalt war ich schon weit entfernt, als ich an den düsteren Klippen von Cape Kalekta entlangfuhr, gefährlich kalt wäre der passende Ausdruck. Außerdem setzten die ersten Krämpfe in Händen und Armen ein – noch konnte ich den lästigen Ausfallerscheinungen mit gezielten Streckbewegungen wieder begegnen. Den Händen jedoch erging es übler: Um sie vor Nässe und Wind zu schützen, trug ich spezielle Handschuhe. Die Handschuhe schützten zwar, doch rieben sie meine Daumenoberseiten dermaßen auf, daß sie längst bluteten.

Gnadenlos flossen die folternden Übel aus dem großen unerschöpflichen Reservoir, und immer wieder mußte ich ihnen meine Kräfte entgegenwerfen. Doch dies sah immer noch schaumgebremst aus, wenn ich mich erinnerte, was ich Tage zuvor mit dem Fernglas beobachtet hatte.

Die Seelöwen um das Kap Kalekta schienen sich gar nicht groß um mich zu kümmern: Verhaltenes Aufblicken bemerkte ich, nur halbherzige Bemühungen, aus dem so bequemen Liegen in aufgerichtete Beobachtungspositionen zu gelangen. Erst als ich zu nahe an ihren Aussichtsfelsen vorbei oder hindurchfuhr, regten sich einige Wächter, gaben mehr erstaunte als warnende Töne von sich, zwei oder drei Exemplare schwammen jedoch auf mich zu, was mich veranlaßte, doch wieder ins Meer hinauszusteuern.

Endlich! Endlich blies mir der Nordwestwind nicht mehr frontal entgegen, sondern schob mich seitlich an. Doch dafür galt es jetzt, die schräg anlaufenden Wellen richtig anzuschneiden.

Mit den Wellen wurde ich fertig, aber die von überall angreifende Kälte drang mehr und mehr in mich ein. Ich war bereits so weit, die Krämpfe in den Händen als nützlich zu betrachten: Auf diese Weise konnte ich gar nicht mehr das Paddel aus den Händen verlieren!

Vorsichtig kramte ich die Thermoskanne hervor, dann Kola-Kaffeekapseln und den letzten Riegel Pemikan, genoß blitzschnell, das Boot steuerte ich allein durch Körpergewichtsverlagerungen. Das war ein Kunststück, ein Stuntman Snack, aber in dieser ultrabrutalen Welt gab es dafür keinen Applaus, nur die zähnezusammenbeißende Hoffnung, ein paar tausend Meter mehr aushalten zu können.

»Dort! Die Lichtpunkte sind von Dutch Harbor. Halt aus, vielleicht erreichst du Dutch... Du mußt Dutch erreichen – denn du hast gar nicht mehr die Kraft, heil durch eine dermaßen gewalttätige Brandung zu fahren und dann noch ein Zelt aufzustellen!« Mich wunderte, daß ich noch klar denken und Entscheidungen treffen konnte.

Die Hoffnung, Dutch Harbor zu erreichen, setzte neue zusätzliche Energien frei, die ich sofort ins Paddeln steckte – bloß mir wurde kälter und kälter.

Als sich dichte Wolken auf den letzten hellen Fleck am Himmel setzten, wurde es dunkel. Der Wind schwoll an, und die Wellen wuchsen und wuchsen, begannen sich aufzutürmen und bedrohlich aufrauschend zu brechen.

Trotz alledem: Das waren erst die Vorboten des Nordweststurms, und mit diesem Seegang war ich schon öfter auf den Aleuten fertig geworden. Ich fuhr schneller, nützte die Surfenergien, auch wenn ich Stabilität und Sicherheit riskierte. Bald vergaß ich Gepäck und Aufbauten und fuhr, als säße ich in einem leeren Boot.

»Zu spät! Ich kann einfach nicht mehr Dutch Harbor erreichen, so weit schaffe ich es nicht mehr – es ist eh ein Wunder, daß ich überhaupt noch lebe. Wenn ich nicht vorher irgendwo ertrinke, rammt mich vielleicht in der Dunkelheit ein Schiff, das vor dem beginnenden Sturm Schutz sucht... Sommer's Bay könnte ich aber noch erreichen. Ab nach Sommer's Bay!«

Haarsträubendes wechselte mit »völlig Unmöglichem« – ich fuhr trotzdem weiter und weiter. Ich ließ mich auch von keinen optisch noch so imposanten Darbietungen des Beringmeeres beeindrucken – so viel restliches Streulicht war schon noch, um mir auch wirklich nicht zu vergessende Szenen ins Bewußtsein zu spielen.

Über den eigenen Schatten zu springen, wurde zur Grundübung. Was kostet das Leben? Man hat doch trainiert – es dauert doch lange, bis man am Zahnfleischende ankommt.

Dann fing ich zu beten an, zunächst zögernd, dann deutlicher, immer intensiver. Es half mir, die grauenhafte Kälte zu ertragen.

Endlich erschien Sommer's Bay. Ich bog nach links in die Bucht ein, die eigentlich nur weiß aufleuchtete. Ich ließ mich nicht irremachen, irgendwie käme ich schon an Land. Im Trockenanzug und mit der Rettungsweste konnte ich nicht absaufen – es würde nur noch kälter. Über die aufschäumenden Untiefen an der linken Flanke der Bucht mußte ich sarkastisch auflachen – ich fuhr einfach drüber. Es kratzte nicht einmal – und es ging sicherlich nur um Haaresbreite drüber. Ich hielt aufs Bachdelta zu, da lag Kies, und es sah flach aus! Ein Wunder, immer noch war ich klar urteilsfähig.

Was mich jetzt von hinten ansprang, schlug oder drückte, ignorierte ich – lediglich die flache Stelle am Kiesstrand starrte ich an, als wollte ich mich allein mit Blicken hier festschweißen. Eine kräftige Woge hob mich, ich paddelte wie rasend, blieb oben in der Hoffnung, ich könnte wie ein rasanter Seehund die flache Kiesschürze hinaufschlittern.

Dies durfte es einfach nicht geben – ich hatte es geschafft, was mit federleichten Wildwasserbooten ohne Gepäck kaum gelang.

Ich kroch aus dem Kajak, zerrte es aus der Spritzwasserzone heraus nach oben. Dann torkelte ich auf eine Kiesbarriere zu, die ein wenig Schutz vor dem Wind bot, und ließ mich einfach zu Boden fallen. Um nicht vor Entkräftung zu erfrieren, robbte ich auf allen vieren zum Boot zurück und holte mir die Thermoskanne. Ich verbrannte mir fast Mund und Gaumen. Dann drehte ich mich um und blickte in die Richtung, aus der ich kam.

Entsetzt erkannte ich, daß genau in diesem Augenblick der Nordweststurm in voller Wucht die Küste Unalaskas erreichte. Gerade noch – als habe jemand den Sturm bis zuletzt aufgehalten –, gerade noch hatte ich den Kiesstrand von Sommer's Bay erreicht. Verbrauchte ich hier mein Glück, das für ein ganzes Leben reichen sollte?

Wütend hämmernde, stechend kalte Windböjen warfen mich fast zu Boden, und ich wußte, daß ein Orkan kam.

Das Boot packte ich in eine tiefe windgeschützte Bodensenke, dann baute ich das Zelt daneben auf, kochte mir eine extralarge Portion Fertigsuppe und zog mir trockene Kleidung an. Ich fragte mich, ob ich mich nicht längst in einen Unangan-Jäger verwandelt hatte?

Drei Schiffe, die mich suchten, gingen unter.

Schiffe lagen außerhalb von Sommer's Bay vor Anker – jedoch alles, was weiter als hundert Meter vom Camp entfernt lag, war für mich unerreichbar. Das Kajak nur zum Strand zurück zu schleppen, erschien mir, als solle ich einen mächtigen Baumstamm dorthin bewegen, jeder Versuch wäre aussichtslos gewesen. Aber ich fror nicht mehr, und das empfand ich als wunderbar.

Suppen und noch ein paar Fertiggerichte entdeckte ich in meinem Gepäck und nach einem weiteren Tag Ruhe glaubte ich wieder genügend Kraft zu haben, nach Dutch Harbor zu paddeln.

Aus Nordwest stürmte es wieder, aber ich wollte unbedingt am Sonntagmorgen in der Kirche sein. Mit vollem Boot wollte ich es erst gar nicht versuchen, also ließ ich alles Sperrige und Überflüssige im Zelt. Die höchstens eineinhalb Stunden nach der Ortschaft Unalaska sollten im leeren Boot überhaupt kein Problem sein.

Es sollte aber etwa fünf Stunden dauern – drei davon in wirklich sehr ernstzunehmendem Seegang – es wurde eine schreckliche Prüfung, bis ich meine Freunde wiedersehen durfte.

Als ich gegen zwei Uhr nachmittags mit Spritzdecke und Paddel in der Hand durch die Tür in die Kirche getorkelt kam, lief mir auch schon Dan Magone über den Weg. Er sah mich an wie einen, der von den Toten auferstanden ist, und als ich ihm sagte, ich habe Unglaubliches erlebt und müsse unbedingt und sofort mit jemandem darüber reden, meinte er, er wisse ganz genau, was mir widerfahren sei, er habe es mir gerade aus den Augen gelesen. Ich sei eingeladen und solle mich gleich hernach zu ihm nach Hause begeben, um mehr darüber zu erfahren.

Ron Williams war es, der mir bestätigte, daß ich mich nicht zum nächsten Psychiater oder Arzt begeben müsse, sondern daß es hier in der Unalaska Christian Fellowship einigen Mitgliedern auf See und anderswo so ergangen sei und sie genau deswegen hier Mitglieder seien.

Und so kam es, daß ich Gast bei der bekanntesten und wohl interessantesten Familie der Aleuten werden durfte. Für viele in Dutch Harbor und auf allen Aleuten-Inseln ist Dan Magone *der* Held – der ungekrönte König der Aleuten.

Ich stelle Ihnen im letzten Kapitel einige moderne typische Bewohner der »Brücke nach Amerika« vor und – glauben Sie bloß nicht, die Abenteuerei habe damit ein Ende...

2   M.M. = M. A. »*Magone Marine*« = *Marine Adventures*

Mit dem Kajak hinüber von Unalaska, der östlichen Flanke des weiten, so großartig von umgebenden Bergen geschützten natürlichen Hafens nach Dutch Harbor und zu den Schiffen und Werftanlagen von Magone Marine, zur Westflanke, konnte ich nicht mehr fahren. Ich war schon froh, nicht von der Ladefläche des Pickup-Trucks zu fallen, mit dem mich Ron samt Kajak zum Bailyhoo Hill fuhr. Die Adresse der Magones allein war schon ein

223

Omen – kein geringerer als Jack London hatte dem teilweise recht steil fallenden Berg aus Vulkangesteinen den Namen Bailyhoo Hill gegeben, als er zurück von den Goldfeldern des Klondikes per Schiff über Nome nach Dutch Harbor kam.

Wieder einmal war ich dem mörderischen naßkalten Grauen äußerst knapp entronnen und in ein gut behütetes Reservat für hochkarätige Spinner katapultiert worden. Erinnerungen an das »Restaurant am Ende der Welt« auf Attu glommen auf, die »Shantung« begann wie der »Flying Dutchman« zu leuchten, Atka flackerte im Hinterkopf, und die zunächst langsam kreisende Frage, ob hier vielleicht auf dieser herrlichen Startrampe...?

Abgesperrt, allein war ich die letzten Wochen gewesen, und auf einmal umgaben mich plötzlich eine attraktive und liebenswürdige Frau, ein außergewöhnlicher und humorvoller Mann, ein unermüdlicher Junge, ein kleines quietschfideles Mädchen, drei wirklich große Hunde, drei seltene, nicht zu übersehende Schlangen, zwei agile Schildkröten, eine scheue Eidechse und zwei kapitale, gelegentlich rufende Ochsenfrösche, wenn man von sehr stillen, weil toten Tieren absieht, wie Wölfen, weißer Gebirgsziege und Dall-Schaf sowie einem Braunbären.

Der wohl interessanteste Platz von Dutch Harbor ist nicht nur der sicherste, sondern auch der schönste. Aus der bunkerartigen ehemaligen Pumpstation der Militärs für Trinkwasser in der Flanke des Bailyhoo Hills hatte Dan Magone nach und nach im Baukastenprinzip die Familienresidenz geschaffen. Vom hochgelegenen Ausblick aus den weiten, hohen Fenstern auf die große von Bergen geschützte Bucht von Dutch Harbor und Unalaska konnte ich mich selbst nach Wochen nur schwer losreißen; ebensowenig von der Sicht auf die ankernden Fangschiffe an der »Sand Spit«, von den Reparatur- und Bergungsschiffen von Magone Marine, von Dutch Harbor und der dahinter gelegenen Captain's Bay. Schier als erster kann man die vom Norden aus dem Beringmeer in die Unalaska Bay einlaufenden Schiffe sichten – und auch deren Löschen und die Vorbereitungen zum nächsten Auslaufen.

Sicherster Platz? Also gegen Erdbeben, die ja auf den Aleuten (Aleuten-Graben, seismisch aktive Zone!) im Prinzip jeden Augenblick losbrechen können, konnte der Platz natürlich nicht hundertprozentig sicher sein – aber vor den Folgen der Beben, die meist den Meeresgrund betreffen und verheerende Tsunamis an die Küsten werfen. Ich saß am »the perfect place«.

Wie fühlte man sich, wenn man plötzlich bei seinem irdischen Expeditions-Schutzengel, Sue Magone, zu Gast ist – nachdem Carmen und Angel Alarcon, mein tüchtiger Expeditionsmanager und Freund, samt Kindern überraschend nach Anchorage umziehen mußten? Wie reagiert man auf einen Mann, der jede Woche, aber spätestens jeden Monat Dinge vollbringt, die dann in der Zeitung zu lesen sind, dessen Leben eine einzige Abenteuerreportage darstellt?

3 Bailyhoo Hill Library – Schlußfolgerungen

Bevor Sie vom Leben in Dutch Harbor erfahren, lassen Sie mich vorher Bilanz ziehen, was die Aleuten-Expedition zur Kontinentalbrücken-Theorie erreicht hatte:

Mir stand die Familienbibliothek zur Verfügung, und zu meiner größten Freude fand ich Bücher, die mich beim Ausarbeiten meiner Einwanderungstheorie entscheidend weiterbrachten. Dann bekam ich hier Adressen von Personen, die meine Daten bereicherten – so umfangreich, daß ich alle Informationen hier während meiner Anwesenheit gar nicht bearbeiten konnte. Und letzten Endes hatte ich Zugang zu einer Universität: der Aleuten-Filiale der University of Alaska Fairbanks.

So mußte ich mich besonders mit der »Beringia-Theorie« auseinandersetzen. Amerikanische Anthropologen meinen damit ein Gebiet *und* einen Kulturkreis. Während der Eiszeiten soll das trockene Schelfgebiet Wander- und Siedlungsgebiet unterschiedlicher asiatischer Volksgruppen gewesen sein, sozusagen Brücke und Schmelztiegel der ersten »Amerikaner«.

»Beringia« ist größtenteils längst wieder im Beringmeer untergegangen, verschwunden vor 14 000 Jahren, als das Meer sein Schelfgebiet wieder zurückeroberte.

Die »Beringia«-Idee faszinierte mich, und ich begann das Buch »Crossroads of Continents Cultures of Siberia and Alaska« der beiden Autoren William W. Fitzhugh und Aron Crowell zu studieren. Gerade von Informationen aus diesem genannten Buch konnte ich meine eigene, ergänzende Theorie nähren und weiterentwickeln. Daß dieses »Beringia« besiedelt war, konnte man bis heute nicht durch menschliche Artefakte oder Besiedlungsspuren direkt nachweisen. Lediglich an den Küsten Alaskas und Sibiriens, die den verbliebenen Rest der Kulturzone darstellen, fand man Beweise. Man schließt also nur auf die ehemalige Besiedlung des Schelfs. Die Schlußfolgerungen bieten sich an – trotzdem existiert noch kein Beweis für das Siedlungsgebiet »Beringia«.

Wie sah wohl der trockengefallene Schelf aus? Es waren sicher vorwiegend flache Schlick- und Sandebenen mit unzähligen Sümpfen durchsetzt. Überschwemmte Deltas von Flüssen wie dem Yukon oder Kuskokwim gab es, dazu verschlungene und abgeschnürte Totwasserarme.

Wie dicht war der Pflanzenbewuchs? Man kann darüber nur spekulieren. War der Boden stets gefroren, oder taute er im Sommer auf? Mußten Tiere und Menschen mit einer ungemütlichen Schlammschlacht fertigwerden? Mit dem Zurückweichen des Beringmeeres konnte aber auch weitmehr kontinentaler Einfluß das Klima bestimmen – und dies hieße trockene, grimmige Kälte wie heute in Sibirien, »Beringia« als die östliche Verlängerung Sibiriens.

Wie wir wissen, gab es deutliche Klimaschwankungen während der Eiszeiten. Kam dann wieder das Beringmeer zurück? Und wie oft? Was geschah während der Erdbeben und den nachfolgenden Tsunamis? Etwas weniger spektakulär: Wie weit drangen Springfluten auf das flache Gebiet von »Beringia«? War dieses Gebiet vielleicht ein riesiges gefährliches Watt? Eine Art Durchgangsweide für Mammuts, denen ein paar Jäger folgten? – Oder war »Beringia« nur ein Phantasieland für Ethnologen?

Die Aleuten-Inseln mit dem um 130 Meter entblößten Basaltsockel dagegen versprachen den ersten Explorern soliden Boden unter den Füßen.

Zur Erinnerung, ich bestreite keinesfalls die Funktion der Beringstraße, sondern weise nur auf einen dazu parallel weiter im Süden gelegenen Einwanderungspfad hin: »die Brücke der Welten«.

Nachdem ich mit den heutigen Meeresbedingungen mehr als ausreichend Kontakt gehabt habe, geht trotz aller Gefährlichkeit aus dem Experiment »Ortsfremder auf den Aleuten« daraus ein »durchaus möglich« hervor. Die Unangan hatten ja auch alle Inseln des Aleuten-Archipels erreicht und besiedelt, dies steht zweifelsfrei fest – allerdings von Ost nach West, wie die meisten Anthropologen meinen. Gut, aber warum nicht umgekehrt – von West nach Ost? Das ist die gleiche Strecke, aber unter einigen Gesichtspunkten einfacher und wahrscheinlicher. Man muß sich immer wieder daran erinnern, daß während der Eiszeiten der Wasserspiegel des Meeres um 130 Meter tiefer lag und die heutigen gefährlichen, weil weiten Lücken zwischen den Inseln gar nicht existierten.

Sollten die »Wasser der Hölle« nicht abschrecken? Für mich war es kein Spaziergang – obwohl ich mit Seekajaks vertraut bin. Die frühen Aleuten-Jäger waren aber bereits »mit dem Kajak zur Welt gekommen«. Es ist durch Zeugen bewiesen, daß Aleuten-Jäger in Kajaks im Unalga Pass und Unimak Pass Wale jagten! Auf weiten Seestrecken schlossen sich mehrere Kajaks zu schwimmenden Flößen zusammen, um zu rasten, während einer Wache hielt. Ich war allein gewesen.

Niemand weiß, mit welchen Fahrzeugen die ersten Explorer kamen, zu denken wäre an einfache Rahmenboote, mit Auftriebskörpern wie Schwimmblasen gehalten, oder besegelte und steuerbare Flöße; aber wir dürfen davon ausgehen, daß sie brauchbare Fahrzeuge bauten und daß sie mit ihnen umgehen konnten.

Die Technik, wie sie die Pässe bezwangen, ist vergleichbar mit der, wie Raumsonden zu den Planeten geschickt werden: Man kämpft nicht gegen gigantische Kräfte an, sondern nützt sie. So wie im Raum die Gravitation genutzt wird, die Gravitationsschleuder also, nutzten sie die Strömungen und scherten im richtigen Moment aus.

Wenn Befürworter der Beringstraßeneinwanderung den ersten Amerikanern noch keine Kajaks zugestehen, müssen sie aber auch erklären, wie diese von Alaska her kommend die Pässe zu den Aleuten-Inseln bezwangen. Mit primitiven Booten ist dies absolut unmöglich. Und als die ersten Obsidianklingen in Anangula gefertigt wurden, war die Brücke längst geflutet.

Noch mal zu folgendem Punkt: 71 Prozent der Oberfläche der Erde wird von Meer bedeckt. Es ist unsinnig zu glauben, die Steinzeitkulturen hätten sich nur auf Landjagd spezialisiert und wären daher Mammuts und Rentieren in der Arktis nachgezogen. Es ist wesentlich einfacher, Seehunde an Küsten oder auf dem Eis zu jagen als Rentiere und Mammuts in eisiger und trockener Kälte.

Es zeugt von kleinmütiger Denkweise, wenn man den Menschen vor 15 000 Jahren die Fähigkeit abspricht, für die Küstenschiffahrt tüchtige Fahrzeuge zu bauen. Dazu ein Beispiel: Bis zum Jahr 1995 glaubten Wissenschaftler, daß erst 8200 Jahre v. Chr. vom Menschen Bitumen verwendet wurde. Als jedoch aus Syrien in der Fundstelle Umm el Tiel neue Funde entdeckt wurden, mußte man die Zeitspanne erheblich korrigieren: bis in die Mittlere Altsteinzeit vor 40 000 Jahren. Die Menschen waren damals in der Lage, Bitumen als Klebstoff für Werkzeuge zu benutzen.

Überlieferung, Relikte, Funde – und daher Beweise, werden jetzt wohl einige denken. Zum einen muß vorausgeschickt werden, daß Materialien wie Holz, Leder und Sehnen selbst bei arktischen Temperaturen nicht lange halten. Entweder wurden sie von den damaligen Menschen bereits wiederverwertet, oder sie sind verrottet. Und vor allem gilt diese Situation: Die möglichen Fundstellen liegen heute unter Wasser.

Die Weltbilder, die Archäologen zeichnen, sind keine Monumente, sondern spiegeln den momentanen Wissensstand aufgrund der Funde. Neue Funde – und so manches ändert sich.

Erinnern Sie sich? – Lösung A: Packeis reichte bis zu der Inselkette. Auf allen Inseln fand ich deutliche Spuren von Vergletscherungen. Nicht nur Kare in den Gipfeln der Vulkane, sondern weite und tiefe U-Täler, die eindeutig von Gletschern stammen, formen das Lan-

228

desinnere und die Küsten. Wie aus den Seekarten ersichtlich, reichen die vom Eis geschaffenen Fjorde und Inselschelfe noch weit in die Gesteine unter Wasser. Man stelle sich vor, Vulkane spießen sich durch Eisdecken. Detonationen, Feuer- und Rauchsäulen sieht man bei klarem Wetter nicht nur meilenweit, sondern ein paar hundert Kilometer, und Asche regnet es ebenso weit auf das Eis, und diese hinterläßt so unübersehbare und eindeutige Spuren.

Gerade auf dem Eis wird gejagt – die Inseln sind auch zu Fuß erreichbar, denn das Eis schließt die Lücken in der Landbrücke, wenn überhaupt Lücken bestanden! Vulkane sind nicht nur markante Punkte in der Landschaft, sondern liefern das Material, das alle Menschen zu dieser Zeit schätzten: Obsidian. Und Obsidian versprechen für die ersten Bergleute und Klingenhersteller tätige Vulkane, von denen es allein heute 80 auf den Aleuten gibt. Nicht nur zufällig ist *Anangula* nahe Umnak Island die 9000 Jahre alte Fundstelle für Osidianklingen, und ich vermute noch mehr Fundstellen auf den westlichen Aleuten und auch auf den russischen Komandorsky-Inseln.

Lösung B: Den Fundort Anangula verdanken wir einer der stärksten Kräfte überhaupt, einer tektonischen Hebung. Nicht nur der Meeresspiegel schwankt auf und ab, sondern auch der sogenannte »feste« Boden der Inseln. Die Kontinentalbrücke war höchstwahrscheinlich schon mehrere Male vollkommen aufgetaucht und wieder untergegangen. Eine Eiszeit als Voraussetzung zur Besiedlung Amerikas benötigt nur die Beringstraßen-Lösung.

Die Wanderung nach dem Festland von Alaska über den nördlichen Teil des pazifischen »Ring of Fire« und dann weiter entlang dem zirkumpazifischen Vulkangürtel Richtung Süden bis letztendlich Feuerland könnte einem bisher ungelösten ethnologischen Problem dienen. Über 11 000 Jahre alte Artefakte wurden in Alaska, Kanada und den USA gefunden – jedoch ohne kulturelle Verknüpfungsmöglichkeiten der Funde. Mit anderen Worten, es fehlen die Missing links, die zeigen, wann welche Gruppe von Steinklingenherstellern auf welchem Wege bis tief in den Süden Amerikas wanderte. Eine Antwort wäre: Hauptsächlich vom Meer lebende asiatische Gruppen wanderten zunächst über die Vulkaninselkette, um dann entlang der nordamerikanischen Küste nach Süden vorzudringen. Danach kann man gar keine Missing links auf dem Festland finden, sondern nur in den Küstenregionen.

Nie vergessen darf man diesen Aspekt: Die Vulkane dienten als »geheizte« Überlebensplätze. Selbst die grimmigste Kälte konnte die Energie des Vulkanismus nicht stoppen. Heiße Quellen und erhitzte Stellen wie Höhlen und Felsspalten versprachen Orte, um den eisigen Temperaturen besser zu trotzen.

Aber noch mehr boten die heißen Quellen: Wenn sie im Meer austraten, was heute auch vorkommt, schmolzen sie das Eis und ließen Öffnungen entstehen. Diese offenen Stellen zogen wieder jagdbares Wild an. Es mag etwas seltsam klingen, aber Solfataren, Stellen, an denen heiße Gase austreten, bieten oft in der Nähe von heißen Quellen auch gleich noch dazu die Kochstellen.

Zündmaterial, um Feuer zu starten, boten die Vulkane ebenfalls. Die Aleuten benutzten dafür den natürlich vorkommenden Schwefel. Welche wandernde Gruppe dies zum ersten Mal nutzte, ist nicht nachzuweisen.

All diese Möglichkeiten, die Vulkane boten, dürften den ersten Explorern des südlichen Teils des »Beringia«-Kulturgebietes nicht lange unbekannt geblieben sein. Und die Spur der Feuerberge führt weiter nach Süden, weiter bis nach Feuerland – immer der Küste entlang. Die gesamte Westküste beider Amerikas, alle Küstengebirge – Rocky Mountains und Anden – sind von Vulkanen durchsetzt.

Noch etwas Überlebenswichtiges boten die Küstensäume der Landbrücke: Material für Werkzeuge, Jagdgeräte und Waffen sowie Heizmaterial: Holz. Die Inseln des Aleuten-Archipels sind abgesehen von kleinen liegenden Trundragewächsen baumlos. Treibholz fand ich jedoch auf allen Inseln, die ich betrat. Als während der stärksten Vereisung die Vulkane der Inselkette aus dem Packeisrand ragten, das Beringmeer gefroren war, wirkte dieser Eisrand als »Fangkamm« für das Treibholz, das aus südlicheren Küsten stammte.

Faßt man diese Aspekte zusammen, dann erscheinen die Aleuten-Inseln gerade während einer Eiszeit als geeignete Brücke, um das

230

alaskanische Festland zu erreichen – eine Brücke von Asien nach Amerika.

Aber die Kontinentalbrücken-Theorie löst noch ein sehr gravierendes Problem: Bisher wurden die über 40 000–200 000 Jahre alten menschlichen Funde in Amerika als unseriös oder unmöglich eingestuft. Erst dem Homo sapiens sapiens (nach 35 000) gesteht man zu, arktische Tundren erobert zu haben – und deswegen dürfen gar keine 200 000 Jahre alten Relikte vorhanden sein.

Die tektonische Hebung der Kontinentalbrücke durch Veränderungen des Subduktionsvorgangs im Aleuten-Graben schuf einen Weg nach Amerika, der nicht nur trocken war, sondern der auch Anschluß über die Inselbrücken (Japan, Kurilen usw.) vor der asiatischen Küste zu Südasien bot.

Damit konnte ein wärmebedürftiger Neandertaler von Südasien oder Afrika nach Amerika gelangen, ohne durch lebensfeindliche Tundren ziehen zu müssen. Selbst die erste Ausbreitung des Homo sapiens ist damit erklärt – und Wissenschaftler können sich der archäologischen Feldarbeit wieder widmen, anstatt Funde für unmöglich zu erklären und Kollegen mit einem neomittelalterlichen Bann zu belegen.

Doch dies ist lange her, näher sind uns die kulturellen Ähnlichkeiten zwischen Na-Dene-Indianern und Tibetern. Gemäß der Kontinentalbrücken-Theorie braucht man jetzt keine mongolischen Verwandten der Tibeter mehr, sondern alles ist auf direktem Wege zu erklären. Nämlich so:

Drückende Überbevölkerung veranlaßte Stämme vom Hochland von Tibet, den Quellen des Jangtsekiangs weiter entlang dem Jangtsekiang ins Südchinesische Bergland zu ziehen. Entweder gelangten sie über die im Süden liegende und trockengefallene Formosastraße und über die Riukiu-Inseln nach Japan oder über Korea dorthin. Sie zogen nach Norden über Japan, die Kurilen, erreichten Kamtschatka, die Komandorsky-Inseln und dann die Aleuten.

Es ist auch möglich, vom Kaspischen Meer, Indien, Vietnam oder direkt aus Afrika über die Formosastraße oder Korea bis nach Feuerland zu gelangen. Küstenfischer, Jäger, Krieger oder beginnende

Bauern oder Händler konnten dies gewesen sein – damit wäre die kulturelle Vielfalt der Ureinwohner Amerikas erklärt.

Die Kontinentalbrücken-Theorie wird in Zukunft sehr wichtig werden – und die Feldforschungen sowie der Selbstversuch der Aleuten-Expedition waren die Mühen wert. Dazu eine aktuelle Nachricht aus dem Jahr 1996, dpa berichtet aus Sydney: »Die ersten ›Amerikaner‹ waren möglicherweise mit den australischen Ureinwohnern verwandt.« Forschungsergebnisse aus den USA und Brasilien belegten dies aufgrund von Schädelfunden aus Kolumbien und Brasilien. Nach Walter Neves von der Universität São Paulo kamen die ersten Einwanderer vor ca. 14000 Jahren, und nach 2000 bis 4000 Jahren danach seien die asiatischen Stämme gekommen.

Sind Sie immer noch der Ansicht, die Indianer Amerikas stammen ausschließlich von asiatischen Tundrenjägern ab?

4 Ganz normales Leben in Dutch?

Ohne die Magones, ohne das Haus mit dem großartigen Ausblick, der richtigen Aleuten-Atmosphäre, hätte ich gar nicht verschiedene Kapitel dieses Buches schreiben können. Noch war ich »mitten drinnen«, lebte noch auf den Aleuten – alles stürmte auf mich ein, alles brodelte und wogte sehr lebendig in meinem Inneren. Ich konnte mich noch gar nicht lösen, konnte nicht »hurra, geschafft!« schreien. Wenn ich auf die Seiten meines Tagebuches sah, fingen die Erinnerungen zu leben an. Ich konnte keinen Abstand gewinnen.

Ich träumte gerade von wirklich beeindruckendem Seegang, von weißem Gebrodel umtosten Klippen, die mehr aushalten konnten als den Zusammenprall mit einem gelbroten Seekajak, auch wenn dieses aus Kevlar war, als mich eine grinsende, splitterfasernackte Gestalt weckte und mir ein laufendes Funktelefon in die Hand drückte: »For you, Gernot, the US Coast Guard!« Blitzartig hellwach wurde ich und bestätigte, daß man die große anlaufende Suchaktion nach mir – oder besser nach meinen Überresten – stoppen könne. Dan meinte lediglich dazu, zu solch einer Zeit (2 Uhr 27) kämen gewöhnlich – gewöhnlich! – Anrufe solcher Art, und ich solle mich nur nicht beunruhigen, es sei ja alles okay.

An diesem Morgen fand ich in der Bibliothek Zeitungen mit Schlagzeilen und Bildern von Dan und seinem Bergungsunternehmen, Szenen von gestrandeten Schiffen, gespannten, schier ausweglosen Katastrophensituationen – ganz einfach Szenen aus seinem Beruf.

Magone Marine rettet oder birgt Schiffe rund um die Aleuten und bis zu den Pribilof-Inseln – und leider verunglücken in dieser gefährlichen Weltengegend viele Schiffe. Die Namen von Fangschiffen las ich, Trawlern, Crabbern, ja, auch von großen Frachtern.

Nie vergessen werde ich die Bemerkung Dans: »Siehst du dieses Schiff dort?« Dan deutete zum Fenster hinaus, als es gerade vorbeifuhr. »Das haben wir einmal geborgen, ein Mordsaufruhr war das, denn es war damals brandneu, hatte einen Wert von etwa drei bis vier Millionen Dollar. Wir mußten tauchen, denn es lag so 40 bis 50 m unter Wasser.«

Da lagen die Ausgaben des »Dutch Harbor Fisherman« auf dem Tisch – und wir grinsten uns an, nachdem Dan meinen Artikel über die Kajakfahrt zwischen den Inseln Attu und Kiska begutachtet hatte: »Kayak trip in Aleutian is 500 mile nightmare«. Als er auf den Artikel mit der Überschrift »German professor plans kayak trip from Attu to Anchorage« tippte, sah er mir lange in die Augen und meinte dazu: »Weißt du, Gernot, wir haben jeden Tag hier für dich gebetet.«

Er meinte, er kenne das, wenn man einmal mit solchen Dingen angefangen habe, könne man nicht mehr davon lassen – »adventure addicted« nenne er das. Süchtig nach Abenteuern seien sie alle dort bei Magone Marine, die Bergeleute, Seemänner, Sprengstoffspezialisten, Schweißer und vor allem die Taucher. Einige seiner Leute haben harte Einsätze in Vietnam hinter sich.

Sie hätten unwahrscheinliche Situationen überlebt, mehr als die Zeitungen mir sagen könnten, er würde mir bei Gelegenheit Bilder davon zeigen, wenn ich in sein Büro käme. – Und ob ich wüßte, was das Geheimnis dahinter wäre, das Geheimnis außer guter Vorbereitung und Planung?

»Alles, was Menschen machen, ist fehlerhaft – ironischerweise lebten wir hier davon – selbst die allerbesten Schiffe mit ausgezeichneten Seeleuten an Bord sinken. Nicht immer funktionieren Sicherheits- und Rettungssysteme.« Er könne mir erzählen... Jedes Jahr verunglückten einige Schiffe, Dutzende Fischer kämen nie wieder zurück. Es gäbe für Menschen nur einen Schutz, wenn sie auslaufen: Würden sie vorher zusammen beten!

Ich sollte doch tatsächlich Gelegenheit bekommen, Magone Marine in Aktion mitzuerleben, aber davon später.

Wie hält eine Frau das aus, wenn ihr Ehemann von einer Rettungsaktion zur anderen eilt, wenn die Schiffskatastrophe »zig« glücklich bearbeitet wurde und »zig + eins« sich bereits in Planung befindet? – Das beste ist wohl, die Frau ist aus dem gleichen Holz geschnitzt. Kein Wunder also, wenn sich die beiden beim Bergungstauchen kennenlernten.

Immer noch herrscht in Dutch Harbor Pionierbewußtsein, auch puritanisches Denken und Handeln. So konnte Sue Magone einen Jeep im Gelände fahren, ein Schiff steuern, Kajakfahren, Kinder selbst unterrichten, Jagen, Fischen, Lachse räuchern, die Wohnung ausmalen, Brot backen...

Armdicke Kettenglieder hielten am rauhen und felsigen Ufer ein großes merkwürdiges Schiff mit dem Namen »Yahveh Jireh« (»Gott wird es zeigen«). Wuchtig und klobig wirkte es, man meinte, es müsse mit all den Kränen, Plattformen und schwerfälligen Aufbauten eigentlich sofort untergehen. Dan hat die ehemalige Schlepp-Frachtfähre in eine schwimmende Werkstatt umgewandelt, in der Schiffsteile repariert werden. Büros, Kantine und Aufenthaltsräume liegen um die gewaltige Werkshalle, alles unter einem Dach oder besser über einem Kiel.

Nachts, dies ist hier ein merkwürdiger Begriff, denn unter dem von allen Seiten strahlenden Flutlicht gleicht der ungeschlachte Koloß einem der wuchtigen Raumschiffe aus »Star Wars«. Es gibt eigentlich keine echte Nacht, denn hier wird rund um die Uhr gearbeitet. Es knattert, heult und hämmert dann, Motoren dröhnen auf, Krähne gehen, Ketten rasseln, Schweißbrenner lassen Funken aufstieben und Stahl glühen.

Hinter dem stählernen Ungetüm liegt gleich noch eines, ein kleineres, auf ähnliche Art umgebaut und genutzt. Schlepper umgeben die beiden Werkschiffe, und ab und zu liegt dort auch ein solides, stählernes Ungeheuer mit sehr hohem Bug, breiten Grundaufbauten und schmaler Kommandobrücke, flachem, plattformartigem Heck – die »Redeemer«, das ungemein kraftvolle Bergungsschiff der Magone-Flotte.

»Magone Marine Service Inc.« ist auch auf Land unübersehbar: Tonnenschwere Monstergerätschaften wie Schiffsteile und Zubehör, Container liegen den Schiffen gegenüber auf einem rechteckigen Raum, den man aus der felsigen steilen Flanke von Bailyhoo Hill gesprengt hat. Die blauen Lastwagen, Reparaturfahrzeuge und Jeeps, von denen ständig einige rund um Dutch Harbor unterwegs sind, gehören schon zum typischen Ortsbild.

Faszinierend wild ist der Charakter von Dutch Harbor, und so kann man auch die in anderen bekannten Hafenstädten üblichen Zubetonierungen hier mit der Lupe suchen. Wie Dutch Harbor, so liegt auch Magone Marine im wahrsten Sinne der Worte »on the rocks«.

Dan Magone symbolisiert auch den amerikanischen Traum: Nur mit einem Schweißgerät und einer Handvoll Werkzeuge kam er in Dutch Harbor an, als hier der sagenhafte Boom des King Crabbing in den goldenen siebziger Jahren begann.

Für King Crabs wurden weltweit, besonders in Japan, märchenhafte Preise erzielt – ein Boom wie zu Zeiten des Goldrauschs in Kalifornien oder später am Klondike brach im so günstig gelegenen Naturhafen von Unalaska Island los. Und wie zu Zeiten des Klondike Goldrush zog es dementsprechende Charaktere in diese eigentlich weltabgeschiedene und gefährliche Region.

Die wilden Zeiten von Dutch hat Dan Magone hier miterlebt, und so lauschte ich mit gespitztem Ohr seinen lebhaften Berichten. Während heute ein Sheriff und mehrere Beamte für Ruhe und Ordnung sorgen, tat dies in der wilden Zeit lediglich nur ein Mann, ein Sheriff, den Dan als sein Freund gelegentlich tatkräftig unterstützte. Der Sheriff war so aktiv, oder besser effektiv, daß er sogar wegen »police brutality« angeklagt wurde, weil er sich stoisch weigerte, vor hoffnungsloser Übermacht alkoholisierter Fischer zu kapitulieren und bis zum Sieg focht. Kneipenschlägereien waren zu dieser Zeit wirklich in – und so verstand sich eben auch Dans Freund und Ordnungshüter auf das allgemein beliebte und leidenschaftlich geübte »barfighting«.

Während man sich in den Boom-Zeiten im Saturday night fever blutige Nasen holte, verdiente man sich unter der Arbeitswoche goldene. Die Zeche nebst Mobiliarschäden konnte man sich durchaus leisten, da selbst ein einfacher, aber harter Seemann innerhalb dreier Monate ja gut 100 000 Dollar verdienen konnte. Von lebenstüchtigen Leuten erfuhr ich, die frühmorgens ihre Crab Pots, die Krabbenreusen, gleich ein paar Kilometer von Dutch weg auslegten, zurückfuhren und dann ausgiebig frühstückten, ein beachtliches Mittagsmahl einnahmen und abends dann Probleme hatten, ihr gutes Geld unterzubringen.

Doch diese Zeiten sind vorbei – vorbei wie der Klondike Goldrush. Solcherlei Art von Verdienstmöglichkeiten laufen unter »now or never« – und heute ist »never«. Es wird schon noch verdient – aber nur von Leuten, die bereits verdient haben.

So ein paar Kilometerchen um Dutch fängt man heute längst keine King Crabs mehr. Die Fangschiffe müssen schon ordentliche Strecken zurücklegen, und die Kapitäne der erfolgreichen Crabber vollbringen beinahe Wunder. Dieses Jahr wurden ganze Fangsaisonen gestrichen, um auch in Zukunft noch Erträge einfahren zu können.

»Wer zu spät kommt, den bestraft das Leben.« Diesen Satz Gorbatschows versuchen besonders kühne Kapitäne zu unterlaufen, indem sie in angrenzende russische Gewässer eindringen, da um Kamtschatka die eigentlichen Reviere der King Crabs liegen. Unfair? Dafür treiben dieses Spielchen auf See um die Aleuten auch Schiffe anderer Nationen, die sich in Sachen Extremfischfang auskennen – wie Japaner und Norweger.

Große Geschäfte wurden in Dutch Harbor immer schon getätigt. Die alte russisch-orthodoxe Kirche (sie steht heute noch), Missionsstation, erste Hafenanlagen, Handelsstation und einige hundert Aleuten wurden beim Geschäft des Jahrhunderts einfach verkauft. 1887 verkaufte der russische Zar ganz Alaska, Eingeborene gehörten dazu, an die USA. Dutch Harbor ist eine russische Gründung des 18. Jahrhunderts, als Abenteurer und Missionare die Aleuten und ganz Alaska okkupierten.
Anfangs lockte das große Pelzgeschäft. Für die Felle der Seeottern zahlte man in Rußland Fantasiepreise. Die Aleuten wurden zur Jagd gepreßt, geschunden und die Ottern nahezu ausgerottet. Die Handelsstationen wurden reich.
Russische Priester versuchten die Eingeborenen zu retten, bekehrten sie und brachten ihnen europäische Handwerke bei. Ein berühmter Sohn Dutch Harbors war Veniaminov, der später Metropolit von Moskau wurde.
Nach dem Zusammenbruch des Pelzbooms begann unter amerikanischer Regie der Walboom. Dutch Harbor wurde eine Walfangstation.
Später profitierte Dutch vom Goldrausch in Nome. Die Stadt wurde Zwischenstopp für die Glücksritter Anfang des Jahrhunderts.
Dann wurde es still in und um Dutch Harbor – bis wieder eine Invasion aus Asien startete: Die Japaner besetzten während des Zweiten Weltkriegs die Aleuten. Die Amerikaner mußten eigenes Territorium zurückerobern. Japanische Flugzeuge bombardierten darauf Dutch Harbor.
Der Superboom war der King Crab Boom in den siebziger Jahren. Abenteurer aus aller Welt heuerten auf den Fangschiffen an. Der neue Mythos Amerikas, der »Crab Cowboy« wurde geboren. Es sollen Zustände geherrscht haben wie beim Klondike Goldrush in Dawson City. (Europäer waren durch Fernsehen abgelenkt.)
Heute gehört das Gebiet der Native Community, den Aleuten also.

Der Großteil der Aleuten, die früher verteilt auf den Inseln lebten, konzentriert sich hier. Nun will Dutch Harbor der Weltseehafen Nummer 1 werden!

In Dutch trifft man sich, Reeder, Kapitäne, Agenten, Fabrikanten, Manager, Seeleute und asiatische Saisonarbeiter. Es ist wunderbar überschaubar. In einem Hardware Store nahe dem Hafen für kleine Schiffe:
»Aha, sieh, bei dem Regal dort drüben, das ist Betty, die weiß, bei wem die Saurierknochen, nach denen du fahndest, jetzt liegen. Nütze die Gelegenheit, Betty is always busy.« Gunter Heider, ein neuer Freund in Dutch, deutete auf eine mittelgroße, energische Frau, die ihrem Begleiter gerade einschärfte: »Buy nothing!«
»Hi! Sie sind der deutsche Geologe, der mit der ›Platonida‹ nach Attu unterwegs war!« entgegnete mir Betty Arriaga in deutsch und mit rheinischem Tonfall. Ich bejahte verblüfft.
»Verrückt, endlich lerne ich Sie mal kennen. Wissen Sie, wir saßen abends beim Fernsehen, um die Nachrichten zu sehen, und plötzlich sahen wir, wie Sie Ihr Vorhaben mit dem Kajak da erklärten und sagten, daß Sie am nächsten Tag an Bord der ›Platonida‹ nach Attu abfahren. Wissen Sie, die ›Platonida‹ ist mein Schiff, ich bin die Eigentümerin.«
Ich fragte sie nach einem spektakulären Fund von Saurierknochen, der beweise, daß hier eine Landbrücke schon vor etlichen Millionen Jahren bestand. Die Reste des *Demostylid* lägen bei Jerah Chadwick von der University of Alaska Fairbanks.

Über unbefestigte Pässe fuhren Gunter und ich mit seinem kraftvollen kleinen Jeep bei Schnee und Regen, wir fuhren entlang einsamer Seeufer, wild zerklüfteten Küstenstreifen und Meeressträndern. So gerade noch schafften wir wackelige Brücken, überquerten vom Regen angeschwollene Bäche oder steil fallende Pisten, die schon mehr zum Wildbach als zum Weg gehörten.
Wenn eine Schlechtwetterfront abgezogen war, glühten plötzlich herbstlich bunte Tundren oder Hochmoore in frischen Farben auf,

um nach wenigen Minuten gleich wieder unter nassen grauen Decken zu verschwinden. Dunkel schraffierte Täler und schwarze, tief eingeschnittene Schluchten erschienen für kurze Zeit im Inneren wie mit Buntstiften ausgemalt, Augenblicke später einfach derb von wütend ausgeführten Zeichenkohlestrichen gelöscht.

Kommt man dann wieder zurück nach Dutch und wird von Hafenanlagen, Schiffen und Fischverarbeitungsbetrieben vereinnahmt, so glaubt man kaum an die andere Welt dort hinten und da oben, wo es so gar keinen Bezug mit dem fischorientierten hier unten gibt.

Windböen schleuderten wütend Regenschauer an die Fenster, drückten hämmernd gegen die Wände des Hauses am Bailyhoo Hill. Kleine Wasserhosen, diese munteren Minitornados, tanzten über dem aufgeregt gewellten Wasser des Hafenbereichs.

»Gunter, der deutsche Bäckereimanager von A.C., meinte, er sei nur ganz kurz am Paß dort oben stehengeblieben, er fürchtete schon, die Sturmböen könnten den Jeep mit uns hinterrücks die Schlucht hinunterwehen.«

Dan sah mich belustigt an. »Siehst du dort die Eisenpoller, an denen die Schiffe bei der Sand Spit befestigt sind?« Ich nickte. Die müßten von ihnen fast alle drei Jahre erneuert werden – es würden dort Schiffe mitsamt den Pollern von Orkanböen weggerissen und dann ans gegenüberliegende Ufer auf die Felsen oder, noch schlimmer, in die Hafenanlagen hineingeworfen. Einen ihrer Schlepper habe es auch beinahe erwischt, als er einem Boot helfen wollte, dann aber doch quer zum Wind und zu nahe ans Ufer gekommen sei. Dies sei auch der Grund für die massiven Ketten, mit denen die »Yaveh Jireh« an Land vertäut sei.

Er fragte mich, ob ich heute schon den Wetterbericht gehört habe, Windgeschwindigkeiten von über 80 Meilen/h seien gemeldet. Es sei alles ruhig, denn die größte Windgeschwindigkeit, die in Dutch Harbor gemessen wurde, habe 103 Meilen/h, etwa 190 km/h betragen. Da würden nicht nur Dächer, sondern ganze Häuser weggerissen – ein Grund, warum es in Dutch Harbor oder drüben in Unalaska nur wenig alte Gebäude gäbe.

Die kleinen Wasserhosen nannte man hier »Water Devils«. Sie seien harmlos, nicht aber die nebelartigen Gebilde, Streifen, Fetzen, Wolken, die völlig unvorhersehbar und schnell heranrasen und sich dann wieder auflösen.

Ich solle froh sein, daß ich diesen Dingern nie im Kajak begegnet sei – denn das sei der *Sea Wind*. Keine Regenböen, sondern hochgerissenes und verwehtes Salzwasser. Sea Wind hatte Dan Magone in kurzen Abständen viermal hintereinander mit einem etwa sechs Meter langen und schweren Motorboot herumgerissen und beinahe umgekippt.

Von dem blauen Schiff, das bei ihnen lag, von dem habe er mir schon einmal erzählt. Das sei die »Ocean Spray«, die sie aus 50 m Tiefe geborgen haben. Heute seien sie dem angekündigten Sturm knapp entkommen. »Ich glaube, was der Captain sehr erregt von sich gab, als er zu uns kam, das sagt alles: ›*Magone, ich würde am liebsten den Boden küssen, wenn es hier nicht so matschig wäre!*‹«

Regen brachte der Herbststurm mit, solche Unmengen, daß sich wahre Sturzbäche vom Bailyhoo Hill ins Meer ergossen und einen mehrere Meter breiten hellbraunen Saum bildeten. Statt einer steinigen Piste hatten wir nun einen respektablen Wildbach vor dem Haus. Wenn die Süßwasserschlachten nachließen und metertiefe Gräben klafften, Geröllfächer mit zentnerschweren Felsklötzen darauf sich ausbreiteten, hätte jeder Geländekundige die verwandelte Piste für ein normales Wildbachbett gehalten.

Ich bekam den Tip, im Jeep zur »Sand Spit« zu fahren und zu versuchen, den Sea Wind zu fotografieren – über eine zerstörte Piste. Und dort unten um die Sand Spit kochte das Meer nur so – und es sah aus, als könnten die Böen den Jeep umwerfen.

An der dammartigen, natürlich entstandenen Nehrung der Sand Spit wurde das Park- und Schutzangebot zahlenmäßig kräftig genutzt, Trawler lagen in Sicherheit, Crabber, Longliner und Schlepper. Kaum fuhr ich den Damm entlang, durfte ich erfahren, was Hafen für Seeleute im ersten Sinne bedeutet. Mir fielen die aktuellen Worte des Kapitäns der »Ocean Spray« ein.

Vor tobender Wut schäumte das Meer um die Hafeneinfahrt, als wolle es sich dafür rächen, daß ihm einige Schiffe entkamen. Aber das Meer allein war es nicht, was diesen lästigen Hafendamm da einreißen wollte – es hatte sich mit dem Wind verbündet. Regen trommelte andauernd auf Blech und Glas, machte die hektischen Bemühungen der Scheibenwischer lächerlich, doch durch das Getrommel schossen sekundenlange Feuerstöße derber Schrotladungen, der Sea Wind.

Aus war es mit der Sicht. Wie mit dichten weißen Netzen wurden Hafenanlagen und Schiffe gefangen, Hügel, ganze Berge, selbst Dutch Harbor. Urplötzlich rissen die rasend treibenden Netze wieder, und weiße Spiralen, Kegel, verbogene Trichterschläuche tanzten dann über kochendem Graugrün. Auch die Wasserteufel verloren hier, wenn es wieder aufbrauste und sie mitsamt allem anderen erneut wieder von den heranrasenden weißen Netzen gefangen wurden.

Doch trotz Sturmwarnung geschah es, daß urplötzlich die Sonne hervorbrach und die wildromantischen Vulkanlandschaften mit ihren jetzt herbstlich bunten Tundren in ein Indiansummer-Paradies verwandelte. Und in der nächsten halben Stunde tobte ein Schneesturm und bestreute die Dome der Feuerberge wie mit Puderzucker.

Jeden Tag stieg ich früh morgens zusammen mit den Hunden auf den Bailyhoo Hill und wanderte zum Westcliff. 200 m hoch reichte die Sprungschanze zum Flug über den Silberspiegel des Beringmeeres, den ein Halbkessel verschneiter Vulkane umrahmte. Ab und zu kam es vor, daß es glockenartig tönte und zwei große Schatten vom Himmel fielen – die beiden Raben vom Unalga Pass begrüßten mich so, trotz der Hunde und ohne Fischabfälle.

Ist es wirklich so weit hergeholt, daß ich Dutch Harbor manchmal mit einem modernen Atlantis verglich? Von der Westklippe des Bailyhoo Hill hatte man die atemberaubendste Aussicht, eine Felsenplattform, hart abgeschnitten, die über 200 m hoch den Blick wie auf einer Sprungschanze weit nach Westen über das Meer fliegen läßt. Manchmal konnten die begleitenden großen Jagdhunde nicht verstehen, warum einer wie ich minutenlang dort wie gebannt stand und staunte.

5 MV »Pacific Breeze« IV –
S.O.S. Ship on the Rocks!

Irgendwie eindringlicher klangen die Geräusche, die von der Dock Side bei Magone Marine herüber und hinauf zum Haus an der Flanke des Bailyhoo Hills tönten. Dan wurde in seinen Bewegungen etwas schneller, die stets gerade Haltung eine Idee steifer, und in seinen Gesichtszügen glaubte ich zum erstenmal den Anflug von Spannung zu erkennen. Unterhalten wollte er sich nicht mehr, da sein Funktelefon, das er nun ständig bei sich trug, mehr als Unterhaltung vermittelte.

Es lag etwas Alarmierendes in der Luft, und ich konnte mich gar nicht mehr so recht meinen Aufzeichnungen widmen. Was sollte ich an Geologie in diesem Kapitel bringen? Und wie viele Daten über Dutch Harbor solle ich wohl noch sammeln? Denn noch ahnte ich nicht, was für Daten, was für eine Art Schrift sich bald messerscharf und mehrdimensional in mein Bewußtsein eingravieren würden.

Vorsichtig und noch etwas unwillig zögernd kroch ich ein Stück aus meinem literarischen Schneckenhaus und streckte meine Fühler aus. Als ich von Sue erfuhr, was vorgefallen war, streifte ich das Gehäuse ruckartig ab und hegte nur noch einen Wunsch: bei dieser Sache dabei zu sein.

Ein Crabber war in voller Fahrt auf die Klippen aufgelaufen – gar nicht so weit weg: vor den Untiefen von Sommer's Bay! Das Schiff schwimme oder besser hinge noch, aber es gab auch Glück im Unglück: Die Mannschaft habe heil über eine Rettungsleine zum Strand das Wrack verlassen können.

Erinnerungen, oder besser Traumata, an deren Bewältigung ich noch arbeitete, brachen wieder auf, denn ich wußte, wie es bei Sturm aus Nordwest drüben in Sommer's Bay zuging, hatte ich doch auch das Glück, im Kajak dort knapp überlebt zu haben.

Das war jetzt die Gelegenheit, live dabeizusein, zusammen mit Dan und Magone Marine full in action! Gleichzeitig schoß es mir in den Kopf, daß bei der Bergung doch wohl besser nur Spezialisten dabei sein sollten, genug hatte man mir darüber erzählt, und ich konnte mir ein Bild ähnlich einer Schwarzweißskizze vorstellen, also...

»Okay, sei 11 p.m. am Dock, Gernot, get ready, es geht wahrscheinlich die ganze Nacht durch!« Dann eilte Dan wieder in die von gleißendem Flutlicht bestrahlte »Yahveh Jireh«, etwas martialisch sah er aus in seinem roten wasserfesten Overall, den Fischergummistiefeln und dem Montagehelm, seinem Markenzeichen.

Bezeichnend für ihn war die Antwort auf die Frage seiner Frau, was er denn benötige. »Eine warme Weste und eine Thermoskanne heißen Kaffee.«

Stahlflaschen, Seile und Werkzeug verluden wir auf das kleine kantige Ungeheuer von Schleppboot, das Craig, ein Bruder von Dan, kommandierte. »Du betrittst historischen Boden«, informierte mich Dans Bruder, ein kräftiger, dunkler, bärtiger Bär, der unter falschem Namen aus seiner eigentlichen Welt, aus einem Bud-Spencer-Film entstiegen zu sein schien. »Das Boot hier kennst du sicherlich, es war das Landungsboot aus dem Film ›Platoon‹. Yeah, sure, das war auch in Vietnam, yes, even in combat, bevor ich es kaufte. Nur...«, jetzt grinste er mich extrabreit an, »die Maschine war mir zu schwach – ich habe einen Panzermotor eingebaut.«

Ich war mir noch nicht klar, welche Art von Omen mir kundgetan wurde, ich hatte nur das Gefühl, hier richtig zu sein und daß ich mir keineswegs umsonst eine Nacht um die Ohren schlagen würde.

Craig hatte nie im Sinn gehabt, seinen Kampfschlepper für touristische Zwecke zu gebrauchen, rauh und kantig sah es auch im Inneren aus, und so manches erschien nicht nur, sondern war auch improvisiert.

»Gernot, bitte leuchte mir doch mal!« Mit dem Handscheinwerfer hielt ich auf das Gewirr von Kabeln, von denen Craig die passenden verbinden mußte, um die oberen Positionslichter und die Scheinwerferbatterien, die wir bald garantiert benötigten, zum Leben zu erwecken. Es funkte ein wenig, aber er erweckte.

Zwei weitere Gestalten erschienen auf der Gangway vom Werkstattschiff und brachten nochmals Gepäck und Kanister mit, was wir entgegennahmen und verstauten. Die beiden kletterten von der

Gangway zu uns an Bord, ein auffallend ruhiger, etwas älterer Mann und ein sehr junger, der vor guter Laune nur so strahlte. Beide trugen sie bereits ihre Arbeitsanzüge – und sofort wurde mir klar, die verrücktesten Typen Alaskas vor mir zu haben, solche, die nur auf den Aleuten und dort nur unter den krassesten Bedingungen erst so richtig ansprangen: Magone Marines Männer an vorderster Front – Dans Bergungstaucher.

Craigs derber Kraftprotz bullerte los, es schäumte und kochte um die Docks, und dann war jeder gut beraten, sich an irgend etwas Solidem festzuhalten. In eleganter Regatta-Manier ließ Craig sein Boot, das nun allem anderen als einem rauhen Kampfschlepper glich, aus dem Hafenbereich donnern. Mit rasanter Linkskurve ging es in die offenen Wasser der Unalaska Bay, dann auf die tanzenden Lichter zu, wo sich sehr bald Entscheidendes ereignen würde.

Die beiden Taucher blieben cool, ja ich hegte den Verdacht, sie begännen sich zu amüsieren. Craig schienen derartige Operationen sowieso nicht aus der Ruhe zu bringen, und er ließ mich wissen, sein nächstes Boot müsse unbedingt ein paar hundert PS mehr auf die Schraube bringen.

Ehe ich mich auf die zu erwartende Situation einstellen konnte, platzten wir auch schon mitten hinein: Welch ein mitternächtliches Treffen hier vor den Klippen und Untiefen vor Sommer's Bay! Auf einem schwarzgrünen wogenden Wellenteppich, auf dem immer wieder weiße Streifen warnend aufleuchteten, durchstachen grelle Lichtbündel die Dunkelheit, kraftvolle Scheinwerferbatterien von vier Booten konzentrierten ihre geballten Lichtfluten auf ein Schiff, um das Wellen tanzten, das aber so merkwürdig ruhig lag.

Sehr genau mußte man hinsehen, um das dicke Drahtseil zu erkennen, das oben vom Bug des Schiffes straff zu einem viel kleineren führte, einem Schlepper, der stabilisierte, damit das so tot im Wasser liegende Schiff nicht quer zu den Wellen schlagen konnte.

In Blau und Weiß leuchtete das Schiff auf, dann sah ich die Haufen grellbunter Bojen, aufgeschossener Seile, Stapel aufeinandergelegter großer Reusen, darüber die blinden Reihen starker Scheinwerfer, aus denen nur ein paar aufblitzten, meine Blicke wanderten zu den Reihen senkrecht ragender Antennen, die ruckartig nickten. Das Schiff kannte ich doch – dieser weiße Kran- und Schlepperbügel, der über die gesamte Heckplattform ragte... Kräftige Wasserstrahlen schossen von unter Deck kommend über die Bordwand, starke Pumpen mußten dies sein. Drei Gestalten hantierten verhalten dort drüben – verhalten solange, bis sich die unheimliche Bühne auf See plötzlich mit zielstrebigem, wildem Leben füllte.

Fenderbojen flogen über Bord, während vorn nun die beleuchtete blaue Stahlwand höher und höher anwuchs, ein anderes flaches Heck tanzte nun gefährlich nahe neben Craigs Schlepper. Motorengedröhn schwoll an, ebbte auch gleich wieder ab, Ketten rasselten, Rufe durchdrangen Maschinenlärm, Dieselqualmwolken krochen über milchiges Gebrodel, nebelten stellenweise eilig zupackende Männer und Gerätschaften ein, armdicke Taue wurden entrollt, verbunden, befestigt und gestrafft. Eine Gestalt sprang vom anderen Heck auf unseres – und plötzlich stand Dan Magone auf unserem Deck.

Dan grinste, als er mich sah. Jene kleinen Anzeichen nervöser Anspannung, die ich auf dem Dock gesehen hatte, waren nun weg, aus dem Grinsen wuchs Lachen. Ja, da lebte einer auf, ein Wesen, das auf solch einer gefährlichen Seegespensterbühne erst seine volle Kraft entfaltete.

»Treibstoffkanister? Aha, die dort. Moment, kommen gleich.«

Kaum zerre ich den ersten hervor, riß ihn auch schon Dan hoch, und zusammen mit einem der Taucher band er ein Seil fest, ein Wurf, ein Ruck und schon zog jemand den Kanister über die Stahlwand nach oben. Andere Kanister folgten. Ein kräftiger Pumpstrahl spritzte auf unser Deck. Rufe, Kommandos, Rückmeldungen, anderes Gerät gingen den gleichen Weg.

Wellen schwappten plötzlich hoch, gespannte Seile ächzten gequält, Ketten rasselten, schwankende Bordwände stießen zusammen, Rufe ertönten.

Strickleitern, Seile und ein grobmaschiges Netz entrollten sich über die hohe stählerne Wand, ein kleiner Wasserfall rauschte darüber. Ein Griff nach einem Seilende, ein wilder Sprung, klimmende Bewegungen, und schon erkletterte Dan die Bordwand des Schiffes. Dan hangelte sich noch hoch, da sprangen auch schon die beiden Taucher und enterten den Crabber.

Schlag auf Schlag ging es jetzt dort oben, zusätzliche Pumpen wurden eilig in Gang gesetzt, neue Wasserstrahlen überfluteten gleich das Deck des Crabbers, stürzten über die Bordwand.

Und dann traf es mich wie von einem schweren dumpfen Sandsack derb angeschlagen – die große weiße abgeschattete Schrift an der blauen Bordwand leuchtete plötzlich von einem starken Lichtstrahl getroffen auf, der Name des Crabbers schoß mir förmlich ins Bewußtsein, und beinahe hätte ich laut aufgeschrien: Es war die »*Pacific Breeze*«!

Etwas ruhiger wurde es, ab und zu hantierte jemand an Deck, oder Dan erschien mit dem Marine Radio in der Hand und gab offensichtlich Anweisungen. Das Zentrum des Geschehens lag jetzt unter Deck des unglücklichen Schiffes, in den Maschinenräumen und den Ladetanks, oder was davon noch übrigblieb. Die Taucher versuchten die Lecks abzudichten, bevor man daran gehen konnte, den Crabber von den Riffen zu ziehen. Dieselöl und Schmierstoffe mußten geborgen und abtransportiert werden, ohne das Wasser zu verschmutzen, denn zum Süßwassersee kurz hinter dem Strand von Sommer's Bay stand ein Salmon Run bevor. Es galt eine lokale Ökokatastrophe zu verhindern.

Craigs Kampfschlepper wurde momentan nicht gebraucht, und so steuerte er ihn zu dem stählernen Seeungeheuer, von dessen riesiger Winde bereits ein armdickes Stahlseil zur Ankerkette der »Pacific Breeze« führte, diesem ungemein starken Bergungsschlepper mit dem langen, plattformartigen tiefen Heck, dem steil aufragenden hohen Bug und den wuchtigen Grundaufbauten, über denen die verhältnismäßig kleine schmale Kommandobrücke wie bei einem U-Boot ragte. Kein Zweifel, wir legten am Flaggschiff der Magone-Marine-Flotte an: der weit und breit bekannten »Redeemer«.

Allein dieses Schiff zu betreten, war schon abenteuerlich: Das dröhnte und arbeitete wie ein schwimmendes Stahlwalzwerk. Solide Stahlplatten, wuchtige Kräne, kräftige Winden und beeindruckende Ankerketten hatte ich auch schon auf anderen Schiffen um mich herum gehabt, aber was ich kannte, wirkte nur zierlich, mehr für Yachten gedacht, gegen die Einrichtungen dieses Kraftmonsters. Der Blick durch den scheunentorartigen Eingang zum Maschinenraum war wie die seltene Gelegenheit, in das Kraftwerk einer Industrieanlage zu sehen.

Im Gegensatz zum schwerindustriellen Außen wirkte das bewohnte Innen wie eine gemütliche Pension mit mehreren Appartements und einer zentralen, gut ausgestatteten Wohnküche, aus der es verführerisch duftete. Über eine Treppe ging es hoch in den Kommandostand. Dort wartete die nächste Überraschung. Da glühte, leuchtete, glimmte und blinkte so ziemlich alles, was an modernem Inventar zur Navigation und Kommunikation auf die Brücke eines zivilen Schiffes gehören konnte.

Man wartete auf die Flut, um mit dem höheren Wasserstand den immerhin etwa 33 Meter langen Crabber nicht gerade noch oder nur, sondern um ihn sanfter von den Felsen zu ziehen, wie mir der Skipper der »Redeemer«, auch ein Bruder Dans, erklärte.

Im Stahlwalzwerkteil begann es zu dröhnen – die nächste Produktionsschicht lief an. Typen, die für jeden Wikingerfilm eine Hauptrolle bekämen, stürzten sich auf Ketten, Seile und die riesige Stahlseilwinde, neben der selbst die kräftigsten Kerle wie Bergwerkszwerge wirkten. Ein Beben erschütterte die »Redeemer«, die Winde lief, und ein paar Augen blickten gespannt zum hell angestrahlten Crabber.

Spannende Sekunden folgten, gleich würde es sich herausstellen, ob der ganze Aufwand der Mühen wert war oder ob man nur zerrissenen Stahlschrott etwas weiter von der Küste wegziehen würde...

Dann löste sich das Schiff! Ein paar hundert Meter reichte der Blick durch das helle Streulicht der Schiffsscheinwerfer – doch auf dem so seltsam schwankenden Schiff blitzte kein Licht mehr auf, jetzt erst wurde es zum toten Wrack. Weiter dröhnte die riesige Winde, Meter für Meter geflochtener Stahl wurden scheinbar mühelos eingeholt und ließen die enorme Kabeltrommel anschwellen.

Dann kam es. Aber *was* kam da? Schwankend, torkelnd schlingerte das jammervolle Zerrbild eines so prächtigen und kraftvollen Fang-schiffes. Völlig unharmonisch, schwer angeschlagen schwankte die stählerne Hülle, die so ungewöhnlich hoch aus dem Wasser ragte und daher das Torkeln noch krankhafter verstärkte. Plötzlich scher-te das hilflose Ding dort aus, dem noch immer milchigweiße Pump-strahlen über das Deck liefen. Sofort eilte der bereits wartende zwei-te Schlepper der Magone-Marine-Flotte herbei, ein weiteres Tau wurde am hilflosen Wrack befestigt, der Schlepper zog an, das tote Schiff nahm wieder einigermaßen geraden Kurs auf das offene run-de Heck der »Redeemer«.

Wird alles glattgehen? Wird diese Hülle da auch weiterhin wenigs-tens schwimmen? Das war gar nicht so sicher, die Lecks ließen sich nur sehr notdürftig abdichten, die Pumpen waren es, die das tote stählerne Gebilde vor dem Untergehen bewahrten.

Höher und höher wuchsen die blauen Stahlwände auf Starboard im Heck der »Redeemer«. Ein letztes Mal scherte das kranke Schiffsge-bilde aus – Bullern brach los, es war Craigs Kampfschlepper, nochmals brüllte der Motor der Winde wütend auf. Wie groß doch der Crabber war – und wie Spielzeug behandelten ihn Schlepper und Seilwinden!

Donnern, Dröhnen, Männergebrüll und ächzender Stahl, wind-vertriebene Dieselqualmwolken und gleißende Flutlichtkaskaden, in denen Nieselregenfäden metallisch aufblitzten – die Sonder-schicht im Stahlwalzwerk brach an.

Hoch, ganz vorn am Bug des längsseits kommenden Schiffes stand breitbeinig in derben Gummistiefeln, kerzengerade eine konzen-triert in sich ruhende Gestalt, roter Overall, gespanntes bärtiges Gesicht unter einem Montagehelm, ein laufendes Funkgerät um den Hals – mit weit ausholenden Armen und deutenden Händen dirigierte sie das Seitenanlandemanöver – unverwechselbar: Dan Magone.

Jeder, der die Hände frei hatte, eilte zur schwankenden Stahlmauer nach Starboard, warf Fenderbojen zwischen Schiffswände, die sich tödlich berühren könnten, vom Deck des Crabbers flogen Bojen an Seilen hinunter. Ich konnte die Mannschaft des Fangschiffes sehen, glaubte bekannte Gesichter zu erkennen. Müde waren sie dort, kraftlose Bewegungen führten sie aus, Handgriffe, die sie sonst blitzschnell und schlafwandlerisch sicher beherrschten, bereiteten ihnen nun Mühe. Traurig, eine geschlagene Mannschaft.

Mächtige Nylonseile wurden um die Ankeröffnung des Crabbers geschlagen, mit den Seilhalterungen der »Redeemer« verbunden. Ketten rasselten, noch mehr Seile wurden zwischen Crabber und Schlepper verbunden. Ungewöhnlich hoch für diesen Schiffstyp ragten die Bordwände empor, da die Tanks leergepumpt wurden, und dieses Schlingern kam davon, daß das Hydro-Stabilisierungssystem nicht mehr funktionierte. Daher hatte Dan beschlossen, den Crabber längsseits an der »Redeemer« zu vertäuen.

Dan stand noch wie in siegreicher Pose dort am Bug, er drehte sich um, sprach zu einem Mann in einem dicken roten Blouson. Ich erschrak und hielt mich an einem der dicken Nylonseile fest. Ja, ich kannte den Mann, unter völlig anderen Umständen, er hatte mir Wetterinformationen auf Atka über das Gebiet der Islands of the Four Mountains gegeben und ein paar Worte und seine Unterschrift standen in meinem ledergebundenen Journal, das auch ihm so gut gefallen hatte – der Captain der »Pacific Breeze«.

Dumpfes Wummern dröhnte auf, überdeckte alle anderen Geräusche, langsam setzte sich die »Redeemer« in Bewegung, zögernd anfangs, abwartend, doch der Crabber saß fest an der Starboard Side.

Langsam begann nun doch eine eigentümliche, ganz besondere Art Spannung zu fallen, die wie diese weite Streulichtkuppel über dem gespenstischen Geschehen vor dieser Unheilsbucht hing, obwohl es die ganze Zeit so ausgesehen hatte, als wäre nie etwas wie Nervosität dagewesen. Etwas Neues habe ich hier kennengelernt: Bergungsfieber. Dan grinste und winkte vom Bug her zu mir, ich winkte zurück.

Trotzdem blieben meine Blicke noch minutenlang an der blauen Bordwand, den weißen Aufbauten irgendwie kleben. Ja, dieser elegant geschnittene Bug hatte sich auch in meine Erinnerungen eingeschnitten. – Warum ausgerechnet die schöne »Pacific Breeze«?

Gegen drei Uhr morgens war es, als die verkehrte stählerne Welt

Dutch Habor und den Docks von Magone Marine zustrebte. War es nicht eine verkehrte Welt – ein großes Fangschiff, das wie ein erbeuteter Wal seitlich an dem kleineren Schlepper hing?

Warum passierte das Unglück? An besonders heimtückische Orkanböen konnte man denken oder an das Ausfallen von Navigationsgeräten. Feuer und Explosionen kann es auf Schiffen geben, Rauchgasvergiftungen. Jedem fiel etwas Übles ein, das schon Desaster und Katastrophen verursachte, z. B. auch Alkoholmißbrauch. Nichts von alldem. Es war etwas von diesem im Fischereimilieu so deutlich sichtbaren harten Schatten der Szene: Übermüdung! Die »Pacific Breeze« war das erste Schiff, das auf die gerade anstehende Fangsaison reagierte und auslief. Man fing auch genug, einer der erfolgreichen Crabber, Könner also. Wochenlanger Dauerstreß herrschte, Schichten rund um die Uhr. Man war schon in der Unalaska Bay – so kurz vor Dutch! Und da erwischte es den Mann, der gerade Wheelwatch hatte, er war nur eingeschlafen, während der Crabber mit voller Geschwindigkeit auf die Klippen zujagte. Nur kurz eingeschlafen...

Dan meinte dann, die erste Schlacht sei gewonnen, nun käme der Papierkrieg, der Schaden sei groß, der Maschinenraum sei völlig überflutet, und in den Mannschaftsräumen treibe ein heilloses Chaos von Kleidung, Ausrüstung, Lebensmitteln und anderem. Craig parkte seinen Kampfschlepper und meinte, er habe auch noch am Dockschiff zu tun. Die Taucher kümmerten sich um die Pumpen und Lecks der »Pacific Breeze« – während ich verdammt müde in Regen und Dunkelheit die Piste zum Bailyhoo Hill hinauflatschte und über Dans Worte nachsann: »Wir hatten auch schon mal Schwierigkeiten im Unalga Pass – mit der ›Redeemer‹!«

6 Spätherbst-Nachlese – Experiment Sea Wind

Längst verdeckte frostiges Weiß das Rostrot des Indian Summers auf den Kuppen und hoch gelegenen Hängen der Vulkane Unalaskas. Stärker und stärker wuchsen die Kristallüberzüge nach jedem Schneesturm an. »Termination Dust« nennen dies die Saisonarbeiter vieler Canneries, dieses weithin sichtbare Signal, wieder nach Hause abzureisen.

Bilder von Aleuten-Jägern bei der Waljagd hatte ich gesehen, Szenen, in denen Jäger mit ihren Kajaks durch Brecher sausten, die Harpunen zum Wurf gezogen... »Im Unimak Pass, wo schon so viele Schiffe untergegangen sind, du erinnerst dich sicher noch an die ›The Lady of Good Voyage‹, dort jagten die Aleuten im Winter Wale.« Die Worte Dans kreisten noch eine Zeitlang in meinem Kopf, obwohl ich doch die Kajaksaison längst abgeschlossen hatte und lieber mit den Hunden zur großen Aussichtsplattform mit dem unvergeßlichen Blick auf das Beringmeer ging, wenn ich nicht schrieb und schrieb – dabei dem faszinierenden Sea Wind nachmeditierte.

Was geschieht, wenn ein Kajak in den Sea Wind gerät? Diese Frage beschäftigte mich. Sea Wind war hier keine Kuriosität, sondern alljährliches Wettergeschehen. Was hatte ich auf dieser Aleuten-Expedition schon alles getestet – warum nicht auch noch den Sea Wind?

Ich packte die längst mit Süßwasser gespülten Kajakutensilien wie Spritzdecke, Trockenanzug, Rettungsweste mit den Sicherheitsgeräten und ging zu den Containern von Magone Marine, wo mein Kajak lagerte. Tank, der Golden Retriever, mit dem mich eine Bombenfreundschaft verband, lief mit, fand es aber gar nicht gut, als ich doch glatt, ohne mit ihm im Wasser zu spielen, Richtung Dutch davonpaddelte.

In der Hafenausfahrt zum Beringmeer überlegte ich noch, ob ich hinüber zu Sommer's Bay oder nach Dutch fahren solle, um die »Artic Dawn« zu besuchen, da der Sea Wind, mit dem ich mich ein wenig anlegen wollte, ausblieb.

Wie sich das Schiff verändert hatte! Über und über war das ganze Mittelschiff mit Crab Pots bepackt, und mir fiel nichts Dümmeres ein, als Robert zu fragen, ob sie mit diesen Käfigen auf Seeadlerjagd gingen. – Trotzdem luden sie mich ein, doch wieder einmal zum Dinner vorbeizukommen. Sogar an dem pechschwarzen, kalten und

251

verregneten Morgen, an dem Freunde der Christian Fellowship auch bei solchem Wetter kamen, als ich dann mit der letzten Aleuten-Fähre zum Festland abfuhr, steuerte Robert den Pickup, der mein wuchtiges Übergepäck zur »Tustumena« brachte – ein wenig »Arctic Dawn« selbst beim Rückweg.

Nun aber zum Rückweg mit dem Kajak zu Magone Marine:

Es hätte mich auch sehr gewundert, wenn das Beringmeer nach all dem sich nicht mit etwas Besonderem von mir verabschieden wollte. Daß mir das große Containerfrachtschiff viel zu viel Deckung bieten würde, wußten Wind und See, also ließen sie mich weiter zur Hafenausfahrt hinausfahren.

Überfallartig kam es: Das Paddel hielt ich wie ein unnachgiebiger Hund den Knochen, der diesen auf gar keinen Fall loslassen wollte – nur, der Hund bekäme mehr Knochen, während ich hier ohne Paddel... Daher konnte ich mir auch nicht über die Augen wischen, während mir eimerweise eiskaltes Salzwasser ins Gesicht geschleudert wurde. Nein, ich fluchte auch nicht, als ich beinahe hätte eskimotieren müssen – wollte ich nicht den Sea Wind testen?

Wie schön fand ich es, daß das Boot so schlank gebaut und so beruhigend knapp nur aus dem Wasser ragte und das rasende Luft-Wassergemisch nicht mehr Angriffsfläche bekam. Das peitschte, zerrte, ruckte und riß fast von allen Seiten. Dampframmenschlägen von links folgten gleich darauf ebensolche von rechts, die von vorn überraschten schon nicht mehr.

Aus! Und mit einem Schlag war dieser fliegende Wasserteppich auch schon wieder weitergesaust – bis der nächste so schnell heranraste, daß fast nur Zeit zum Atemholen blieb und um doch noch kurz über die Augen zu wischen. Der nächste wollte mich eigentlich nur wieder zurück nach Dutch werfen – aber *werfen!* Ich tat ihm nicht den Gefallen, mich wenigstens noch auskippen zu können.

In den sekundenlangen Pausen tanzten Water Devils und einer wirbelte auch übers Boot, doch abgesehen von Schirmmützen und Hüten oder für Kameras sind diese Salzwasserwirbelwindchen harmlos.

Ein wenig Graupelschauer fegte heran, der von Schneegestöber abgelöst wurde.

252

Selbst der letzte Teil des gewagten Aleuten-Experiments war damit erfolgreich ausgegangen.

Kein Sea Wind mehr? Doch, auch ein wenig Seegang. War's das? – Am Anfang der Expedition erschreckten mich Steller-Seelöwen, wenn sie wie aus dem Nichts auftauchten und auf wenige Meter heran kamen; doch die Gruppe hier, die nach etwas Abwechslung verlangte, nachdem sie die Netze der lokalen Lachsfischer gecheckt hatte, »...drei, fünf, oh, acht! nein, neun«, sollte mich auf keinen Fall ins Boxhorn jagen.

»Ööörrrchchch!«

»Hey, guys – ihr Herumtreiber – Lachsklauer! Na, kleines Wettrennen gefällig?« – »Örch?«

Das war wohl etwas zu viel an Frechheit – oder hielt mich die Seelöweneskorte doch für den Skipper eines kleinen Fangschiffs, das auf die Docks von Magone Marine zujagte?

7 Updating

Mein Buch war noch gar nicht im Druck, als die Kontinentalbrücken-Theorie bereits ein Echo erhielt. Das Echo kam von einer Person, die auf dem Gebiet der Geoethnologie Maßstäbe im pazifischen Raum setzte: Thor Heyerdahl.

Auf den Verdacht hin, die neue Migrationstheorie über die amerikanischen Ureinwohner könne den Ethnologen Thor Heyerdahl interessieren, wurden ihm Unterlagen geschickt. Die Antwort war mehr als ermutigend.

Thor Heyerdahl ließ mich wissen, daß amerikanische DNA-Experten in Gewebeproben amerikanischer Ureinwohner *mt DNA* fanden. Dies beweist zunächst, daß Volksgruppen, die den Aborigines Australiens nahestehen, vor etwa 10 000 Jahren Amerika erreichten. Sie erinnern sich vielleicht an die Zeitungsmeldung aus Kapitel XI, 3 auf Seite 232, in der stand, daß aufgrund von Schädelfunden aus Kolumbien und Brasilien für australische Forscher von der Universität Sydney ein Einfluß der Aborigines besteht. Nun ist der genetische Beweis da.

Was aber für die Beweisführung der Kontinentalbrücken-Theorie und deren Aussagen noch wichtiger ist, sind diese Tatsachen: Die *mt DNA* existiert *nicht* bei sibirischen Völkern! Die Träger der *mt DNA* stammen also auf gar keinen Fall von sibirischen Tundrenjägern ab. Wären die *mt-DNA*-Träger über Sibirien zur Beringstraße gezogen, wie dies die bisherige Erklärung behauptet, wäre es mit Sicherheit zu Vermischungen gekommen, spätestens jedoch in »Beringia«.

Die *mt-DNA*-Träger sind demnach entweder direkt über den Seeweg oder über die Kontinentalbrücke – möglicherweise entlang deren Küste – und zuvor über die asiatischen Inselgirlanden von Südostasien eingewandert.

Thor Heyerdahl schrieb mir, daß die neue Theorie tatsächlich Probleme löse, die die alten Migrationslösungen nicht befriedigend aufklären konnten. Besonders die Existenz einer Landbrücke und die des warmen Japanstroms (Kuroshio) machen das Aleuten-Gebiet zu einem vorzüglichen und sehr gut möglichen Transitweg vom tropischen Asien zum tropischen Amerika.

Die Kontinentalbrücken-Theorie beinhaltet aber noch mehr: Sie unterstreicht die Tatsache, daß geographisch, physikalisch und kulturell der nordwestamerikanische Inselarchipel das einzig mögliche Sprungbrett von Indonesien nach Hawaii darstellt. Es ist als das Tor für den wichtigen asiatischen Einfluß auf die gesamte Kultur Polynesiens zu sehen.

Nun stehen bereits ein paar solide Pfeiler und die ersten Planken der »Brücke nach Amerika«. Es werden sicher bald noch andere Echos folgen. Nun wird »Anangula II« vorbereitet – die Suche nach menschlichen Artefakten auf den Aleuten-Inseln. Der Durchbruch zur Beweisführung der letzten großen archäologischen und ethnologischen Entdeckung unserer Zeit geht in die Schlußrunde.

Anhang

Kurzübersicht des Gebietes – Aleuten/Komandorsky-Inseln

Kontinente: Die zwischen Asien und Nordamerika gelegene Inselkette.

Nähere Festländer: Sibirien, Halbinsel Kamtschatka: geographische Länge: 163°
Ost, Breite: 56° Nord; Alaska, Halbinsel Alaska: geographische Länge: 163°
West, Breite: 55° Nord.

Ozeanographische Lage: Grenze Beringmeer/Nordpazifik.

Positionen der Inseln: *Aleuten*, westlichste Insel, Unimak Island: geographische Länge: 163° 30' West, Breite: 55° Nord, östlichste Insel, Attu Island: geographische Länge: 173° Ost, Breite: 53° Nord.

Länge der Inselkette: ca. 2500 Kilometer.

Komandorsky-Inseln: östlichste Insel, Ostrov Mednyy: geographische Länge:
168° Ost, Breite: 54° 30' Nord, westliche Insel, Ostrov Beringa: geographische
Länge 166° 30' Ost, Breite: 55° Nord.

Form: Inselbogen, gewölbt zum Nordpazifik.

Zahl der Aleuten-Inseln: ca. 150.

Art und Entstehung: Vulkane, Stratovulkane, ca. 80.

Geologie: Vulkanischer Inselbogen (back arc typ) hauptsächlich entlang dem Aleuten-Graben (3400 km lang, größte Tiefe: 7822 m) entstanden an der Subduktionszone der Pazifischen Platte zur Eurasischen Platte; häufige Beben, Erd-, Seebeben, nördlicher Teil des zirkumpazifischen »Ring of Fire«.

Alter des Inselbogens: Ohne alaskanische Halbinsel, Sockel, Eozän (55–50 Millionen Jahre).

Art des Vulkanismus: Back Arc Benioffzone, andesitische und dacitische Pyroxene, Stratovulkane und Chalderen: Quartär, 2 Millionen; heute: 80 Stratovulkane und Chalderas (verbliebene Krateröffnungen), 44 Vulkane waren aktiv in historischer Zeit.

Wetterbedingungen: Grenzgebiet zwischen den kalten und trockenen Luftmassen Sibiriens und dem warmen Pazifik, chaotische Windverhältnisse, Stürme und Orkane, häufige Seenebel und Regenfälle, mittlere Jahrestemperatur 5 °C. Von Anfang Juni bis Ende September pendelt die Lufttemperatur auf Unalaska um 10 °C. Die Wassertemperaturen sind selbst im Sommer unter 10 °C.

Historie: Älteste Fundstelle menschlicher Spuren auf den Aleuten: Anangula, Umnak Island ca. 9000 Jahre alt (Obsidianklingen, microblades). Erster Kontakt mit Europäern 1741 bei der Entdeckung Alaskas durch russische Expedition unter Vitus Bering, Besetzung der Inseln, 1867 Verkauf Alaskas mit den Aleuten-Inseln an die Vereinigten Staaten; Invasionsziel der Japaner im 2. Weltkrieg.

Danksagung

Wer dieses Buch liest, wird verstehen, warum in diesem Umfang gedankt werden muß, auch wenn dies sehr trockene Zeilen sind; aber ich hoffe, daß bei dem einen oder anderen Namen jemand zu schmunzeln anfängt und sich erinnert... Genannte sollen bitte diese Aufzählung nicht als streng hierarchisch ansehen. Ohne Herrn Wank wäre das ganze Vorhaben vielleicht nicht ins Rollen gekommen, dann hat es ihn überrollt. Schade. Und wenn meine Familienangehörigen nicht die ganzen menschlichen Erd- und Seebeben um mich ausgehalten hätten, wäre die Aleuten-Expedition sicherlich bereits in der Planungsphase steckengeblieben.

Was an Ausrüstung Deutschland betrifft, danke ich den Firmen Leica, Rolex, Grundig und Zeiss, Prijon und Sport Berger, der GPS, Gesellschaft für professionelle Satellitennavigation, und Frankonia.

Mehr als Startschwierigkeiten beseitigten Walter Komann aus München, ebenso Horst Vollmann, New York.

Ohne die Bemühungen und die Betreuung von Peter Kaupat von Easy Rider Canoe and Kayak Co. Seattle, wäre die Kajak-Expedition nie richtig zu Wasser gekommen. Das Expeditionsmanagement lag in guten Händen auf Unalaska Island in Dutch Harbor: Angel und Carmen Alarcon zusammen mit Sue und Dan Magone, den Eigentümern von Magone Marine. Wie hätte wohl alles begonnen und geendet, ohne die Besatzungen und Eigentümer der Schiffe »Arctic Dawn«, Seattle, und »Platonida«, Dutch Harbor?

Entscheidendes für die Aleuten-Expedition trug ein neuseeländisches Seglerteam bei: Judy, Michael und Dave Churchouse mit ihrer »Shantung« – danke!

Ungewöhnliche Hilfe und Unterstützung fand ich in Dutch Harbor bei der Christian Fellowship of Unalaska, besonders Ron Williams, Ellie & Don Buckingham und vielen, deren Namen hier nicht alle genannt werden können, Grand Aleutian und Gunter Heider mit seinen Kollegen von AC Value Center. Danke für die wertvollen Tips – Dr. Jerah Chadwick von der University of Alaska Fairbanks, Abi Woodbridge von Curlew Bookstore Nicky's Place.

Aron Crowell, seinen Kolleginnen und Kollegen vom Anchorage Museum of History and Art bin ich sehr dankbar für das Interesse an der Aleuten-Expedition, klärende Gespräche und weiterführende Literaturhinweise.

Danke auch der US Coast Guard, Loran Station Attu Island, besonders Commander Ashby, für unbürokratische Hilfe. Linda Brown, Ken Vicknair und Brad Colvin, den Betreibern des »Restaurant at the End of the World«, dieser Außenstelle der University of California verdanke ich sehr viel.

Vergessen werde ich nie die Gastfreundschaft, die mir auf Atka zuteil wurde: Die Unangan-Gemeinde Atka: ganz besonders dem Major Michael Snigaroff und seinem Sohn Simeon sowie dem Navigator Nick Nevzoroff, Alaska Department Fish & Game vertreten durch Pat Holmes und Vincent Aderlezki, der philosophierenden und kochenden Crews der »Midas« und der wetterkundigen »Pacific Breeze«.

Nach der Begegnung auf Atka folgte helfende Post aus Finnland – von Panu Hallamaa, Departement of Finno-Ugrian Studies, University of Helsinki.

Ohne wissenschaftliche Beratung, Literaturtips, Hilfe und Diskussion wäre das Thema »Brücke der Welten« nie angegriffen worden. Für zündende Ideen und Diskussionen danke ich Professor Herbert Scholz von der TU Garching und Dr. Otto Förster sowie Dipl. Geol. Daniel Salama. Literatur und Hilfe bis nach Dutch Harbor bekam ich von Frau Dr. Ingeborg Kronawitter und Frau Ulrike Herrmann von der wissenschaftlichen Bibliothek der Technischen Universität Garching.

Wichtige Grundsätze der Navigation und seemännische Tips erhielt ich so völlig unkompliziert von Dipl. Geol. Rainer Sommerkorn. Dabei konnte er mich mit Seekajakerfahrungen in Alaska beraten. Viele Tips für die Expedition erhielt ich auch von Hans Obermeier vom Kanu-Club Wildshut sowie Dr. Reinhard Menzel vom AK Augsburg.

Expeditionen vorbereiten und durchführen ist eine Sache – daraus ein Buch entstehen zu lassen eine ganz andere. Daß der Stein in die richtige Richtung rollte, verdanke ich meiner Agentin Frau Ingrid Anna Kleihues. Dank schulde ich dem Verleger Herrn Dr. Fleissner sowie der Verlagsleitung Frau Dr. Sinhuber für das außergewöhnliche Interesse. Gleiches gilt für die Mitarbeiter des Hauses Langen Müller Herbig – und ganz besonders für Herrn Hermann Hemminger, der mir als Lektor stets mit gutem Rat und kompetenter Kritik zur Seite stand.

Viele Alaskaner müßte ich noch erwähnen, es würde aber den Rahmen sprengen, und ich bitte dies zu entschuldigen. Beenden möchte ich meinen Dank mit jemandem, der die Aleuten-Expedition von Dutch Harbor bis Anchorage Airport verfolgt und geholfen hat, dem Reporter Sören Wuerth und seiner Wölfin Larla.

Literaturhinweise

Andel, Van T.H., Heath, G.R., Moore, T.C.: »Cenozoic Tectonics, Sedimentation and Paleooceanography of the Central Equatorial Pacific«, Geol Soc Am Mem 143, Boulder, Colorado, 1975.

Barth, T.F., Correns, C.W., Eskola, P.: »Die Entstehung der Gesteine«, Berlin, 1962.

Beck, Mary G.: »Shamans and Kushtakas North Coast Tales of the Supernatural«, Alaska North West Books, Anchorage, 1992.

Bernatzik, Hugo A.: »Die neue große Völkerkunde. Völker und Kulturen der Erde in Wort und Bild«, Gütersloh, 1962.

Beurlen, K.: »Geologie, die Geschichte der Erde und des Lebens«, Frankh-Kosmos, Stuttgart, 1975.

Black, Lydia T.: »Atka an Ethnohistory of the Western Aleutians«, The Limestone Press, Kingston, Canada, 1984.

Brehm et al. : »Das neue Tierreich nach Brehm«,Gütersloh, 1968.

Bülow, K.: »Geologie für Jedermann«, Frankh-Kosmos, Stuttgart, 1974.

Cline, R.M., Hays, J.D. (eds): »Investigation of Late Quaternary Paleoceanography and Paleoclimatology«, Geol Soc Am Mem 145, 1976.

Fagan, Brian M.: »Die ersten Indianer. Das Abenteuer der Besiedlung Amerikas«, C.H. Beck, München, 1992.

Frenzel, B.: »Die Klimaschwankungen des Eiszeitalters«, Vieweg, Braunschweig, 1967.

Brinkmann, R.: »Lehrbuch der Allgemeinen Geologie. Band 1: Festland Meer«, Enke, Stuttgart, 1974.

Ceram, C.W.: »Der erste Amerikaner. Das Rätsel des vorkolumbischen Indianers«, Rowohlt, Hamburg, 1972.

Cremo, Michael A., Thompson, Richard L.: »Verbotene Archäologie. Sensationelle Funde verändern die Welt«, Bettendorf, Essen, 1994.

Dietrich, G., Kalle, K.: »Allgemeine Meereskunde. Eine Einführung in die Ozeanographie«, Berlin, 1957.

Fairbridge, R.W.: »Eustatic Changes in Sea Level«, Physics and Chemistry of the Earth, New York, 1961.

Fairbridge, R.W.: »Encyclopedia of Oceanography«, New York,1966.

Fitzhugh, William W., Crowell, Aron: »Crossroads of Continents Cultures of Siberia and Alaska«, Smithonian Institution, Washington, D.C., 1988.

Fitzhugh, William W., Chaussonnet, V.: »Anthropology of the North Pacific Rim«, Smithonian Institution Press, Washington, 1994.

Flint, R.F.: »Clacial and Quaternary Geology«, New York, 1971.

Hamilton, E.L.: »Sunken Islands of the Mid-Pacific Mountains«, Geol Soc Am Mem, Boulder, Colorado, 1956.

Heyerdahl, Thor: »Expedition RA. Mit dem Sonnenboot in die Vergangenheit«, München, 1988.

Jochelson, Waldemar: »Unangam Ungiikangin Kayux Tunusangin. Unangam Uniikangis Ama Tunuzangis. Aleut Tales and Narratives«, Alaska Native Language Center University of Alaska, Fairbanks, 1990.

Kaufmann, W., Pilkey, O.: »The Beaches Are Moving«, Anchor Press, Garden City NY, 1979.

Kent, D., Opdyke, N.D., Ewing, M.: »Climate Change in the North Pacific Using Ice-Rafted Detritus as a Climatic Indicator«, Geol Soc Am Bull 82, S. 2741–2754, Boulder, Colorado, 1971.

Kienle, J., Wood, C.: »Volcanoes of North America«, Harvard University Press, Cambridge (Mass), 1990.

Klebelsberg, R. v.: »Handbuch der Gletscherkunde und Glazialgeologie I.«, Wien, 1948.

Laughlin, William S.: »Aleuts: Survivors of the Bering Land Bridge«, Case Studies in Cultural Anthropology, Holt, Rinehart and Winston, New York, 1980.

Menard, H.W.: »Marine Geology of the Pacific«, New York, 1964.

–: »Ocean Science«, Scientific American, W.H. Freeman and Company, San Francisco, USA, 1977.

Milliman, J.D., Emery, K.O.: »Sea Level During the Past 35 000 Years«, Science 162, S.1121, Washington, DC, 1968.

Pratt, Verna E.: »Field Guide to Alaskan Wildflowers«, Alaskakrafts Publishing, Anchorage, 1994.

Quimby, George I.: »Japanese Wrecks, Iron Tools, and Prehistoric Indians of the Northwest Coast«, Arctic Anthropology, Medison, Wisconsin, 1985.

Rennick, Penny: »Alaska's Volcanoes«, Alaska Geographic 18, Number 2, Anchorage, 1991.

Schmidt, K.: »Erdgeschichte«, Sammlung Göschen, de Gruyter, Berlin, 1978.

Schopf, T.J.M.: »Paleoceanography«, Harvard University Press, Cambridge (Mass), 1980.

Schönenberg, R.: »Die Entstehung der Kontinente und Ozeane in heutiger Sicht«, Wiss. Buchgesellschaft, Darmstadt, 1975.

Schwarzbach, M.: »Das Klima der Vorzeit; eine Einführung in Paläoklimatologie«, Enke, Stuttgart, 1974.

Seibold, E., Berger, W.H.: »The Sea Floor. An Introduction to Marine Geology«, Springer Verlag, New York, 1982.

Spielvogel, Gernot: »2000 Meilen Freiheit. Im Kajak durch Alaska«, Piper, München, 1992.

Sugimura, A., Uyeda, S.: »Island Arcs: Japan and Its Environs«, Elsevier, Amsterdam, 1973.

Seyfert, C.K., Sirkin, L.A.: »Earth History and Plate Tectonics«, Harper and Row, New York, 1979.

Sutton, G.H., Manghani M.M., Moberly, R. (eds): »The Geophysics of the Pacific Ocean Basin and Its Margins«, Am Geophys Union Monogr 19, Washington, DC, 1976.

Talwani, M., Pitman W.C. (eds): »Island Arcs, Deep Sea Trenches and Back-Arc Basins«, Maurice Ewing Ser, Vol I. Am Geophys Union, Washington DC, 1977.

Turekian, K. (ed): »The Late Cenocoic Clacial Ages«, Yale University Press, New Haven, 1971.

Wegener, A.: »The Origin of Continents and Oceans«, Translation of the 4th ed. of »Die Entstehung der Kontinente und Ozeane«, 1929, Dover Publications, New York, 1966.

Wilson, I.T. (ed): »Continents Adrift and Continents Aground«, Readings Sci Am. W. H. Freeman, San Francisco, 1976.

Wyllie, P.J.: »The Dynamic Earth«, John Wiley, New York, 1971.

Karten:

NOAA: »Alaska – Aleutian Islands«, U.S. Department of Commerce Nationaloceanic and Atmospheric Administration National Ocean Service, Scale 1:300,000, USA, 1983.

Register

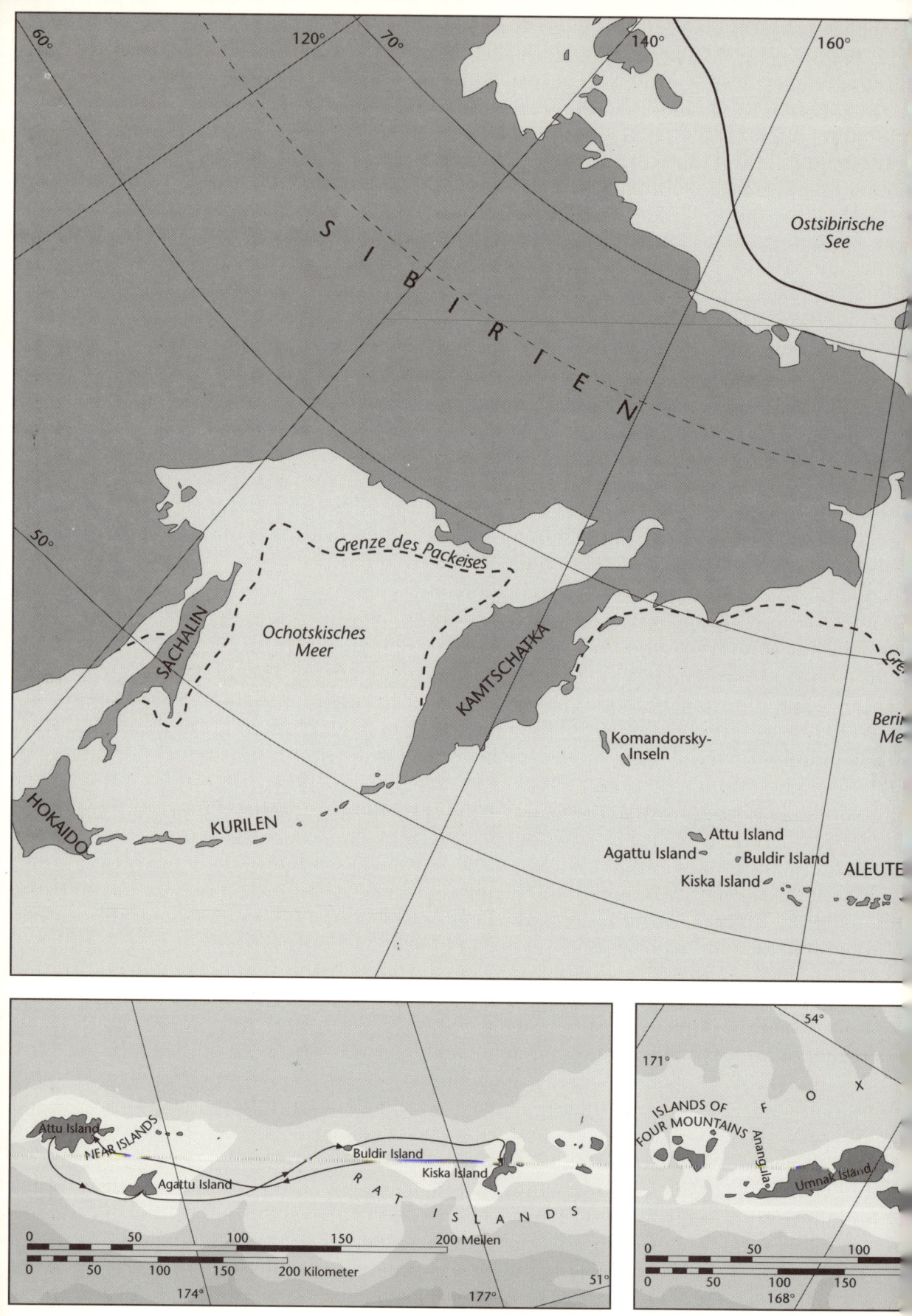

Ostsibirische See

S I B I R I E N

Grenze des Packeises

Ochotskisches Meer

SACHALIN

KAMTSCHATKA

Komandorsky-Inseln

Bering Me

HOKAIDO

KURILEN

Attu Island

Agattu Island   Buldir Island

Kiska Island   ALEUTE

60°   120°   70°   140°   160°

50°

Gre

Attu Island

NEAR ISLANDS

Agattu Island

Buldir Island

Kiska Island

R A T   I S L A N D S

54°

171°

ISLANDS OF FOUR MOUNTAINS

F   O   X

Anang-Ja

Umnak Island

0   50   100   150   200 Meilen
0   50   100   150   200 Kilometer

0   50   100   150

174°   177°   51°   168°